WAGENBACHS TASCHENBÜCHEREI

Biblioteck eines Leckermauls
im XIX. Jahrhundert.

Peter Fischer

Schlaraffenland
nimms in die Hand

Kochbuch für Gesellschaften,
Kooperativen, Dichterkreise,
Wohngemeinschaften, Vereine
und andere
Menschenversammlungen.

Neue und verbesserte Ausgabe,
unter Hinzufügung eines Kapitels
»Kochen mit Kindern«
von Gabriele Rose Witte

Verlag Klaus Wagenbach · Berlin

Le bonheur est une idée neuve en Europe!
Das Glück ist ein neuer Gedanke in Europa!

Saint-Just am 3. März 1794

Jedenfalls stimmen wir ein darüber, daß Genußsucht eine
der größten Tugenden ist. Wo sie es schwer hat oder gar
verlästert wird, ist etwas faul.

Brecht, Flüchtlingsgespräche

Bestellen Sie unseren kostenlosen Verlagsalmanach: ZWIEBEL, damit es
richtig in den Augen brennt!

Wagenbachs Taschenbücherei 5
28.-38. Tausend 1978
©1975 Verlag Klaus Wagenbach, Berlin 30, Bamberger Straße 6
Satz und Druck: DRUCKHAUS Neue PRESSE Coburg.
Bindung: Hans Klotz, Augsburg.
Umschlagentwurf und Zeichnung auf Seite 33 und 34: Amelie Glienke.
Abb. Seite 80 und Rückseite: Bildarchiv Preußischer Kulturbesitz, Berlin.
Die Zeichnungen auf Seite 7 und 214 sind von Stefan Siegert.
Alle Rechte vorbehalten. Printed in Germany.
ISBN 3 8031 2005 5

Martin de Voos: Crapula et Lascivia.
aus: Arcania, Mailand 1969, Bd. 1, S. 55

Inhalt

Vorwort

Mit den Fortschritten des Kapitalismus ist die fortschreitende Zerstörung des menschlichen Lebens und der Naturbasis verbunden. Das schlägt auf den Magen. Der hektische, nervöse, desorientierte Typ in vielen Schattierungen und Verdeckungen ist der normale geworden.

Indessen wird hier nicht von der politischen Psychologie und der politökonomischen Sozialisation gehandelt, hier wird nur von einer hundsgewöhnlichen Technik berichtet, sich der Zerstörung zu widersetzen. Ich behaupte natürlich nicht, daß sie die wichtigste sei, und ich nehme sie theoretisch nicht einmal besonders ernst. Die kritische Theorie des Kochens und Essens zu verfassen, ist nahezu ebenso unsinnig, wie die Richtigkeit der Theorie der Veränderung rein theoretisch zu beweisen und aus der Unschuld der theoretischen Reinheit die richtige Praxis abzuleiten. Aber ich nehme das Kochen als Technik sehr ernst, die Teil einer Lebenstechnik ist, sich dem täglichen Elend zu widersetzen und der Zerstörung des Lebens ein Ende zu bereiten.

Das dürfte deutlich genug sein und als »theoretische« Legitimation für ein — ich gebe es zu — etwas ungewöhnliches Kochbuch ausreichen.

Vorwort zur erweiterten Auflage

Der Graf: Pfui! Du hast die Trunkenheit des Volkes.
Figaro: Das ist die gute, die des wirklichen Vergnügens.
Beaumarchais, Der Barbier von Sevilla I, 4

Dieses nicht ganz normale Kochbuch hat freundliche Zu-
stimmung von vielen gefunden. Hier ist die 4. Auflage,
erweitert und verbessert, mit einem ganz neuen Kapitel
über das Kochen mit Kindern für Kinder.
Es gab auch Kritik, ich will es nicht verschweigen. Einige
sagten, ich lasse den richtigen Klassenstandpunkt vermis-
sen. Das waren die Herren Schulmeister. Einige sagten, es
seien schwere Gerichte unter den Rezepten zu finden. Das
waren die mit dem schwachen Magen und den feinen
Nerven. Einige sagten, es werde zu oft und zuviel Knoblauch und Olivenöl benutzt. Brave Kinder!

Den Schulmeistern vom richtigen Klassenstandpunkt ist die
Antwort längst erteilt (siehe das »Schlußwort«, S. 214).
Den Genossen mit dem schwachen Magen wünsche ich
baldige Genesung und gute Nerven. Den Kritikern des
Knoblauchs und des Olivenöls empfehle ich, einen Blick
über die Grenzen der deutschen Lande und Mütter hinaus
zu werfen.
Und weiter empfehle ich jenen, die nur den fetten Schweinebraten riechen, eine ausgedehnte Lektüre dieses Koch-
buches. Es gibt genug Leichtes, z. B. die asiatische Küche.
Sie hat mehrere Vorzüge. Das Essen ist nicht nur überaus
schmackhaft, sondern obendrein noch leicht, bekömmlich
und nahrhaft. Fleisch und Gemüse werden nur wenige
Minuten gegart, so daß nicht nur der Geschmack der
Nahrungsmittel, sondern auch die für die Ernährung so
wichtigen Vitamine und Mineralien optimal erhalten bleiben. Endlich ist diese Küche billig.
Der besonderen Aufmerksamkeit des geschätzten Lesers
empfehle ich die vietnamesische Küche. Welch ein phanta-
stisches Reich von Genüssen. Die vietnamesische Küche ist
hierzulande völlig unbekannt und sie ist doch eine der be-

sten. Allein schon mit Universalwürze Nuoc-mam (S. 129f.) sind unzählige Schlaraffengenüsse erreichbar. Keine Angst, die Mehrzahl der Rezepte ist einfach auszuführen. Ähnlich ist es mit der chinesischen und der indonesischen Küche bestellt. Zur letzteren hat der Märchenkoch Prihanto einige Neuigkeiten beigesteuert. Welches Schleckmaul wird sich die Eroberung dieser neuen Paradiese verbieten lassen!

Und dennoch, die Zeiten des guten Essens sind vorbei. Ein gutes Essen kann nur aus guten Lebensmitteln hergestellt werden. Diese gibt es nicht mehr.

In einem groß angelegten Feldzug wurde die Erzeugung der Lebensmittel industrialisiert; dabei wurde nicht nur der Geschmack, sondern auch der Nährwert gemindert (ein Beispiel siehe S. 198). Das war nicht genug. Der verbliebene Rest von Natürlichkeit wurde durch die Vergiftung von Luft, Wasser und Boden weiter beeinträchtigt. Die Flucht aufs Land ist kein Ausweg. Es gibt keine Idyllen mehr. Die Vergiftung hat auch den abgelegensten Landstrich erreicht. Der biologische Anbau etwa ist eine Groteske, da Luft, Wasser und Boden nirgendwo mehr biologisch rein sind.

Die Vergiftung der Lebensmittel zielt auf die Vergiftung des menschlichen Körpers, der Natur insgesamt. Der Kapitalismus gab sich mit der ökonomischen Ausbeutung von Mensch und Natur nicht zufrieden. Seine Logik, die Logik der Destruktion, verlangt mehr — die totale Vernichtung der Naturbasis des menschlichen Lebens und damit seine Ausrottung. Nur Sklaven können noch daran zweifeln, daß wir uns in der Epoche befinden, in der »die Existenz des Homo sapiens als biologische Art in Frage gestellt ist«.

Resignation ist nicht minder sklavisch als der Aberglaube, die vom Kapitalismus beherrschte industrielle Zivilisation sei die beste aller Welten. Gewiß, die Möglichkeit, sich zu wehren, das Leben zu erhalten, wird immer geringer, damit aber auch um so notwendiger. Wer all seinen Witz aufwendet, aus den reduzierten Lebensmitteln das Brauchbare herauszufinden, um eine wohlschmeckende Mahlzeit zu bereiten, ändert gewiß nichts am System der Zerstörung. Wer aber nicht fähig ist, etwas für sich zu tun, wird auch für andere nichts tun können, und wer sich die Hoffnung rauben läßt, wird zum objektiven Helfershelfer der Destruktion.

Einleitung — Zur Technik des Kochens in der Gruppe

> Er denkt aus Sinnlichkeit. Zu einem
> alten Wein oder einem neuen Gedan-
> ken könnte er nicht nein sagen.
> *Brecht*, Leben des Galilei

I. Kochen im Kollektiv

Was unterscheidet das Kochen in der Gruppe, politischen Kollektiven, Studiengruppen, Wohngemeinschaften etc., vom Kochen in der Familie und vom geschäftsmäßigen Kochen im Restaurant?

Die Bekochung in der Kleinfamilie dient zur Aufzucht von gesellschaftsfähigen Individuen; außerdem steht die Hausfrau, oft selber berufstätig, in der Pflicht, zur Reproduktion der Arbeitskraft beizutragen. Es spricht keineswegs für die Kleinfamilie, wenn das in dieser Situation hergestellte Essen den Betroffenen auch noch schmeckt. Da ist orale Bestechung im Spiel: doch von der Psychostruktur der Kleinfamilie hier nichts weiter. Einigen wir uns darauf, daß diese eine besondere Funktion der herrschenen Zerstörung ist.

Beim geschäftsmäßigen Kochen siegt, was »natürlich« ist, zumeist der Geschäftssinn. Die solide Restauration gehört einer früheren Epoche des Kapitalismus an. Der Typ des neuzeitlichen *restaurateur* ist ein Kind der siegreichen Französischen Revolution, des Sieges der Aristokratie des Geldes über die alte Aristokratie, von der auch die Prinzipien der Kochkunst übernommen wurden. Die Großmeister der Küchen kochten nun nicht mehr für die Adligen im Salon, sondern für jedermann im Restaurant, für jedermann, der Geld hatte, natürlich. Was die »großen« Restaurateure wie Beauvilliers und Méot und Véry geschaffen haben, blieb für die Nachwelt verbindlich. Und Carême, der noch im Ancien régime gedient hatte, wurde der bürgerliche Koch par excellence. Er verabscheute nichts mehr als die Revolution, die ihn groß gemacht hatte.

Die große Kochkunst war ein integrales Element der großbürgerlichen Herrschaft. Erstere ist im Gefolge der letzteren verfallen. Wir weinen nicht über diesen Verfall.

10

Aber wir stellen fest, daß die technischen Errungenschaften dieser Kochkunst hervorragend sind und als solche nutzbar gemacht werden können. Diese bewußte Aneignung unterscheidet sich von jener Eßmode der Mittelschicht, die nach dem Do-it-yourself-System, das Selbständigkeit vorgaukelt, Brosamen in hündischer Ergebenheit vom Tisch des Herrn zu klauen versucht. Kochbücher, vom billigen Taschenbuch bis zum repräsentativen Prachtband, sind ein Verkaufserfolg geworden (und manche dieser Bücher sind, rein technisch gesehen, sehr gut). Mit dieser Kochmode und der damit verbundenen Sklavenhaltung hat dieses Kochbuch nichts zu schaffen und noch weniger der Versuch, das Kochen in Kollektiven zu betreiben (ich sage im folgenden *Kollektiv* abkürzend für so verschiedene Dinge wie politisch arbeitende Kollektive und locker zusammengesetzte Wohngemeinschaften). Und wenn ich im folgenden von der Kollektivküche rede, dann meine ich damit in der Hauptsache eine *technisch-organisatorische* Angelegenheit. Die Zubereitung des Essens ist eine zu wichtige Angelegenheit, als daß man sie kampflos der Idiotie des Kleinfamilien-»Lebens« überlassen dürfte, oder einem Dienstleistungssektor, der entweder schlechte Leistungen anbietet oder einen enorm hohen Preis verlangt: wobei keineswegs garantiert ist, daß man für viel Geld auch gutes Essen bekommt.

Damit es keine Mißverständnisse gibt: Dies ist kein politisches Kochbuch, in dem Sinne etwa, daß der Verzehr von Sauerkraut und Schweinebauch den Faschisten verrät, während die Herstellung eines chinesischen Gerichts politisches Bewußtsein garantiert. Und wer gerne Kwas mag, ist nicht unbedingt Revisionist.

Ein klein wenig politisch ist dieses Buch aber dennoch, in dem Sinne etwa, daß die Menschen, die im Kollektiv zusammenleben — wozu auch die Organisation des Kochens und Essens gehört —, einigermaßen ein Bewußtsein von sich selber sich erarbeitet haben und daß sie bewußt einer gemeinsamen Arbeit nachgehen oder daß jeder einzelne arbeitet, lernt etc., dies aber nicht ganz allein für sich tut, sondern, indem er etwas für sich selber tut, auch für die andern da ist. Dazu gehört, daß jeder in etwa seine Übertragungsmechanismen kennt, daß also daran gearbei-

11

tet werden kann, die Wiederholung der Familiensituation zu vermeiden. Das schlimmste, was in einer Gruppe passieren kann, ist, daß jeder seine Familiensituation mit der der andern verwurschtelt; das ergibt ein grauenhaftes emotionales und damit organisatorisches Chaos.

Wer in der Gruppe kocht, der tut etwas für die anderen Gruppenmitglieder. Ist die Stimmung mies, gibt es größere Konflikte, dann verhaut man gern, ganz unbewußt, das Essen oder schmeißt die ganze Küche durcheinander, nur um die andern zu ärgern und um bekanntzumachen, daß es einem schlecht geht. Kann man sich selber und/oder die andern nicht riechen, schmeckt auch das Essen nicht. Die Bestrafung der andern ist mit einer Selbstschädigung verbunden.

Wie schön ist es hingegen, wenn, was wohl selten vorkommt, jeder mit sich und den andern zufrieden ist. Dann macht es ungeheuren Spaß, für die andern zu kochen und das Essen mit ihnen zusammen in ungehemmter Lebenslust zu genießen. Auf dieses Ziel hin tätig zu sein, ist ein kleines Stück »Träumen im voraus« (Bloch), und das ist ja auch was Politisches.Orale Frustration in vielfältiger Schattierung ist eine der großen Errungenschaften der kleinbürgerlichen Sozialisation, und so liegt im kollektiven Leben auch die Chance, erst einmal richtig essen zu lernen, was natürlich nur im Zusammenhang des größeren Versuchs gelingen kann, daß die kaputtgemachten Kinder (und wer ist das nicht: Ausnahmen sind im Kapitalismus ein Glücksfall, der die Regel bestätigt) den Gedanken praktisch machen, das kaputte Leben der Eltern nicht noch einmal — bis zum Erbrechen — nachzudrechseln. Dieser tolle Gedanke ist, Lust am eigenen Leben, Geschmack an sich selber zu finden: dann tut sich auch der Magen auf, dann wächst der Appetit, und der Spaß am Kochen stellt sich von selber ein.

Frauen in der Kollektivküche? Natürlich! Gerade deshalb, weil die Kochkunst immer eine Männersache, die Frauen aber die tägliche Drecksarbeit machen mußten und immer noch machen müssen. Frauen sind ihrem Eheherrn, Lebensgefährten, Freund etc. immer noch leibeigen, indem sie ihre Arbeitskraft und Seelen zur Verfügung stellen und/oder ihre Geschlechtsorgane gebrauchen lassen. Einige haben angefangen, dieses böse alte Gesetz zu brechen und sind selbständig — ich sage lieber selbstgehend — geworden. Mit ihnen kann man im Kollektiv und auch sonst gut leben. Wie gut ein Kollektiv funktioniert, zeigt sich u. a. daran, inwieweit die traditionelle Rollenverteilung aufgehoben werden kann. Die Genossen können zeigen, daß sie Männer sind, Männer, die von ihren traditionellen Vorrechten herunterzukommen vermögen. Im Kollektiv wird die Haus- und Küchenarbeit völlig gleichmäßig verteilt. Nun haben aber Männer die Neigung, in der Küche langwierigen Experimenten nachzugehen und in Töpfen und Pfannen große Werke zu schaffen: um den Frauen ganz nebenbei zu zeigen, daß sie ja doch nichts können. Und die Frauen lassen sich nur zu gern dazu verführen, sich gegen alles zu verbiestern, was mit der Küche zu tun hat, weil sie meinen, sich dadurch von der traditionellen Rollenprägung emanzipieren zu können. Weder die eine Verhaltensweise noch die andere führt aus den alten Gesetzen heraus. Die Bearbeitung solcher Konflikte wird jedoch nicht in einem Kochbuch, sondern in andern Schriften behandelt.

Wir sind bei einem anderen Kapitel, der Organisation der Kollektivküche, angelangt.

II. Die Organisation der Kollektivküche

> Schon die *Athener* liebten so wenig wie die *Franzosen* Familienessen, wo, unter dem Vorwande ganz freundschaftlicher Behandlung, der Magen mißhandelt wird.
> Des Barons Vaerst Gastrosophie oder Lehre von den Freuden der Tafel.

Der Aufbau einer Kollektivküche ist nur dann sinnvoll, wenn die Gruppe eine Übereinkunft hat, die als Grundlage für ein längerfristiges Zusammenleben hinreicht. Eine Küche ist eine Werkstatt, in der allerhand Gerätschaften vorhanden sind, damit ein systematisches Arbeiten möglich ist.

Jedes Mitglied der Gruppe bringt wohl einige Teller und Tassen mit, der eine oder andere vielleicht einen Topf, eine Pfanne und einige Küchengeräte. Gelegentlich reicht eine zusammengewürfelte Kollektion aus, wenn sie etwa die folgene Grundausrüstung ergibt.

1. Die Geräte

Zunächst einmal sind für die Gruppe selber sowie für mehrere Gäste in ausreichender Zahl vorhanden: Gläser, flache Teller, einige Suppenteller, Tassen und Besteck; Salat- oder Frühstücksteller sind nicht unbedingt erforderlich. Dann eine oder zwei Salatschüsseln, eine Kanne für Kaffee und eine für Tee sowie eine italienische Kaffeemaschine (falls jemand nicht ohne schwarzen Kaffee leben kann). Weiter ein Schöpflöffel für Suppen und Soßen (oder einer für die Suppe und einer für die Soße); und, falls sich eine Gruppe von Suppenessern zusammengefunden hat, eine große Suppenterrine, die, wenn sie voll heißer Suppe dampfend auf dem Tisch steht, schnell eine warme Stimmung schafft. Aber das ist ein Luxus, auf den man auch verzichten kann. Auch auf eine kleine Platte zum Anrichten von Gemüsen und eine große Platte für die größeren Fleische kann man zur Not verzichten. Doch wer lange genug bei den Trödlern sucht, kauft diese Sache schließlich billig ein.

Soweit die Geschirre für das Essen; hier kann man sich auf das Notwendigste beschränken. Die Gerätschaften für die Zubereitung des Essens jedoch sollten vollzählig und in bester Qualität vorhanden sein. Das kostet eine ganze Menge DM, doch in einer langfristig und gut funktionierenden Küche hat sich das bald amortisiert. Außerdem ist eine unzureichende Ausrüstung nicht unbedingt kostensparend. Schlechte Töpfe z. B., gerade beim Elektrokochen, sind Energieverschwender. Schlechte Geräte verzögern oder stören den Prozeß der Vor- und Zubereitung; das kostet Zeit und Nerven. Fehlen wichtige Geräte, kommt man nicht weit über Spiegeleier und Beutelsuppen hinaus. Die Kollektivküche soll aber so geplant werden, daß mit der kleinen Grundausrüstung eine große Vielfalt von Speisen hergestellt werden kann.

Fangen wir mit den Messern an. Je besser sie sind, um so schneller und exakter kann man arbeiten. Da ist zunächst das kleine Küchenmesser oder Gemüsemesser: auf keinen Fall darf man sich eines dieser verkrüppelten Pfuschinstrumente andrehen lassen, die hierzulande als Küchenmesser angesehen werden; der Griff liegt nicht in der Hand, die Klinge hat die falsche Form, ist aus dem falschen Stahl und oft nicht einmal zum Nachschärfen geeignet.

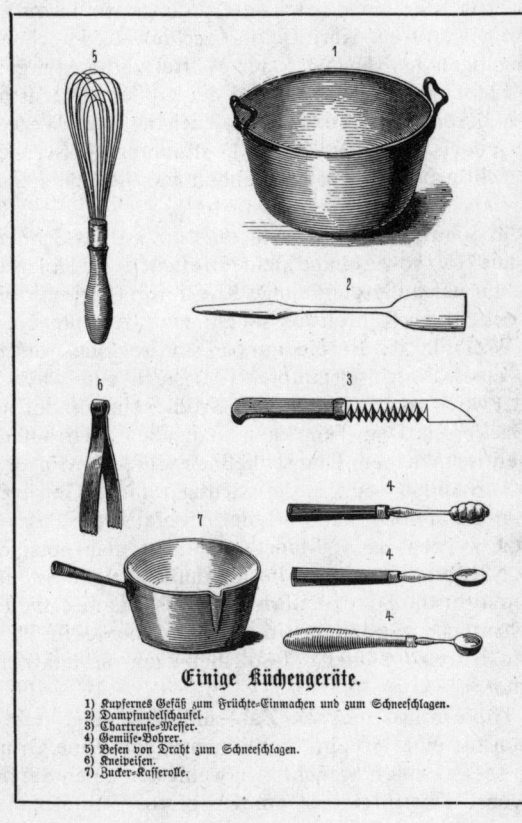

Einige Küchengeräte.

1) Kupfernes Gefäß zum Früchte-Einmachen und zum Schneeschlagen.
2) Dampfnudelschaufel.
3) Chartreuse-Messer.
4) Gemüse-Bohrer.
5) Besen von Draht zum Schneeschlagen.
6) Kneipeisen.
7) Zucker-Kasserolle.

Hingegen das richtige kleine Küchen- oder Gemüsemesser ist das *couteau d'office* oder Officemesser; es ist eines der wichtigsten Stücke der Grundausrüstung. Weiterhin braucht man ein Messer mit fester großer Klinge zum Schneiden von Fleisch, das auch als Brotmesser dienen kann. Wird viel mit Gewürzkräutern gearbeitet, dann braucht man ein Wiegemesser, das eine Rundklinge und zwei große Griffe hat, die gut in der Hand liegen. Damit werden u. a. auch Zwiebeln und Knoblauch klein gehackt oder fein gewiegt; man kann auch Hackfleisch damit machen. Nicht unbedingt notwendig ist das große Gemüsemesser mit der langen, schweren Klinge, mit dem z. B. Gurken, Karotten, Kartoffeln, Zucchini etc. in schnellen Bewegungen in Rädchen oder Würfel zerhackt werden. Eine Fleischgabel fürs Zerlegen der großen Bratenstücke gehört bereits zum Luxus. Ein Küchen- oder Wetzstahl sollte jedoch vorhanden sein. Mit stumpfen Messern kann man nicht arbeiten. Das Küchenbeil und die Knochensäge gehören schon zur großen Ausrüstung.

Für die Schnippeleien braucht man ein großes Schneidebrett aus Holz sowie einige kleine Brettchen. An Holzwaren brauchen wir außerdem einige Kochlöffel (darunter einer mit Loch für das Rühren von Soßen), eine Teigrolle (Nudel- oder Wellholz, die Bezeichnungen sind regional verschieden), einen Kartoffelstampfer (der auch zum Passieren benutzt wird) und, falls man beim Trödler eines findet, auch ein Backbrett. Den Teig kann man aber auch auf dem Küchentisch machen. Und schließlich sollte ein Mörser aus Holz vorhanden sein; er ist wichtig für die Gewürzmischung. Dann noch der Quirl, der ebenfalls zum Passieren benutzt werden kann. Manchmal findet man auch eine richtige Rührkeule, die am besten dafür geeignet ist, etwa Tomaten für die Soße zu pürieren. Es ist kein Zeichen für fortschrittliche Gesinnung, diese Instrumente in Plastik statt in Holz zu wählen. Plastik benutzen die hektischen Pfuscher.

Gute Töpfe in ausreichender Zahl sind notwendig, wenn das Kochen für eine Gruppe funktionieren soll. Eine Gruppe bis zu sechs Leuten braucht zum wenigsten einen Suppentopf von 5 Litern, einen Gemüsetopf von 3 Litern, einen schweren Topf zum Braten und Schmoren von 5 Litern und einen Satz kleinerer Töpfe, darunter ein Stieltopf für Soßen; einen Topf von 10 Litern oder mehr für größere Essen. Eine Kasserole kann auch nicht schaden. Eine feuerfeste Schüssel mit Deckel oder Auflaufform leistet nützliche Dienste. Spezialisten verwenden außerdem für langsames Garen einen Römertopf. Der Fischtopf ist Luxus. Für das Braten in der Röhre (auch Backofen genannt) brauchen wir unbedingt eine Bratraine (auch Bräter genannt), so groß als nur möglich. Außerdem ein Blech zum Backen von Kuchen und Pizza, für Gebäck, für Kartoffeln in der Schale etc. Bei Rostbraten verwenden wir statt der Soßenpfanne die Raine. Zum Kurzbraten brauchen wir eine große Stielpfanne mit schwerem Boden. Selbst in der großen Pfanne muß mindestens ab sechs Leuten in zwei Schichten gebraten werden. Fleischpfanne nach Gebrauch gut reinigen, damit nicht die Bratenreste den nächsten Bratenvorgang behindern. Werden viele Eierspeisen gemacht, sollte dafür eine besondere Pfanne vorhanden sein, die nach Gebrauch nur mit Papier ausgerieben wird.

Für asiatische Gerichte braucht man eine Sautierpfanne, weil da nicht geschmort oder gebraten wird, sondern sautiert, d. h. daß diese Stielpfanne auf großem Feuer hin und her geschwungen wird, um Fleisch und Gemüse in kurzer Zeit garen zu können, ohne daß der Saft entweicht. An diese Regel muß man sich bei asiatischen Gerichten unbedingt halten. Die teure Sautierpfanne können wir durch eine hochrandige Paella-Pfanne ersetzen. Wer pfiffig ist, treibt irgendwo einen *wok* auf, die chinesische Sautierpfanne. Rinder- und Schweinefilet sowie zarte Frischgemüse werden ebenfalls sautiert.

Wer gerne selbstgemachte Pommes frites ißt, der braucht auch noch eine Friteuse mit einem engmaschigen Korbeinsatz.

Nach den großen Geräten nun das Kleinwerkzeug, das zumeist nicht viel kostet und für eine schnelle und präzise Abwicklung aller Prozesse sehr wichtig ist. Ich zähle in bunter Reihenfolge auf (was in Klammern steht, muß man nicht unbedingt haben): ein Mehrzweckschäler, der für Rechts- und Linkshänder geeignet ist, zum Schälen von

Kartoffeln, Gurken etc.; eine Reibe (und ein Hobel zum Zerkleinern von Gemüse; eine Kartoffelquetsche); eine Zitronenpresse; eine Knoblauchpresse; (ein Apfelaussteher); ein Rührbesen; ein Schaumlöffel; (eine Küchenschere); eine Bratschaufel oder Palette; ein Durchschlag (auch Sieb oder Seiher genannt); ein Drahtsieb; (ein Spitzsieb für Soßen); (eine Dressiernadel zum Vernähen und Dressieren von Geflügel; Rouladennadeln); zwei Küchenpinsel (einer zum Ölen von Blech und Raine, einer zum Einölen von Fleisch); ein Meßbecher; ein Trichter; Dosen- und Flaschenöffner; ein Satz Plastikschüsseln; eine Asbestplatte (sehr nützlich, wenn man ganz kleines Feuer braucht); eine Küchenwaage; etc.

All diese Kleingeräte werden übersichtlich in der Nähe des Arbeitsplatzes angeordnet. Am besten montiert man eine Lochwand und hängt daran auf, was nur aufzuhängen ist. Geschickte Köche basteln außerdem eine Halterung für die sämtlichen Messer.

2. Vorrat und Einkauf

> Endlich finde ich, daß mein 1857er Rüdesheimer jetzt gerade in der Periode ist, wo er getrunken werden muß, und dazu brauch' ich Deine Hilfe.
> *Engels an Marx am 17. Mai 1870*

In der Küche vorrätig sind Grundnahrungsmittel, Gewürze und all die Sachen, die man täglich oder fast immer zum Kochen braucht und mit denen man immer und schnell etwas Eßbares zaubern kann.

Die präzise funktionierende Küche verfügt über folgende *Vorräte:* Kartoffeln und Reis, Teigwaren, Mehl, Gries, Mondamin, Semmelbrösel; Gemüse- und Fleischkonserven — wenn es denn sein muß — für eine schnelle Kocherei; Zwiebeln und Knoblauch, Eier und Milch; Zucker, Salz und Pfeffer, Essig und Öl (eine Dose Pflanzenöl zum Braten, Fritieren etc. und eine Dose Olivenöl für Salate und für

Gerichte, die mit Olivenöl gemacht werden; der Essig soll ein guter Weinessig sein); Zitronen und Tomatenmark; Sojasoße und Fischsud (siehe die Einleitung zu den vietnamesischen Rezepten) für die asiatischen Gerichte; Meerrettich und Gurken im Glas, Senf.

Für Frühstück und Zwischenmahlzeiten: Kaffee und Tee, Wurst und Käse, Honig und Marmeladen.

Und viele *Gewürze:* in diesem Kochbuch wird mit sehr vielen Gewürzen gearbeitet; ihre Verwendung ist jeweils bei den Rezepten beschrieben. Wir brauchen daher einen besonders großen Vorrat an Gewürzen. Es ist ohne Zweifel besser, frische Gewürzkräuter zu verwenden. Da sie aber nicht immer und nicht überall zu haben sind, behelfen wir uns mit den getrockneten. Alle Gewürze und Kräuter werden gut verschlossen in Gläsern aufbewahrt; man lasse sich keinen alten, muffeligen Stoff andrehen. Also:

Paprika, edelsüß und scharf; Thymian, Majoran, Oregano, Rosmarin, Salbei und Basilikum; Dill, Kümmel, Bohnenkraut und Wacholderbeeren; Koriander, Muskat, Nelken und Lorbeerblätter, Pfefferkörner, weiß und schwarz (werden frisch gemahlen oder im Mörser zerstoßen); Cayenne-Pfeffer und Chilis, Curry; Anis und Piment; asiatische Gewürze (siehe unter nichteuropäische Küche). Schnittlauch und Petersilie sowie einige andere Kräuter wie Minzblätter, Kerbel, Estragon, Liebstöckl können nur frisch verwendet werden.

Damit wären wir bei einer weiteren, sehr wichtigen Sache angelangt, bei der *Technik des Einkaufens.* Erst einmal muß billig eingekauft werden, dann muß aber auch richtig eingekauft werden: das ist eine der allerwichtigsten Voraussetzungen dafür, ein gutes Essen zubereiten zu können. Mit alten oder geschmacklosen Sachen kann selbst der beste Koch nichts anfangen.

Die Notwendigkeit, billig einzukaufen, hat oft genug eine Fehlhandlung zur Folge: vor lauter Schreck über die horrenden Preise wird Minderwertiges gekauft. Mit Geduld und Schläue kann aber auch bei kleinem Budget gut eingekauft werden.

Die Kollektivköche organisieren in bestimmten Abständen einen Großeinkauf für Grundnahrungsmittel, für alles, was zum Vorrat gehört und über längere Zeit aufbewahrt werden kann. Auf irgendeine Art ist es immer möglich, sich Zutritt zu einem Großmarkt zu verschaffen. Aber man muß auch beim Großeinkauf die Preisvergleiche im Gedächtnis haben, denn manche Artikel sind im Großmarkt teurer als bei den großen Ladenketten; der Qualitätsunterschied ist dabei meist ganz gering bei einem Preisunterschied bis zu 200%. Nach einigen Monaten gelassener Übung hat jeder heraus, was wo billig und gut gekauft wird.

Das Einkaufen in Filialen von Ladenketten erfordert besonders große Aufmerksamkeit. Einige Lebensmittel sind gut und billig, andere gut und teuer, andere teuer und schlecht; und vieles ist ungenießbar. Das wechselt von Filiale zu Filiale, von Ladenkette zu Ladenkette, von Laden zu Lädchen. Es bleibt also nichts anderes übrig, als die Preise genau zu studieren, den Vergleich zu ziehen und dann erst einzukaufen. Außerdem muß man dabei herausfinden, was man besser im Laden um die Ecke, was besser bei der Ladenkette einkauft. Gelegentlich gibt es in Filialen von Ladenketten gutes Fleisch und Gemüse zu niedrigem Preis, oft gibt es ungenießbares Zeug.

Frische Lebensmittel kauft man besser beim Einzelhandel. Dort sind sie zumeist etwas teurer als bei der Kette, in der Qualität aber sehr viel besser. Es ist daher wichtig, die Läden und Lädchen des Wohnviertels und der weiteren Umgebung genau daraufhin zu studieren, wo das beste Fleisch, Obst, Gemüse, Brot etc. zum niedrigsten Preis zu haben ist. Außerdem kann man mit dem Einzelhändler das berühmte nette Gespräch anknüpfen sowie mit Sachkenntnis sich schnell die Sympathie des Kleinhändlers erwerben: und bald bekommt man genau das Stück, das man haben will. Fleisch und Gemüse in bester Qualität einzukaufen, ist eine der wesentlichen Voraussetzungen für die Zubereitung eines schmackhaften Essens. Da aber sparsam einkaufen nicht heißt, schlechtes Zeug einkaufen, muß der Kollektivkoch all seinen Witz aufwenden, das beste zu einem möglichst niedrigen Preis einzukaufen. Deshalb z. B. lieber ohne Fleisch kochen, als schlechtes Fleisch nehmen; lieber kein Frühstücksei, als die abscheulichen Dinger runterzuschlingen, die nach Fischmehl und sonstwas stinken. Wirk-

lich frisches Gemüse ist nur schnittfrisches Gärtnergemüse.
Merke: Der Einkauf muß sorgfältig geplant werden; er erfordert Zeit und Geduld. Dann kannst du in aller Ruhe das Essen für die Gruppe zubereiten. Die Alternative ist, im nächsten Supermarkt irgendwas einkaufen, einen Fraß zusammenhauen, diesen den andern auf den Teller knallen und stumm runterschlingen. Man kann sich größere Tiefschläge verpassen, aber so einer ist auch schon ganz gut. Daher: Nervosität, Hektik u. dgl. mehr sind der Feind allen Kochens und Essens.

In Sachen Fleisch und Gemüse sind die Leute auf dem Land und in der Provinz besser dran als die Großstädter; andererseits gibt es merkwürdige Vorkommnisse wie, daß es auf dem flachen Lande zumeist schlechtes Brot gibt, während in der großen Stadt zwar kein »echtes«, aber doch wirklich gutes »Bauern«-Brot zu finden ist. Und dann gibt es in der Großstadt eben all die Geschäfte der Türken, Jugoslawen, Italiener, Spanier, Araber etc. Der Kollektivkoch kundschaftet nicht nur sein Wohnviertel, sondern die ganze Stadt nach solchen Läden aus und organisiert seine Kochgewohnheiten im Hinblick auf die schönen Sachen, die es da gibt.

Und schließlich gibt es noch, zumeist aber nur in den großen Städten, die Chinaläden mit den asiatischen Sachen. Da in diesem Kochbuch eine ganze Menge asiatischer Rezepte aufgeführt werden — und besonders *vietnamesische,* die hierzulande völlig unbekannt sind —, und da nicht jeder in einer großen Stadt wohnt, sind am Ende des Buches einige Adressen angegeben, wo man sich alle notwendigen Zutaten besorgen kann.

Ganz besonders sorgfältig muß beim Einkauf von Wein vorgegangen werden! Der Einkauf von Schnaps ist relativ einfach. Einen lieblichen Obstler und einen guten Klaren findet man oft für wenig Geld in den Kettenläden. Dort aber Wein einzukaufen, ist nicht selten mit der Gefahr der Selbstvergiftung verbunden; den gewitzten Einkaufstechnikern, die gleichzeitig geübte Weinkenner sein müssen, wird es allerdings gelingen, auch gelegentlich einen guten Stoff ausfindig zu machen.

Da die Situation an den verschiedenen Orten ganz unterschiedlich ist, kann ich keine genauen Hinweise zur Einkaufstechnik in Sachen Wein geben, sondern nur aus der eigenen Erfahrung berichten und vielleicht einige allgemein nützliche Tips geben.

Zunächst muß man versuchen, einen Laden zu finden, wo der Wein offen vom Faß verkauft wird. Hier kann man probieren und sachkundige Gespräche mit dem Händler führen. Da kann man dann einen Etschtaler oder Kalterer finden, der tatsächlich ein Etschtaler und Kalterer ist, und das sind gute und billige Trinkweine. Da gibt es auch saubere, völlig durchgegorene und nicht geschönte Weine aus Griechenland, Spanien oder Portugal, Frankreich und Ungarn.

Aber selbst wenn man nun ein solches Geschäft gefunden hat, dann nützt das wenig, wenn man einen guten herben Landwein nicht von einem bitteren Gesöff unterscheiden kann oder gar der Meinung ist, ein guter Wein müsse irgendwie süßlich schmecken. Die Vorstellung, die der BRDler von einem »guten Tropfen« hat, stammt aus der Adenauerzeit, als Rudi Schuricke von Süden, Sonne und Wein sang. Aber man besann sich auf die eigenen Werte, und so gab es plötzlich Unmengen von Oppenheimer und Kröver und Bechtheimer und Mosel und Rhein und später Badener, die mit den Lagen in diesen Weinbaugebieten oft nicht mehr als eine vage Assozation der Namen gemein haben. Diese himmlischen Tröpfchen sind für jeden Weintrinker die Hölle; nein, lieber sitzt er in der Hölle trocken, als seine Lippen mit solchem Gift zu netzen.

Über die Weinpanscherei ist in letzter Zeit genug gesagt worden, so daß auch der Unerfahrene beim Weinkauf vorsichtig ist. Wer aber nun nicht recht weiß, welchen Wein er nehmen soll, der lasse sich am besten von einem Spezialisten beraten und trinke sich, allmählich lernend, durch die Länder, Sorten und Lagen durch. Das ist keine unangenehme Aufgabe. Da die Kollektivküche aber billig einkaufen muß, halte man sich an die Regel, nur bei einem Händler einzukaufen, auf den man sich wirklich verlassen kann. Außerdem scheue man sich nicht, die Fachliteratur zu studieren. Auf diese Weise wird man bald ein oder zwei Läden finden, die einen guten und billigen Tischwein anbieten. Bei geduldiger Suche erzielen wir ganz hervorragende Ergebnisse. So ist es z. B. durchaus möglich, in einem Italienerladen einen wirklichen, echten, guten, trockenen Landwein zu finden, einen wirklichen Soave, einen wirklichen Frascati, Orvieto etc.

Alle Weine, die in der Qualität über den gewöhnlichen guten Tischwein hinausgehen, liegen außerhalb der finanziellen Reichweite einer Kollektivküche, vor allem die großen Lagen der französischen Weine. Da aber manche ohnehin lieber Bier trinken oder Limonade, will ich nichts weiter über die Beschaffung dieser phantastischen Stoffe sagen.

3. *Der Ablauf des Kochvorgangs*

> Herr K. zog die Stadt B der Stadt A vor. »In der Stadt A«, sagte er, »liebt man mich; aber in der Stadt B war man zu mir freundlich. In der Stadt A machte man sich mir nützlich; aber in der Stadt B brauchte man mich. In der Stadt A bat man mich an den Tisch, aber in der Stadt B bat man mich in die Küche.«
> *Bertold Brecht,* Geschichten vom Herrn Keuner

Das Problem, wie die Haus- und Küchenarbeit zu verteilen ist, hat jede Gruppe für sich selber zu lösen. Nachdem aber von der Technik des Einkaufens gesprochen wurde, die dazu führen soll, ein gutes Essen für die Gruppe zuwege zu bringen, folgen jetzt noch einige Hinweise auf die technische Abwicklung des Kochens selber. Manches mag daran überflüssig sein, manches weiß ein jeder eh schon, aber es kommt doch immer wieder vor, daß ganz einfache Dinge nicht bekannt sind. Also:

Über den Großeinkauf und darüber, daß Grundnahrungsmittel und immer gebrauchte Zutaten vorhanden sind oder nachgefüllt werden, wird ohnehin gemeinsam beraten. Ist der Essensplan für den Tag oder die ganze Woche von demjenigen, der gerade Küchendienst macht, ausgearbeitet, dann überlegt er sich zunächst, was er alles dazu braucht und wo er es am besten einkauft. Sind alle Zutaten beisammen, wird das Rezept nochmals studiert, um den gesamten Ablauf der Vorbereitungen und des Kochvorgangs selber festzulegen. Ein exaktes Timing ist dabei unbedingt notwendig. Man muß genau wissen, womit man anfängt und welche Arbeitsgänge aufeinander folgen, wie lange die einzelnen Zutaten brauchen, bis sie gar sind, wann z. B. das Fleisch zuerst in den Topf muß, weil es lange braucht; ob die Gemüse zuerst geschnitten werden; wann die Kartoffeln aufgesetzt werden müssen, damit sie dann gar sind, wenn alles andere fertig ist; und daß der Salat z. B. immer erst kurz vor dem Essen angemacht wird. Alle Zutaten und Gewürze werden auf den Arbeitsplatz gebracht, die Geräte sind griffbereit, und nun geht's los. Kocht eine kleinere Gruppe für die andern Gruppenmitglieder, dann einigt man sich darauf, wer welche Sachen übernimmt. *Merke:* Entscheidend ist es, das Rezept genau zu studieren oder ein solches, das man auswendig kennt, nochmals zu überprüfen, *damit der Vorgang präzise abläuft,* man sich allmählich die gesamte Kochtechnik aneignet und bald auf die Komposition eigener Gerichte verfällt.

Außerdem: Selbst bei der Zubereitung eines größeren Essens darf es nicht dahin kommen, daß in der Küche ein Verhau entsteht, in dem der Koch oder die kochende Gruppe sich nicht mehr zurechtfindet. Hat das Gewurschtel erst einmal angefangen, ist selten noch Rettung möglich; es wird immer ärger, die Sachen kommen immer mehr durcheinander. Und schließlich ist alles daneben gegangen. Deshalb werden z. B. alle Abfälle, die während der Vorbereitung entstehen, sofort zum Abfall geworfen; das schafft Platz und Übersicht. Geschnittenes Fleisch und Gemüse kann man in Teller füllen und bis zur Verwendung beiseite stellen. Gerät und Geschirr, das nicht mehr weiter zum Vorbereiten oder Kochen benötigt wird, zieht man sofort vom Arbeitsplatz ab (und spült es oberflächlich ab, das erleichtert den Abwasch); doch man verfalle dabei nicht in eine Sauberkeits- und Ordnungsspinnerei, denn das verdirbt den Spaß am Kochen gründlich. Es soll keineswegs so sein, daß die Küche nach dem Kochen aussieht, als sei nichts geschehen. Eine Küche ist, auch bei einer ganz großen Kocherei, die von mehreren betrieben wird, eine gut funktionierende Werkstatt, in der nichts durcheinander und nichts daneben geht. Und das geht ganz gut, wenn der Koch oder die kochende Gruppe sich nicht mit Widerwillen gegen sich selbst und/oder die andern an die Arbeit machen.

Und zum Schluß noch ein Wort zum Abwasch. Das ist eine widerliche Arbeit. Doch so widerlich sie auch ist, noch widerlicher ist es, wenn einer, empört über all die Ungerechtigkeiten der Welt, der Gruppe schmutzige Teller auf den Tisch knallt oder sie den andern mit halbausgekotzter Leidensmiene unter die Nase schiebt. Nachlässig gewaschenes Geschirr ist kein Zeichen von Lässigkeit oder gar ein Beweis für die freie Selbstverwirklichung der Persönlichkeit. Außerdem versuche man einmal, Wein aus einem Glas zu trinken, das nach Spülwasser schmeckt, oder morgens den Tee oder Kaffee oder die Milch aus einer schmierigen Tasse zu trinken. Prost.

III. Küchenlexikon

abschäumen	Brühen und einige Gemüse werden nach dem ersten Aufkochen mit dem Schaumlöffel abgeschäumt, um die Schmutzstoffe zu entfernen. (Bei Fleischbrühen geht aber Eiweiß verloren!)
bardieren	Bratenstücke, Geflügel und Wild mit ganz dünnen Speckplatten einhüllen und mit einem Faden umwickeln.
binden (legieren, abziehen)	Suppen und Soßen werden mit einem verquirlten Eigelb, oder mit einer Eigelb/Sahne-Mischung, oder mit einer Mehlschwitze (weiß oder braun), oder mit Sahne allein, oder mit Mondamin (Maizena etc.) allein oder in andern Verbindungen fester oder sämiger gemacht.
blanchieren	Fleisch und Gemüse kurz in kochendes Wasser legen, um den Geschmack zu heben, das Aussehen zu bessern und etwaigen Schmutz zu entfernen.
blondieren	z. B. Mehl und /oder Zwiebeln dünsten, bis sie hellgelb geworden sind.

dressieren	einer Kochsache eine »gute« Form geben, z. B. Gemüse in dieselbe Größe und Form schneiden. Vor allem Herrichten von Geflügel mit Hilfe der Dressiernadel und eines Fadens: man zieht die Schenkel so weit als möglich nach den Flügeln hinauf und drückt diese zugleich nach dem Rücken hinunter.
einkochen	Speisen, vor allem aber Soßen, die zu dünnflüssig sind, durch anhaltendes Kochen unter ständigem Rühren auf kleinem Feuer eindicken.
Farce	eine fein abgestimmte Füllung, mit der z. B. Geflügel (farciert) wird.
Fines herbes	ein Bund frischer Kräuter, wie er in der französischen Küche geläufig ist (gelegentlich auch in deutschen Gauen anzutreffen); etwa: Petersilie, Schnittlauch und/oder Schalotten, Estragon, Kerbel, Basilikum. Nach Geschmack selber zusammenstellen, also etwa auch Salbei, Thymian, Rosmarin dazu usw.
flambieren	schlachtet man Geflügel selber, wird es nach dem Rupfen abgesengt. Eine Kochsache mit brennbarem Schnaps übergießen und anzünden; das ergibt eine schöne Kruste.
Fond	Brühe oder Saft vom Fleisch (plus Gemüse).
fritieren	eine Kochsache in schwimmendem Öl ausbacken, z. B. Kartoffelstifte in der Friteuse, was die beliebten Pommes frites ergibt.
garen	Oberbegriff für alle Methoden, aus einer rohen Kochsache eine mundgerecht weiche zu machen.
gratinieren	Speisen, die einen Überzug aus Semmelbrösel oder Käse haben, im Backofen rasch überbacken; z. B. Zwiebelsuppe mit viel Käse bestreuen, in die Röhre schieben und krustig backen.

marinieren	Fleisch vor der Zubereitung in eine Marinade oder Beize legen, z. B. um Hammel- oder Wildgeschmack herunterzustimmen; oder um den Geschmack des Fleisches zu beeinflussen.
panieren	Schnitzelfleisch erst in Mehl, dann in gewürztem (Salz und Pfeffer) Eigelb wälzen, in Paniermehl etwas andrücken.
passieren	Flüssigkeiten (auch Soßen) durch ein Sieb oder Tuch seihen, um ausgekochte Rückstände zu entfernen.
pochieren	Eier am Rande eines Topfes mit kochender Flüssigkeit aufschlagen, dicht über der Flüssigkeit öffnen und den Inhalt hineingleiten lassen.
pürieren	Fleisch, Gemüse, Fisch etc., welches zuvor weichgekocht, feingehackt oder zerstoßen wurde, durch ein Sieb streichen.
quellen	wichtig für *Reis*. Er wird nicht gekocht, man läßt ihn aufquellen. Doppelte Menge Wasser zum Reis, offen aufkochen, Deckel drauf und auf kleinstes Feuer schalten (eventuell Asbestplatte unter den Topf) und quellen lassen. Das Wasser ist gerade dann verbraucht, wenn der Reis gar ist. Kann nicht schiefgeh'n.
sautieren	ist eine rasche Art des Garmachens von zartem Fleisch und Geflügel, Gemüse, Fisch, Schinken, Leber etc. Das Kochgut wird in Öl oder Butter von allen Seiten schnell angeschwitzt, indem man die Pfanne oder den Topf (oder die Sautierpfanne) fortwährend auf großem Feuer hin und her schwenkt. Die Sachen sind in wenigen Minuten gar, müssen aber sogleich gegessen werden, weil sie sonst bald trocken und hart sind. - Wird besonders beim asiatischen Kochen angewendet.

schmoren **dämpfen** **dünsten**	ist das Garen des Kochguts im eigenen Saft oder Dampf, den es durch Erhitzen entwickelt; der Vorgang wird durch gelegentliche Zugabe von warmem Wasser, heißer Brühe oder Wein unterstützt, besonders, wenn er sich über längere Zeit hinzieht wie etwa bei einem Braten.
Wasserbad, **auch** **Bain-marie**	Kochgut oder Speisen in einem Gefäß in heißes Wasser stellen, um ersteres zu garen, die zweiten warmzuhalten oder aufzuwärmen.
Wurzelwerk **Suppengrün**	ein Bund Sellerie (Wurzel und Kraut), Petersilienwurzel, Karotte, Lauch.

IV. Anleitung zum Gebrauch des Kochbuchs

> Und wenn Ihr über diese Punkte Beschluß faßt, so trinkt eine Flasche guten Wein dazu, solches tut zu meinem Gedächtnis.
> Engels an Bebel und Singer am 14. November 1894

Dieses Kochbuch will, wie jedes andere, zunächst einmal gelesen werden, kreuz und quer oder von hinten nach vorne, wie's gerade Spaß macht. Dann irgendwo mit einem Rezept anfangen, das einem spontan in die Nase sticht und den Magen kitzelt. Und dann probieren und immer wieder probieren. Die Rezepte sind, wenn nicht anders angegeben, auf vier Durchschnittsesser, also eher solche mit kleinerem Appetit, gerechnet. Bei mehr Personen, wie sie zumeist in Kollektiven zusammenwohnen, wird die Menge erhöht oder verringert, je nach der Eßlust oder dem Magenfrust der jeweiligen Mitglieder der Gruppe.

EL = Eßlöffel, TL = Teelöffel, 1 Msp = Messerspitze, l = Liter, g = Gramm; ein Glas, eine Tasse = ca. ein achtel Liter, eine große Tasse − ca. ein viertel Liter.

Anfänger ärgern sich immer wieder darüber, daß in den Kochbüchern Maße, Mengen und Temperaturen sehr unterschiedlich bezeichnet werden und daß Küchengeräte unter verschiedenen Namen auftauchen. Das kommt daher, daß die Autoren, selbst wenn sie eine strenge Schule durchlaufen haben, am Ende doch ihre eigenen Erfahrungen zu formulieren suchen und daß es große regionale Unterschiede gibt. Dieses Problem wird so lange ungelöst bleiben, bis ein gründlicher Mensch die Normierung der deutschen Kochsprache lexikalisch festgelegt haben wird. Indessen sei drauf verwiesen, daß eine Karotte eine Möhre ist, eine Röhre ein Backofen (Gas oder Elektro), eine Raine ein Bräter ohne Deckel und daß Hackfleisch regional unterschiedlich a) nur aus Rindfleisch, b) aus einer Mischung von Rind und Schwein besteht. Weiterhin ist eine »mittlere Hitze« ca. 180 Grad, gute Hitze ca. 225 Grad, starke Hitze ca. 300 Grad. Wer aber das Kochen mit Thermometer und Stoppuhr lernen will, der sollte es besser gleich lassen. Präzises Arbeiten ist im Grunde nur so zu erlernen: gelassen Erfahrungen sammeln.

Merke: Rezepte, selbst die ausführlichsten, sind im Grunde nur eine Anleitung, ein Hinweis, ein Tip, wie ein Gericht zubereitet werden kann. Denkt sich der Kollektivkoch, das könnte man aber auch anders machen, dann soll er's anders machen. Dabei kommen oft Wunderdinge zum Vorschein. Der Phantasie sind keine Grenzen gesetzt. Unmögliches gibt es nicht. Schlecht ist nur, was dem Koch selber nicht schmeckt.

Die *schnelle Küche* sollte im Kollektiv nicht einreißen, aus mehreren Gründen. Die schnelle Kocherei ist immer auf irgendeine Art mit Nervosität verbunden; und das schadet dem Herstellen und Verzehren einer guten Mahlzeit. Schnelle Küche ist sehr teuer und/oder kommt aus der Konserve, der Tiefkühltruhe. Wir wollen weder das eine noch das andere. Was aber können wir tun, um billig und in möglichst kurzer Zeit zu kochen?

Es gibt in diesem Kochbuch einige Rezepte, die allerhand Zeit und Geduld erfordern, gerade bei den Billigrezepten von Eintopf, Mehl- und Kartoffelspeisen. Es sind Rezepte darunter, die ein einzelner niemals machen würde, die in der Kleinfamilie nur als große Ausnahme vorkommen. In einem Kollektiv jedoch sind all diese etwas schwierigen, zeitraubenden und fast unmöglich scheinenden Dinge möglich, ja können sogar alltäglich werden. Anders gesagt, das Zusammenleben von 4 bis 6 Leuten ist geradezu die Bedingung der Möglichkeit, etwas für die gemeinsamen Leibesgenüsse zu tun. Die Tatsache, daß einer oder eine Gruppe für zwei Tage oder eine ganze Woche, je nachdem, den Küchendienst übernimmt, sich dann aber wieder nur an den gedeckten Tisch vor dampfende Schüsseln zu setzen braucht, schafft die Voraussetzung dafür, sich während der Zeit des Küchendienstes ganz intensiv mit den magna oralia zu befassen, Zeit und Sorgfalt zu verschwenden, denn man weiß ja, daß man in den nächsten Tagen nichts mehr fürs Kochen zu tun braucht; und außerdem, je besser das Essen ausfällt, um so zufriedener bist du mit dir und den anderen — wer weiß! Für die Berufstätigen im Kollektiv, die keine Zeit für langes Einkaufen und sorgfältige, langwierige Vorbereitung haben, ist es am besten, den Küchendienst zu zweit zu machen und die Aufteilung der anfallenden Arbeit jeweils vorher abzusprechen. Diese Leute müssen ja auch nicht die komplizierten Dinger kochen, sondern sollten eher von den andern, die mehr Zeit haben, damit verwöhnt werden.

Vor einigen Jahren sagte ein alterfahrener Praktiker der Politik, der mit mir den Abscheu gegen Askese teilt, den denkwürdigen Satz: Ein Revolutionär, der nicht vögeln und nicht fressen kann, ist kein Revolutionär. Statt die große theoretische Schlacht über die Soziologie, Psychologie und Historie des Essens zu eröffnen, gebe ich einfach diesen Satz weiter und hänge, anstelle eines Kommentars, ein klassisches Ziffel-Zitat, aus den »Flüchtlingsgesprächen« von Bertold Brecht, »Über niedrigen Materialismus« an:

»Ich find, da ist was dran, daß der sogenannte Materialismus in den besseren Kreisen in Verruf ist, man spricht gern von niedrigen materiellen Genüssen und rät den unteren Klassen ab, sich ihnen in die Arme zu werfen. An sich ist es nicht nötig, weil sie das Kleingeld dafür sowieso nicht haben. Ich hab mich oft gewundert, warum die linken Schriftsteller zum Aufhetzen nicht saftige Beschreibungen von den Genüssen anfertigen, die man hat, wenn man hat. Ich seh immer nur Handbücher, mit denen man sich über die Philosophie und über die Moral informieren kann, die man in den besseren Kreisen hat, warum keine Handbücher übers Fressen und die andern Annehmlichkeiten, die man unten nicht kennt, als ob man unten nur den Kant nicht kennte! Das ist ja traurig, daß mancher die Pyramiden nicht gesehen hat, aber ich finde beklemmender, daß er auch noch kein Filet in Champignonsauce gesehen hat. Eine einfache Beschreibung der Käsesorten, faßlich und anschaulich geschrieben, oder ein künstlerisch empfundenes Bild von einem echten Omelette würd unbedingt bildend wirken. Eine gute Rindssuppe geht mit dem Humanismus ausgezeichnet zusammen. Wissen Sie, wie man in anständigen Schuhen geht? Ich mein in leichten, nach Maß, aus feinem Leder, wo Sie sich wie ein Tänzer fühlen, und richtig geschnittene Hosen aus weichem Material, wer kennt das schon von euch? Das ist aber eine Unwissenheit, die sich rächt. Die Unwissenheit über Steaks, Schuhe und Hosen ist eine doppelte: Sie wissen nicht, wie das schmeckt, und Sie wissen nicht, wie Sie das bekommen können, aber die Unwissenheit ist eine dreifache, wenn Sie nicht einmal wissen, daß es das gibt.«

Und was es alles gibt. Die Weine der Côte de Nuits und des Haut-Médoc, das sind Genüsse, die zu beschreiben der Kunst eines linken Schriftstellers wahrhaftig würdig wäre. Engels wußte wohl genau, was er sagte, als er ins Album von Jenny Marx schrieb: »Auffassung vom Glück: Château Margaux 1848.« Und dann all die nahezu ungeheuerlichen Sachen der großen französischen Küche. Man lese Alexandre Dumas, Grand Dictionnaire de Cuisine, Paris 1873; das ist der codex aureus der großbürgerlichen Freßkultur, und die 1200 Seiten dieses Werkes zählen zum Besten der schönen Literatur, der Literatur der besseren Kreise. Da weiß man dann wirklich, was man hat, wenn man hat.

Zum Aufhetzen und damit ihr wißt, wie ein ›gutes‹ Essen mit einer anständigen Weinkarte aussieht, studiert einmal aufmerksam das Menü auf der folgenden Seite!

Ein erstklassiges Menü für einen kleinen Kreis von Auserwählten, wie es sich kaum besser denken läßt. 100 Reichsmark waren eine ganze Menge Geld pro Nase, und der Preis für die Weine, Champagner und Portwein dürfte die Summe um ein Mehrfaches erhöht haben.

Menü, serviert in einem ersten Restaurant in H. am 21. Januar 1899. 12 Gedecke à 100 Mk (ohne Weine).

Les huîtres d'Ostende Caviar de Beluga, non salé	1842 Madeira grand reserva
Consommé aux nids d'hirondelles Potage tortue à la Londonderry	1889 Perrier-Jouët & Co., extra dry
Truffes du Périgord à la Cussy Sterlet à l'estouffade	1884 Geisenheimer Auslese Crescenz Freiherr v. Lade
Echinée de marcassin à l'alsacienne	1888 Chât. Brown Cantenac
Filets d'agenau à la royale	1875 Chât. Latour Carnet, Tirage du château
Parfait de foies de canards à la Trévisé	1870 Clos de Vougeot
Chaud-froid d'ortolans à la Cendrillon	1874 Chât. Rauzun Ségla, Tirage du château
Langoustes de l'océan à la Rolande	1874 Chevalier Montrachet blanc
Marquise en Cliquot	
Faisans de Bohème à la Belle-Alliance	1869 Chât. Lafite, grand vin. Tirage du château
Salade Yeddo	
Asperges nouvelles d'Argenteuil, sauce supréme	1869 Chât. Yquem, Tirage du château
Soufflée Elisabeth Pouding glacé à la Jules Leconte	1892 Moët et Chandon, dry Imperial, cuvée 92
Fromage	1872 Zimbro Quinta, fine old Port
Fruits	
Dessert	

(Aus: Kochkunst Jg. 1899, S. 248; mit Notizen über die Zubereitung des Menüs S. 248-250.)

Eier und Hackfleisch

Eierspeisen

Eier sind nicht gerade billig, aber man kann dennoch mit Eiern relativ günstig kochen. Auf jeden Fall scheue dich nicht, die beste Sorte zu kaufen. Du findest immer irgendwo einen Händler, der wirklich frische Landeier anbietet. Hühner, die auf dem Mist kratzen und einen großen Auslauf haben, machen die besten Eier. Die versuche zu bekommen. Falls dir das als Luxus vorkommt, bereite ein Omelette aus Eiern, die von Hühnern stammen, welche beispielsweise mit Fischmehl und Chemie ernährt und in engen Käfigen gehalten werden. Du wirst es ein zweitesmal nicht tun. Also erlaube dir den Luxus, ein frisches Ei zu kaufen, wenn du dir schon den Luxus erlauben kannst, als Genosse in einem Kollektiv zu leben. Und nun kommen wir zur Bereitung diverser Omelettes.

Entscheidend für alle Eierspeisen ist, daß du reichhaltig zu würzen verstehst. Neben dem notwendigen reichhaltigen Vorrat an getrockneten Gewürzen, den sich die Kollektivküche anlegt, ist das jahreszeitlich variierende Angebot an frischen Gewürzkräutern zu berücksichtigen. Lasse deiner Phantasie gezielt freien Lauf und erfinde die Kombinationen, die das Angebot maximal ausnutzen.

Reichlich zu verwenden sind Schnittlauch und Petersilie, dann Kerbel und Estragon, auch Basilikum, in kleineren Mengen dagegen Salbei, Thymian und Rosmarin; Knoblauch nach Geschmack.

Zum Backen der Omelettes eignet sich am besten eine große eiserne Pfanne oder eine schwere Emailpfanne. Zum Backen benutzt man Butter oder Margarine und, wenn man das Kräftige liebt, auch Olivenöl. Zu Olivenöl gehört dann auch der Knoblauch. Die Pfanne soll gut erhitzt sein, wenn die Masse von der Mitte eingegossen und verteilt wird. Dann aber muß die Hitze sofort zurückgenommen werden, denn sonst wird das Omelette trocken und hart.

Für jeden Kollektivesser rechne 3 Eier (für Fresser eines mehr). Die Eier werden mit der Gabel geschlagen, ganz leicht gesalzt und gewürzt. (Zum Strecken oder Verlängern der Eimasse rühre etwas Milch ein.) Die Masse in die Pfanne geben und stocken lassen. Sie darf nur ganz hellgelb sein, während sie oben etwas feucht bleibt. Dies geschehen, wird mit einer Schaufel oder einem Spartel das Omelette angehoben und die eine Seite über die andere gelegt: dabei mit Feingefühl und Sanftheit vorgehen. Natürlich müssen die Omelettes portionsweise für jeden Kollektivesser gebacken werden.

Die Omelettes können einfach mit Weißbrot gegessen werden, man kann aber auch Salate machen. Wer es ganz eilig hat, der macht ein schnelles Rührei. Eier verquirlen, würzen, in die Pfanne geben und die Masse mit der Gabel zerscharren, sobald die Masse gestockt ist. Dazu Weißbrot und fertig. Nun aber einige Omelette-Rezepte:

Omelette mit Käse

Omelette wie oben beschrieben bereiten, zu den Gewürzen aber pro Person 1 EL geriebenen Parmesan geben und backen.

Omelette mit Knoblauch

Masse für das Omelette wie oben angegeben bereiten, pro Person 1 zerquetsche Knoblauchzehe und 1 feingewiegte, geschälte Tomate dazugeben und in Olivenöl backen.

Omelette mit Schinken

Zur Masse 2 gehackte Knoblauchzehen, eine halbe feingewiegte Zwiebel und 50 g Schinken dazugeben und in Olivenöl backen.

Omelette mit Zwiebel

2 große Zwiebeln fein hacken und in Olivenöl hellgelb dünsten, die gewürzte Eiermasse darübergießen und ein Omelette backen.

Gemüseomelette

Einige Kartoffeln in ganz dünne Scheiben schneiden, frische Pilze (was man auftreiben oder zahlen kann) sehr klein schneiden, ebenso eine Zwiebel behandeln. Der Witz dieses Omelettes: frische Bohnen aus der Hülse gepellt.

Nun also das Gemüse in reichlich Olivenöl auf kleiner Flamme unter stetigem Rühren gardünsten. Eier in einer Schüssel verquirlen und leicht salzen, das gedünstete Gemüse mittels eines Schaumlöffels aus der Pfanne heben und zu den Eiern geben und etwas ruhen lassen. Dann die Omelettes in heißem Öl bei mittlerer Flamme von beiden Seiten backen.

Omelette mit Zucchini, Auberginen

Pro Esser 2 mittlere Zucchini oder 1 kleinere Aubergine in dünne Scheiben schneiden, weichdünsten, die Omelettemasse darübergeben und backen.

Omelette mit Pilzen

1 kleine Dose Champignons (oder andere Pilze, frische sind viel besser, aber sehr teuer) in feine Scheibchen schneiden und in Butter dünsten. Eiermasse darübergeben und Omelette backen.

Falls es nicht gelingt, das Omelette einzuschlagen oder falls die Zutaten es dafür zu schwer machen, kann man es auch auf nur einer Seite backen: aber nicht hart werden lassen. Man kann das Omelette auch mittels eines Tellers wenden, wie es bei der Tortilla gemacht wird (siehe dort) und auf der anderen Seite backen. Die Omelettes lassen sich, wie jeder sieht, auf vielfältige Weise variieren, je nachdem, was gerade an Zutaten erreichbar ist. Außerdem gibt es noch den Eierkuchen in vielen Varianten. Dabei wird den Eiern etwas Milch (zum Strecken etwas Mehl) zugefügt. Als Einlage eignen sich Wurst, Schinken und Fleischreste. Selbige werden in der Pfanne kurz angebraten, wobei Zwiebel und Knoblauch dazugetan werden kann. Dann kommt die Eimasse darüber, und man bäckt den Kuchen von einer oder von zwei Seiten. Locker muß er sein. Weitere Möglichkeiten, mit Eiern wohlschmeckende Gerichte zu bereiten, wirst du dir selbst in kurzer Zeit erschließen.

Zum Abschluß ein sehr deutsches Eiergericht und eine Spezialität aus Burgund (Oeufs en meurette), billig und lecker.

Verlorene Eier

100 g feingeschnittenen Speck mit etwas Öl und 2 kleingehackten Zwiebeln auslassen, darin 3 TL Mehl leicht bräunen, mit kochendem Wasser auffüllen und mit Salz, Pfeffer,
1 Prise Zucker, 1 guten Schuß Essig und (mindestens) 2 EL
scharfem Senf würzen. Die Eier in Essigwasser pochieren,
einige Minuten in der Soße ziehen lassen. Dazu Salzkartoffeln und Sauerkraut, das mit 1 Speckschwarte, kleinen
Apfel- und Zwiebelstücken, Gewürzkörnern und Kümmel
gegart wird.

Eier in Weinsauce

In einem Topf 2 Dutzend Speckwürfel mit Zwiebelringen
dünsten, bis beides eine goldgelbe Farbe angenommen
hat, 1 EL Mehl darüber stäuben und einige Minuten
umrühren. Dann mit einer halben Flasche Rotwein (Burgunder, wenn's beliebt) begießen; salzen und pfeffern, mit
1 ausgepreßten Knoblauchzehe, 1 Zweigchen Thymian, 1
Lorbeerblatt und 1 Bund Petersilie würzen. Etwa 20 Minuten köcheln lassen. In dieser Soße 4 oder 8 Eier pochieren.
3 Minuten kochen.
In die vorgewärmten Suppenteller buttergeröstete Brotwürfel legen, die Eier mit dem Schaumlöffel aus der Soße holen
und in die Teller geben, endlich mit der Soße begießen.

Hackfleischgerichte

Wer hat nicht die Schnauze voll von den Bouletten,
Fleischpflanzerl, Fleischküchel oder wie immer das Zeug
regional verschieden heißen mag: wenn man sie in der
Kantine, in der Mensa, beim Schnellimbiß oder in der
Kneipe hinunterwürgen muß. Es geht auch anders. Und
überhaupt läßt sich mit Hackfleisch eine Menge machen,
wobei Hack je nach Geschmack als eine Mischung aus Rind
und etwas Schwein zu verstehen ist.

Bouletten

2 große Zwiebeln klein hacken und zusammen mit 4 zerquetschten Knoblauchzehen in Margarine oder Öl glasig dünsten und auskühlen lassen. 500 g Hackfleisch salzen und pfeffern, mit Muskat und Oregano (auch andere Würzkombinationen sind möglich) vorsichtig würzen. Nun die gedünsteten Zwiebeln plus Knoblauch dazugeben, 2 Eier darüber schlagen, 2 EL Semmelbrösel dazuschütten und das Ganze gut durcharbeiten. Mit einem Eßlöffel Portionen aus dem Fleischteig ausstechen und Bouletten formen. In Mehl wälzen und von beiden Seiten knusperig braun braten. – Dazu Kartoffeln und Salat, auch Pommes frites und Reis oder Teigwaren mit einer Tomatensoße. Jetzt wirst du dich wundern, wie gut das schmeckt.

Kräuterfrikadellen

Eine Variante für Boulettenfeinde. – Siehe im 14. Kapitel, Seiten 57, 201.

Hackbraten

Der Fleischteig wird wie für Bouletten bereitet. Anstelle von Oregano kann man mit Majoran würzen. Außerdem kommen 2 Bund gewiegter Petersilie hinzu. Man kann diesen *falschen Hasen* verlängern, indem etwas mehr Semmelbrösel oder eingeweichtes und ausgedrücktes Brot dazugegeben wird. Aus gut durchgearbeiteter Masse einen Laib formen, eine Raine gut fetten, mit Speckscheiben belegen und den Teig darauf setzen. Dünne Speckstreifen in den Teig drücken und diesen in der Röhre bei 200 Grad 40 Minuten durchbacken. Er muß eine hellbraune Kruste bekommen. Kurz vor dem Ende mit Bier begießen, dann wird die Kruste ganz knusperig.

Krautrouladen

Aus 1 mittelgroßen Weißkohl den Strunk vorsichtig ausschneiden, den ganzen Kopf 5 Minuten in kochendem Salzwasser aufwallen lassen. Danach die großen Blätter ablösen und die harten Rippen entfernen (pro ordentlich gewickelter Roulade braucht man je 2 Blätter). 300 g Rind- und Schweinehack mit einer eingeweichten – und natürlich wieder ausgedrückten – Semmel, 2 kleinen Eiern, 1 großen gehackten Zwiebel, Salz, Pfeffer (und anderen Kräutern nach Belieben) zu einem Boulettenteig verkneten und in entsprechenden Portionen mit den Blättern einpacken, mit Zwirn zusammenbinden (Holzstäbe halten nicht gut), in Mehl wälzen, in heißem Fett oder Öl anbraten, mit heißem Wasser aufgießen und zusammen mit den restlichen kleingeschnittenen Kohlblättern ca. 40 Minuten garen; Kümmel, eventuell 1 Tomate und natürlich Salz und Pfeffer nicht vergessen. Dazu Salzkartoffeln und Bier.

Fleischpfanne

4 Auberginen und 4 Zucchini in Scheiben schneiden und in Olivenöl zunächst die Auberginen, dann die Zucchini dünsten. Darauf in einer anderen Pfanne 500 g Hackfleisch mit 2 großen feingewiegten Zwiebeln, 6 gehackten Knoblauchzehen, 4 gehäuteten und gewiegten Tomaten sowie 2 Bund gehackter Petersilie kurz anbraten, dann mit Salz, Pfeffer und Salbei würzen und mit einer handvoll Semmelbröseln vermischen. Nun eine Raine gut fetten, am besten mit Olivenöl auspinseln, und eine Lage von Auberginen und Zucchini einlegen, eine Lage Hackfleischmischung darüber geben, eine Lage des Gemüses folgen lassen und endlich den Rest des Fleisches obenauf geben. 4 Eier zerquirlen und mit reichlich geriebenem Käse und 4 EL saurem Rahm vermischen; dies über die Masse in der Pfanne gießen, alles gut mit Olivenöl beträufeln und die Fleischpfanne im vorgeheizten Ofen bei 250 Grad 15 Minuten lang backen. – Dazu Salat und Weißbrot.

Cevapcici

Dazu braucht man 250 g Hackfleisch vom Rind und die gleiche Menge vom Schwein. Da das Hackfleisch sehr grob sein muß und dies vom Metzger nur durch raffinierte Überredungskunst zu bekommen ist, bereitet man das Hackfleisch am besten selber. Das Fleisch zunächst mit einem scharfen Messer in kleine Stücke schneiden und dann mit dem Wiegemesser klein wiegen, sofern man keinen Fleischwolf hat. Fleisch vermischen, kräftig salzen, frisch gestoßenen schwarzen Pfeffer dazugeben, schließlich 2 große gewiegte Zwiebeln und etwas Knoblauch daruntermischen und die Masse gut durcharbeiten. Aus der Masse jetzt Würste von ca. 5 cm Länge und der Dicke eines großen Fingers formen und auf dem geölten Rost bei starker Hitze braten, öfters wenden. Mit fein gewiegten Zwiebeln anrichten und Weißbrot dazu reichen, eventuell Salate. Wer keinen Holzkohlengrill hat, kann die Cevapcici auch in einer stark erhitzten Pfanne, am besten Grillpfanne, mit wenig Öl braten.

Türkisches Hacksteak

Man beschaffe 400 g Hackfleisch (mager) vom Hammel, schneide 2 Zwiebeln und 4 Knoblauchzehen klein und mische kräftig mit den Händen; gebe 2 Eier, etwas Öl, Salz, Pfeffer, scharfen Paprika, Thymian, Basilikum und 1 TL scharfen Senf dazu und mische nochmals; zerbrösele 200 g Schafskäse und mische zum letztenmal; forme filetsteakähnliche Scheiben und backe rasch in Öl aus.

Eintöpfe

Eintöpfe sind uns durch Mutters Frustküche gründlich verleidet worden. Gerade deshalb muß man diese gaumenfreundliche Landschaft für sich erobern — und damit der Vergangenheit einen entscheidenden Schlag versetzen. Ist billig und schmeckt sagenhaft.

Eintopfgerichte bestehen in der Hauptsache aus verschiedenen Gemüsesorten, und die sollten daher sehr sorgfältig ausgewählt werden. Da man einen Eintopf für 2 Tage machen kann und nur wenig Fleisch dran kommt, kann man Gemüse von bester Qualität kaufen. Es soll alles frisch sein (keine Konserven), und vor allem die Kartoffeln müssen schmackhaft sein. Sie sollen ein festes Fleisch haben, dennoch mehlig kochen, aber nicht zerfallen. Man kann auch die Kartoffelprobe machen: eine Scheibe von einer Kartoffel abschneiden, schälen, reinbeißen. Schmeckt sie würzig und beißt sie sich wie ein fester Apfel, dann hast du die richtige Sorte erwischt. Andere Kartoffelprobe: in der Mitte durchschneiden und die beiden Teile wieder zusammenfügen. Bleiben sie aneinander kleben, dann ist die Sorte hervorragend. An den Schnittflächen läßt sich Festigkeit und Geschmack der Kartoffel prüfen.

Merke: Der Eintopf schmeckt nach 2 Tagen am besten. Für 3 Tage kochen spart auch Zeit.

Linsengericht

500 g Linsen mehrmals waschen und über Nacht in kaltem Wasser einweichen.

Die Linsen mit dem Einweichwasser und einem Bund Suppengrün auf das Feuer setzen und auf kleiner Flamme weichkochen, was etwa zwei Stunden dauert. Eine Stunde zuvor 400 g geräucherten Bauchspeck einlegen und mitkochen. Mittlerweile aus Schweinefett, Mehl und 1 Zwiebel eine dunkle Einbrenne (siehe das Kapitel »Soßen«) herstellen und mit Kochwasser ablöschen. Die Einbrenne in die weichgekochten Linsen gießen, salzen und kurz aufkochen. Vor dem Anrichten mit etwas Weinessig würzen. — Dazu Schwarzbrot und Bier; oder auch nicht.

Linsen mit Knoblauch

Linsen wie oben beschrieben einweichen und weichkochen; Kochwasser wegschütten und Linsen abtropfen
lassen. In reichlich Olivenöl (keine Angst: eine kleine Tasse
Öl ist gerade richtig) mindestens 6 zerquetschte Knoblauchzehen und 4 gewürfelte Scheiben Weißbrot kurz
anbraten, vom Feuer nehmen, verrühren und mit den
Linsen vermischen. Mit wenig Weinessig würzen und
nochmal kurz aufkochen.

Linsenzweitopf

Für Topf 1: 500 g Linsen, am Vorabend eingeweicht; 4
Möhren, 2 Petersilienwurzeln und 4 Kartoffeln kleingeschnitten.
Für Topf 2: 1 große Zwiebel und 4 Knoblauchzehen klein
geschnitten, 6 Tomaten geviertelt, 200 g Speck gewürfelt.
– Die Linsen im Einweichwasser mit Salz aufsetzen und
gleich die Kartoffeln dazugeben, damit das Ganze sämig
wird. Nach ca. 1 Stunde Möhren und Petersilienwurzeln
dazu.
Während dieses gar wird, im zweiten Topf Speck mit
Zwiebeln und Knoblauch in einer halben Tasse Öl (höre ich
Protest?) anbraten, die Tomaten hinzufügen und gardünsten. Wer mag, gibt noch Chorizo (spanische Wurst) in die
Soße.
Ist in den beiden Töpfen alles ordentlich gar geworden,
zusammenrühren, mit Weinessig und Zucker (!) abschmecken und nochmals aufkochen lassen.
Variante: Dieselbe Prozedur mit weißen Bohnen durchführen, zum Schluß jedoch anders würzen: 1 Glas Cognac, 1
Glas Weißwein und *viel* Pfefferminzblätter (frisch oder
getrocknet).

Erbseneintopf

500 g Erbsen wie oben die Linsen weichkochen und durch
ein Sieb streichen. Eine helle Einbrenne (siehe 10. Kapitel)
herstellen und mit dem Erbsenbrei kurz aufkochen, salzen
und pfeffern. Würstchen aus der Dose oder Fleischwurst,
Wiener etc. kurz im Erbseneintopf ziehen lassen. – Dazu
Brot.

Variante: Erbseneintopf mit Speck: 400 g Speck 1 Stunde lang in den Erbsen mitkochen lassen und vor dem Passieren aus den Erbsen nehmen, in Stücke schneiden und dem Eintopf wieder zugeben.

Mit frischen grünen Erbsen schmeckt das natürlich besser. Also Erbsen etwa 20 Minuten lang weichkochen, pürieren und dann weiter wie oben.

Es kann gewiß nicht schaden, den pürierten Erbsen mit der Knoblauchpresse etwas kräftigen Geschmack zu verpassen.

Bohnen mit Knoblauch

500 g Bohnen über Nacht einweichen und mit 1 Lorbeerblatt in Salzwasser etwa 1 Stunde lang kochen. Dann 6 kleingeschnittene Knoblauchzehen und 2 grob geschnittene Zwiebeln sowie einige EL Olivenöl zufügen, mit Pfeffer und wenig Weinessig würzen und nochmal 1 Stunde lang kochen, bis die Bohnen gar sind.

Bohneneintopf

Bohnen über Nacht einweichen und in Salzwasser etwa eineinhalb Stunden kochen. Dann 4 große Kartoffeln in kleine Würfel schneiden, 250 g frische grüne Bohnen in Stücke schneiden und zufügen. Soll das Gericht reichhaltiger werden (für Genossen, die das Klassenziel erreicht haben), dann gibt man 250 g geräucherten Bauchspeck gewürfelt dazu. Eine halbe Stunde weiterkochen lassen. Dann 1 kleine Dose geschälter Tomaten und 6 zerquetschte Knoblauchzehen beifügen. Eine weitere Viertelstunde kochen. Dann mit dem Kochlöffel das Ganze durchrühren, damit die Kartoffeln sämig werden. — Wenn man es eilig hat, können die Bohnen auch aus der Konserve genommen werden. Die sind billig und schmecken einigermaßen. Werden grüne Bohnen aus der Dose verwendet, dann erst zusammen mit den Tomaten zugeben.

Kartoffeleintopf

250 g geräucherten Bauchspeck würfeln, 500 g Karotten in kleine Stücke schneiden, ebenso eine halbe Sellerieknolle

und 1 Stange Lauch und 2 Zwiebeln. Das Ganze andünsten, 1 kg gewürfelte Kartoffeln zugeben und mit etwa 2 l Wasser oder gekörnter Brühe oder Fleischbrühe auffüllen. Mit Salz, Pfeffer und Majoran würzen. Gut eine halbe Stunde gar kochen lassen, pro Magen zwei Knackwürste einlegen und 10 Min. ziehen lassen. Mit 2 Bund gewiegter Petersilie abrunden.

Krauteintopf

500 g Weißkraut in breite Streifen schneiden und in 2 l Fleisch- oder Knochenbrühe kalt ansetzen und eine halbe Stunde lang kochen. 1 kg grob gewürfelte Kartoffeln zugeben, mit Salz, Koriander und Majoran würzen, 500 g geräucherten Bauchspeck einlegen und das Ganze eine weitere halbe Stunde gar kochen lassen.

Krauttopf mit Schweinefleisch

1 kleinen Krautkopf von ca. 1 kg in schmale Streifen schneiden, 1 kg Kartoffeln in Scheiben schneiden, 4 Zwiebeln in Scheiben schneiden, 250 g Schweinefleisch würfeln. – Zuerst das Fleisch in reichlich Schweineschmalz anbraten, dann das Gemüse dazugeben und durchdünsten, mit 2 l Knochen- oder Fleischbrühe auffüllen und etwa 1 Stunde lang bei kleinem Feuer weichkochen lassen.

Kartoffeltopf mit Schweineleber

1 kg Kartoffeln grob würfeln und in Salzwasser, gewürzt mit Thymian und Rosmarin, ca. 20 Minuten lang weichkochen. Unterweilen 500 g Schweinsleber in Schnitten aufteilen und in reichlich Olivenöl anbraten und zu den Kartoffeln geben. 2 in Scheiben geschnittene Zwiebeln und 6 gehackte Knoblauchzehen anbraten und dem Gericht zusetzen. Zuletzt 4 Scheiben gewürfeltes Weißbrot goldgelb rösten und zufügen, gut durchrühren und noch eine kleine Weile ziehen lassen.

Kartoffeltopf mit Rauchfleisch

1 kg Kartoffeln grob würfeln, mit 2 in Scheiben geschnittenen Zwiebeln und 6 gehackten Knoblauchzehen etwa 20

Minuten in wenig Salzwasser weichkochen. 250 g Rauchfleisch (= geräucherter Bauchspeck) würfeln und in reichlich Olivenöl anbraten. Mit reichlich scharfem Paprika
bestreuen, verrühren und zu den Kartoffeln geben.

Kartoffelpfanne

Gut 1 kg Kartoffeln schälen und in dünne Scheiben
schneiden, 400 g Rauchfleisch in Scheiben schneiden. In
eine gefettete Auflaufform oder Bratenraine lagenweise
Kartoffeln und Rauchfleisch einlegen, die Kartoffelschicht
mit Majoran und zerstoßenem Kümmel würzen und leicht
salzen. 2 Bund Petersilie fein wiegen und mit 4 Eiern, Milch
und etwas Salz verrühren und über die Einlage gießen, mit
fettem Speck belegen und in der Röhre bei guter Hitze (=
225 Grad) ca. 45 Min. durchbacken.

Sauerkrautpfanne Martin

Man verwendet dazu entweder übrig gebliebenes Sauerkraut oder kocht ca. 1 kg Sauerkraut auf folgende Weise:
100 g Speck in Öl anbraten, Sauerkraut einlegen, mit
Kümmel, Wacholderbeeren und einigen Pfefferkörnern
lagenweise würzen. Wenig Wasser zufügen und gar dünsten. Diese Prozedur muß am Vortag erfolgen, damit das
Sauerkraut über Nacht gut durchzieht.
1 kg Kartoffeln sowie eine Zwiebel schälen und reiben (viel
Vergnügen bei dieser Arbeit), Auflaufform oder Raine mit
Scheiben vom Rauchfleisch auslegen, lagenweise Sauerkraut und geriebene Kartoffel einlegen. Die oberste Schicht
sind geriebene Kartoffeln, die mit Speckscheiben belegt
wird. Bei guter Hitze in der Röhre ca. 45 Minuten durchbacken, bis eine hellbraune Kruste entstanden ist. – Dazu
Bier und Schnaps: eine überwältigende Fresserei.

Lauchpfanne

1 kg Lauch in 2 Zentimeter lange Stücke zerschneiden,
waschen, abtropfen lassen und in Schweineschmalz andünsten. 1 kg Kartoffeln waschen, schälen und in dünne
Scheiben schneiden. 3 Bund Petersilie wiegen, desgleichen 2 Zwiebeln und 4 Knoblauchzehen. 400 g Rauchfleisch in Scheiben schneiden. Nun lagenweise Kartoffeln,

Zwiebel-Knoblauch-Petersilie und Rauchfleisch in einen breiten Topf einlegen, das Ganze mit 0,5 l (heißem) Wasser oder Knochenbrühe übergießen und etwa 1 Stunde lang bei mittlerer Hitze (180 Grad) garen lassen.

Schweinskartoffeln

500 g Schweinefleisch (Kamm oder Schulter) in 2 Zentimeter lange und 0,5 Zentimeter dicke Stücke zerschneiden. 1 kg Kartoffeln in dünne Scheiben schneiden. 2 Zwiebeln und 4 Knoblauchzehen wiegen. Eine Auflaufform oder Raine gut fetten und lagenweise mit Fleisch, Kartoffeln (die leicht gesalzen werden) und Zwiebel-Knoblauch füllen. Auf jede Schicht wird reichlich scharfer Paprika gestreut, am besten *Pimenton picante,* der spanische Paprika, der unvergleichlich schmeckt. Das Ganze mit 0,5 l Sauermilch (Dickmilch) und 4 EL Olivenöl begießen und in der Röhre bei mittlerer Hitze gut 1 Stunde backen. Immer wieder in die Röhre schauen, ob die Flüssigkeit nicht verdampft ist und notfalls noch Sauermilch oder einfach Wasser nachgießen. Die Auflaufform sollte verschließbar sein (ersatzweise Alu-Folie über den Kopf). Man kann das Gericht auch auf dem Feuer im breiten Topf machen.

Fischkartoffeln

1 kg Kartoffeln in grobe Stücke schneiden und in nicht zu viel Salzwasser 10 Minuten garen, so daß sie nicht ganz durch sind. Derweilen 500 g Seelachs in große Würfel zerschneiden, 1 Zwiebel und 4 Knoblauchzehen fein wiegen. Nun die Fischwürfel in Auflaufform oder Raine geben und salzen, darüber die Hälfte Zwiebel-Knoblauch und mit scharfem Paprika bestäuben. Schließlich die fast garen Kartoffeln mit dem Kochwasser darüber geben, salzen, mit Paprika bestäuben und die andere Hälfte Zwiebel-Knoblauch obenauf. Mit 4 EL Olivenöl begießen und in der Röhre noch ca. 20 Minuten dünsten lassen.

Eintopf mit Fisch

1 kg Kartoffeln in große Stücke schneiden, 4 Karotten in dünne Scheibchen schneiden, 1 kleine Sellerieknolle klein würfeln, 1 Petersilienwurzel in Scheiben schneiden, 1

Stange Lauch in große Stücke schneiden, 2 Zwiebeln und 6 Knoblauchzehen klein schneiden.

In einem gut verschließbaren Topf reichlich Schweineschmalz erhitzen, Zwiebel-Knoblauch ganz kurz andünsten und dann lagenweise die Gemüse einlegen, die gesalzen und mit Paprika bestäubt werden. 0,5 l Wasser drüber gießen und 1 Stunde lang garen lassen. 500 g Seelachs (oder Kabeljau, Schellfisch etc.) in kleine Würfel schneiden, salzen und pfeffern und dem Eintopf beigeben, indem man einen Teil herausnimmt, den Fisch einlegt und dann wieder mit Gemüse bedeckt. Noch eine halbe Stunde lang bei kleinem Feuer garen lassen.

Gemüsetopf

1 kg Kartoffeln in Scheiben, 2 Stangen Lauch in 2 Zentimeter lange Stücke schneiden, 1 Blumenkohl in Röschen zerlegen, 4 Petersilienwurzeln, 1 kleine Sellerie in Stifte oder Streifen schneiden, 250 g grüne Erbsen aus der Schote fummeln, 250 g grüne Bohnen in 2 Zentimeter lange Stücke schneiden oder brechen, 1 ganz kleinen Kopf Wirsing in 1 Zentimeter breite Streifen schneiden. Nun die Gemüse waschen und gut abtropfen lassen. In einem entsprechend großen Topf in reichlich Schweineschmalz 2 grob geschnittene Zwiebeln andünsten, Gemüse lagenweise einlegen und würzen mit Salz, Koriander und Thymian — nach Geschmack auch mit etwas süßem Paprika. 0,25 l Wasser oder Knochenbrühe dazugießen und gut 1 Stunde garen lassen. —

In diesen rein vegetarischen Topf können natürlich auch Rauchfleisch oder Würste eingelegt werden. — Reicht gut für 2 Tage!

Eintopf mit grünen Bohnen

100 g geräucherten Bauchspeck würfeln, 400 g weiche Chorizo oder Knoblauchwurst in Scheibchen schneiden, 2 Zwiebeln und 4 Knoblauchzehen klein hacken, 6 Tomaten klein schneiden, 2 Bund Petersilie fein schneiden, 500 g frische grüne Bohnen brechen.

Speck mit Zwiebeln und Knoblauch in Öl anbraten, Tomaten mit Bohnen und 1 Glas Cognac dazugeben. Etwas

warmes Wasser dazu und mit der Petersilie andünsten.
Zum Schluß die Chorizo dazutun und mit Salz und Paprika
(Pimenton) würzen. – Dazu Weißbrot und Suff.

Pichelsteiner mager

500 g Karotten und 1 kleine Knolle Sellerie in Stifte
schneiden, 1 kleinen Kopf Wirsing und Weißkraut in breite
Streifen schneiden, 2 Zwiebeln in Ringe schneiden, 6
Knoblauchzehen in Scheibchen schneiden.
Den Boden des Topfes mit (wenn man hat) 100 g Knochen-
mark belegen. Das Gemüse lagenweise einlegen, die
Lagen mit Salz und Pfeffer bestreuen und Zwiebel-Kno-
blauch drauflegen. Das Gemüse 1 Stunde lang in 0,5 l
Wasser garen, dann 500 g kleine Kartoffeln obenauf legen
und weiter garen, bis die Kartoffeln durch sind. Vor dem
Auftragen mit gehackter Petersilie schmücken.

Pichelsteiner dick

200 g Rindfleisch (z. B. von der Rose), 200 g Schweinefleisch (Schulter) und 200 g Kalbfleisch in kleine Würfel
schneiden; 100 g Knochenmark in Scheiben schneiden. 1
kg Kartoffeln würfeln, 500 g Karotten und eine Sellerieknolle in Stifte schneiden, 2 Stangen Lauch in Stücke
schneiden, 2 Petersilienwurzeln in Scheiben schneiden, 1

Blumenkohl in Röschen aufteilen, 1 kleinen Kopf Weißkraut in breite Streifen schneiden; 2 kleine Zwiebeln in Ringe und 6 Zehen Knoblauch in Scheibchen schneiden. – Nun die Kasserolle mit dem Knochenmark auslegen und eine Schicht der drei Fleischsorten einlegen, salzen und pfeffern und etwas Zwiebel-Knoblauch drauf; dann eine Lage Gemüse einlegen, wieder Fleisch und so weiter. Die oberste Lage muß aus Kartoffeln bestehen. 0,5 l Wasser oder Fleischbrühe drübergießen und gut zugedeckt etwa 2 Stunden garen. Auf die oberste Schicht kann man nochmals Knochenmark oder auch Butterflöckchen legen. – Ein starker Eintopf für zwei Feiertage.

Paprikatopf

500 g Paprika in Streifen schneiden, 500 g Tomaten vierteln, 500 g Zwiebeln achteln, 250 g Rauchfleisch in Würfel schneiden, 10 Knoblauchzehen in grobe Stücke schneiden.
Olivenöl erhitzen, Zwiebeln und Knoblauch mit dem Rauchfleisch kurz anschmoren lassen. Dann den Paprika und schließlich die Tomaten in die Kasserolle legen. Jede Lage wird gesalzen und gepfeffert und mit 1 EL Olivenöl begossen. Ein Glas Wasser darüber gießen und eine Viertelstunde bei mittlerer Hitze dünsten. – Dazu Weißbrot. Schmeckt sehr gut an heißen Tagen. Statt des Rauchfleisches kann auch Hackfleisch verwendet werden. Natürlich kann man das auch mit Schweinefleisch etc. machen. Falls frische Kräuter zu haben sind (Thymian, Rosmarin, Salbei), diese in vorsichtiger Dosierung mitverwenden.

Minestrone Ponte Tresa

Am Vorabend 1 Tasse großer weißer Bohnen einweichen. Bevor sie in die Suppe kommen, werden sie im Dampftopf 20 Minuten weichgekocht (in einem anderen entsprechend länger) und dann gehäutet.
250 g Speck würfeln, 4 Knoblauchzehen und 1 große Zwiebel hacken, mit frischen zerkleinerten (oder getrocknetem) Salbei vermischen und beiseite stellen. 1 Stange Lauch in Ringe schneiden; 4 Karotten, eine halbe Sellerieknolle und 2 Zucchinis würfeln; 500 g Kartoffeln in Scheiben schnei-

den. Außerdem brauchen wir 1 gehäutete Tomate, 1 geraffelte rohe Kartoffel, einige Blätter Spinat sowie gehackte
Petersilie und Schnittlauch am Schluß des Kochens. –
Zuerst wird der Speck mit Knoblauch, Zwiebeln und Salbei
in Olivenöl angedünstet. Dann wird das zerkleinerte Gemüse samt den Bohnen darunter gemischt, gesalzen und
gepfeffert. Etwa 2 l Bouillon dazugeben und ca. 30 Minuten
auf kleiner Flamme kochen. Das Gemüse darf auf keinen
Fall zerfallen, lieber soll es etwas hart oder knackig bleiben.
Jetzt kommen die geraffelte Kartoffel, die geschälte Tomate, der Lauch und der Spinat dazu – und, falls erreichbar, eine Handvoll Brennesselblätter. Vor dem Auftragen
mit Petersilie und Schnittlauch versehen.
Wird diese Minestrone als Vorsuppe gegessen, alle Zutaten, außer der Bouillon, halbieren. Wird sie als Eintopf
gegessen, kommen noch etliche gebrochene Makkaroni
dazu. Soll aber die Minestrone mehrere Tage als Eintopf
reichen, die Makkaroni jeweils gesondert abkochen und
dazugeben. Aufgewärmt schmeckt auch dieses Gericht am
besten.

Cocido, der spanische Eintopf

In der spanischen Küche, deren Grundrezepte in der
Hauptsache von Habenichtsen geschaffen wurden, gibt es
eine endlose Reihe von Eintöpfen, die je nach Region
variieren. Die wichtigsten Zutaten sind in den Geschäften
der spanischen Gastarbeiter erhältlich. Wichtig ist der
spanische Paprika, Pimenton, dessen Geschmack sich vom
hiesigen und vom ungarischen Paprika stark unterscheidet.
Es gibt ihn in einer scharfen und einer süßen Variante. Das
stark nach Oliven duftende Öl ist ein wesentlicher Ge-
schmacksträger.
Zentraler Bestandteil der Eintöpfe sind die Kichererbsen,
die Garbanzos. Sie werden über Nacht eingeweicht, für die
Verwendung in Eintöpfen 10 Minuten lang in siedendem
Salzwasser vorgekocht und brauchen dann noch etwa 1
Stunde, bis sie gar sind. Die Vollendung des Eintopfes
geschieht durch die Wurst, durch spanische Würste mit
ihrem unvergleichlichen Aroma. Sie kosten meist nicht

mehr als diese westdeutschen Würste, welche die vollständige Abschaffung der Kunst des Würzens verraten. Wer aber der Expropriation des Geschmacks sich widersetzt, braucht für seinen Eintopf eine spanische Blutwurst (billig) oder die Chorizo, eine Art Salami aus groben Schweinefleischstücken mit reichhaltiger und scharfer Würze. Die Blutwurst soll nicht mehr als 10 Minuten im Eintopf ziehen, Chorizos brauchen eine halbe Stunde.

Cocido einfach

250 g Kichererbsen wie oben beschrieben vorbereiten und dann in einen gut schließenden Topf geben, 4 in Scheiben geschnittene Karotten zufügen, desgleichen 1 Speckschwarte und gesalzene Knochen vom Schwein oder Hammel, die noch etwas Fleisch haben. In den spanischen Geschäften sind auch Schinkenknochen zu haben, die dem Eintopf den besonderen Geschmack geben. 6 gehackte Knoblauchzehen dazulegen, mit 1 l Wasser begießen und etwas Olivenöl dazu. 1 Stunde kochen lassen und dann 500 g gewürfelte Kartoffeln zufügen und gar kochen. Zum Schluß die Würste einlegen, was aber schon ein Luxus ist, denn der Cocido schmeckt auch ohne sie schon unglaublich gut.
Aus dem Kochwasser wird die Suppe bereitet: Weißbrotscheiben in den Teller legen, mit wenig Milch annässen und das Kochwasser in den Teller gießen. Überraschender Effekt!

Cocido mit Paprika und Tomaten

250 g vorbereitete Kichererbsen in Salzwasser mit Knochen, 6 Knoblauchzehen und etwas Olivenöl fast gar kochen. Dann eine Lage grob geschnittene Kartoffeln, in Streifen geschnittenen Paprika und halbierte Tomaten dazugeben und eine halbe Stunde lang bei mittlerem Feuer garen lassen. Zum Schluß einige Kartoffeln zerdrücken, damit eine sämige Soße entsteht.

Cocido mit Weißkraut

Kichererbsen wie oben fast gar kochen. Derweilen 200 g geräucherten Bauspeck würfeln, 1 kleinen Kopf Weißkraut in breite Streifen schneiden, den Kirchererbsen zufügen und gar kochen. Zum Schluß wieder die Kartoffelsoße machen.

Cocido mit Stockfisch

500 g Stockfisch (Bacalao, in spanischen und italienischen Geschäften erhältlich) über Nacht einweichen. Kichererbsen wie oben fast gar kochen. Derweilen 2 rote Paprikaschoten in Streifen schneiden, 500 g Kartoffeln grob würfeln und den Stockfisch in Portionen zerteilen. Diese Sachen den Garbanzos zufügen, mit scharfem Paprika oder Pimenton bestäuben und gar kochen. Einige Kartoffeln zerstoßen und mit dem verbliebenen Kochwasser verrühren. Lasse dich nicht von dem herzhaften Geschmack des Stockfisches abschrecken.

Cocido escritor

1 Bund Suppengrün klein schneiden, 1 Zwiebel und 5 Knoblauchzehen in grobe Stücke schneiden, 1 kg Kartoffeln in Stifte schneiden, 500 g grüne Bohnen säubern und in Stücke brechen (ersatzweise grüne Bohnen aus der Dose), 200 g Rauchfleisch würfeln.
Suppengrün, Zwiebel und Knoblauch kurz andünsten, dann mit scharfem Paprika (oder Pimenton) bestäuben. Rauchfleisch einlegen, darauf die Bohnen und schließlich die Kartoffeln; jede Schicht leicht salzen. 2 Tassen Wasser drübergießen und ca. eine halbe Stunde lang bei gut verschlossenem Topf dünsten. Während des Dünstens den Topf immer mal wieder leicht rütteln und gelegentlich reinschauen, ob noch genügend Wasser fürs Dünsten drin ist. — Werden Bohnen aus der Dose benutzt, diese erst nach 20 Minuten auf die Kartoffeln schichten.

Eintopf à la Dose

250 g Schweinebauch in Salzwasser 10 Minuten lang mit einer Prise Rosmarin kochen und dann herausnehmen. Im Schweinewasser 1 kg nicht zu klein gewürfelte Kartoffeln dünsten, aber so, daß sie nicht ganz gar sind. Den Schweinebauch in Würfel schneiden, zu den Kartoffeln geben und mit viel schwarzem Pfeffer bestreuen. 1 Dose

Bohnen (gekocht) ohne das Dosenwasser über das Ganze schütten, den Topf rütteln, damit sich die Bohnen verteilen und noch 10 Minuten auf kleines Feuer stellen.

Hammeltopf

500 g Hammelragout zerkleinern, salzen und pfeffern. In heißem Öl scharf anbraten, dann 1 Zwiebel in Streifen dazugeben und bräunen. Mit ¼ l heißem Wasser ablöschen und 45 Minuten garen lassen. Dann 1 kg gewürfelte Kartoffeln und 500 g grüne Bohnen in Stücken dazugeben und noch eine halbe Stunde lang mitdünsten.

Tomatenpfanne

200 g Reis halb gar kochen. Unterdessen 500 g Paprika und 500 g Tomaten in Streifen und Scheiben schneiden. 2 große Zwiebeln klein schneiden und in Schweineschmalz andünsten, 2 EL scharfen Paprika einrühren, salzen und 250 g Hackfleisch dazugeben, etwas Wasser drübergießen und das Ganze 5 Minuten unter sanftem Rühren dünsten. Nun eine Backform fetten und eine Schicht Tomaten einlegen, dann Paprika, den halbgaren Reis und das Hackfleisch usw. bis alles aufgebraucht ist, Tomaten zuletzt. Mit ¼ saurem Rahm begießen und in der Röhre bei 200 Grad 15 Minuten backen.

Hammelbohnen

Bei mageren Verhältnissen nehme man 500 g Hammelragout, bei dicken aber Schulter oder Schlegel; man schäle und zerkleinere außerdem 500 g Kartoffeln und bereite 1 kg frische grüne Bohnen vor (ersatzweise Dose), indem man die Enden abschneidet, die Fäden am Rücken abzieht und die Bohnen in 3 Zentimeter lange Stücke schneidet (Klassiker der Küche »brechen« die Bohnen). Man schneidet das Fleisch in Würfel, hackt 2 Zwiebeln und 4 Knoblauchzehen und dünstet die drei Sachen, die gepfeffert und gesalzen werden, in einem Topf an. Nun gibt man zuerst die Kartoffeln, dann die Bohnen dazu und gießt mit 0,5 l Brühe vom Würfel auf und dämpft die Hammelbohnen bei mittlerer Hitze ca. 40 Minuten lang weich. – Werden Bohnen aus der Dose benutzt, kommen die nur 5 Minuten in den Topf.

Saftgulasch

Als Fleisch für dieses Gericht verwenden wir nicht das, was gewöhnlich in vorgeschnittenen Stücken angeboten wird. Das ideale Gulaschfleisch ist Rinderkamm. Kann man sich auf den Metzger verlassen, ist auch Hesse von einem jungen Tier verwendbar; in beiden Fällen soll das Fleisch gut abgehangen sein. Für 4 Personen brauchen wir ca. 1 kg Fleisch und ebensoviel Zwiebeln. Das Fleisch wird in große Würfel von ca. 5 cm Seitenlänge geschnitten, die Zwiebelmenge in grobe Stücke. Der Saftgulasch hat seinen Namen daher, daß zunächst einmal die Zwiebeln in reichlich Schweineschmalz mit 4 Lorbeerblättern gedünstet werden. Dadurch entsteht ein Saft, in dem die Fleischstücke langsam und unter ständigem Rühren angeschmort werden, bis sie hellgrau geworden sind und auch ihrerseits Saft abgegeben haben. Nun wird mit Salz und Pfeffer sowie mit 1 gestrichenen EL Kümmel gewürzt. Mit 1 l heißem Wasser (besser Fleischbrühe) aufgießen und bei gut verschlossenem Topf mindestens 2 Stunden auf sehr kleiner Flamme köcheln lassen. Die Zwiebeln müssen zu einer sämigen Soße zerfallen und die Fleischstücke ganz weich sein. Beim Abschmecken – kurz vor Ende der Kochzeit, sonst wird's bitter – gibt man eine kräftige Portion Paprika (ca. 2 TL) dazu. Dazu gibt es Salzkartoffeln.

Gulaschsuppe

ist eine Resteverwertung, falls etwas übrig bleibt. Die Fleischstücke werden herausgenommen, in ganz kleine Stücke zerteilt und wieder in die Soße gegeben. Das Ganze nochmals aufkochen, auf die Teller verteilen und auf jede Portion einen Klacks saure Sahne geben.

Székely-Gulasch

500 g Schweinefleisch in Würfel, 500 g Zwiebeln in kleine Stücke schneiden; 1 Dose Sauerkraut öffnen oder besser noch 500 g Sauerkraut vom Faß besorgen. Das Fleisch von allen Seiten in reichlich Schweineschmalz (muß für schwache Mägen durch Öl ersetzt werden, Reformkostöl bitteschön) anbraten, vom Feuer nehmen und mit 4 EL süßem Paprika bestreuen: der Paprika darf nicht überhitzt werden.

Nun den Topf, am besten eine Kasserolle, wieder aufs Feuer setzen, die Zwiebeln zufügen und glasig dünsten, das Sauerkraut dazugeben und mit 0,5 l Fleischbrühe (oder Wasser) aufgießen und salzen. Auf kleiner Flamme einein- halb Stunden schmoren und immer mal wieder nach- schauen, ob genug Flüssigkeit im Topf ist. – Dazu Kartof- feln. Will man den Székely edel haben, dann gibt man beim Auftragen noch ein Viertel saure Sahne dazu.

Knoblauchgulasch

500 g Rindfleisch in kleine Würfel schneiden, 4 Zwiebeln mit dem Wiegemesser ganz fein schneiden, 10 Knoblauch- zehen oder mehr in Stücke schneiden. Das Fleisch rasch von allen Seiten anbraten, Zwiebeln und Knoblauch zufü- gen und glasig dünsten, Kasserolle vom Feuer nehmen und das Ganze mit 2 EL Rosenpaprika, etwas Majoran und zerdrücktem Kümmel würzen und dann salzen. Gut durch- rühren und im eigenen Saft schmoren lassen. Topf gut schließen, aber gelegentlich rühren, damit das Zeug nicht anbrennt. Vielleicht etwas Brühe dazugeben. Unterdessen ein 1 kg Kartoffeln in kleine Würfel, 500 g Paprika in Streifen und 500 g Tomaten in Viertel schneiden. Wenn das Fleisch fast gar geworden ist, erst Kartoffeln, dann Paprika und schließlich Tomaten einlegen. Mit Brühe oder Wasser auffüllen und bei kleinem Feuer noch eine halbe Stunde lang garen lassen. Ein starkes, reichliches Fressen.

Reisfleisch

500 g Rindfleisch (oder auch Schweinefleisch) würfeln, 2 Zwiebeln und 4 Knoblauchzehen kleinschneiden und in Öl andünsten und eine Weile schmoren lassen. Dann mit 1 EL scharfem Paprika bestreuen, salzen und 250 g gewasche- nen Reis dazugeben. 1 große Dose geschälter Tomaten inklusive Saft untermischen, mit etwas Brühe aufgießen und auf schwachem Feuer das Ganze garen lassen. Das Fressen wird aufgetragen, sobald der Reis gar geworden ist.

Puchero Katharina

Zutaten für den Eintopf: 2 Möhren, 1 Petersilienwurzel, 1 zarten Kohlrabi (oder, wenn möglich, 1 weiße Rübe), 125 g Wirsing oder Spitzkohl, 4 große Kartoffeln putzen und kleinschneiden. Am Vorabend 125 g Kichererbsen einweichen, 125 g Lammfleisch (Haxe), 125 g Kaninchen (das Stück mit Niere oder Leber), 1 Hühnerflügel. –

Zutaten für die Pilota (Boulette): 1 großes unbeschädigtes Kohlblatt, 200 g Hackfleisch, 1 Hammelniere, 50 g frischer ungeräucherter Schweinespeck, 2 Bund Petersilie, das Abgeriebene 1 Zitrone, 2 Knoblauchzehen, Salz und Pfeffer.

Das Gemüse mit dem kleingeschnittenen Fleisch und den Kichererbsen (Garbanzos) in ca. 3 l kaltem Wasser aufsetzen, aufkochen lassen und mit Salz und Pfeffer abschmecken. Während der Eintopf gart, die Pilota machen. Niere und Speck ganz klein schneiden, mit dem Hackfleisch, dem zerstoßenen Knoblauch, der fein gehackten Petersilie und dem Zitronengereibe gut vermengen, mit Salz und Pfeffer schlußwürzen. Dieser Fleischteig wird in das Kohlblatt gegeben, von diesem umschlagen und die Pilota mit einem Zwirnsfaden umwickelt. Sie wird auf das Kochgut gelegt und braucht etwa 30 Minuten, bis sie durch ist.

(Auf diese Art kann man auch die beliebten *Bouletten* machen!)

Ist alles gar, haben wir ein Menü von drei Gängen:

Zuerst wird die abgegossene Fleischbrühe mit Nudel- oder Reiseinlage gegessen, darauf die Pilota mit Weißbrot und endlich der Eintopf mit Fleisch und Gemüse.

Kartoffeln

Röstkartoffeln

Kartoffeln am Vortag kochen, pro Kopf 250 g. Vor der Zubereitung Kartoffeln schälen und in ca. 0,5 cm dicke Scheiben schneiden. 1 große Zwiebel in grobe Stücke schneiden. In einer großen Pfanne oder Kasserolle Schweinefett erhitzen, Zwiebel andünsten, Kartoffeln zugeben und mit etwas Salz, zerstoßenem Kümmel und einer guten Portion Majoran würzen. Kartoffeln solange in der Pfanne braten (öffnen und nachsehen!), bis sie hellbraun geworden sind. – Dazu Salat.

Tortilla von der Kartoffel

Schmackhafte Kartoffeln, pro Person etwa 200 g, schälen und in nicht zu kleine Würfel schneiden; oder was sonst für eine Form herauskommen mag. 250 g Bauchspeck, geräuchert, in Würfel schneiden, 1 Zwiebel und 6 Knoblauchzehen in grobe Stücke. Die Kartoffelwürfel werden getrocknet (oder man schneidet die Kartoffeln schon einige Stunden vor dem Kochen), damit sie bei der folgenden Prozedur nicht pappig werden oder gar zerfallen.

In großer Pfanne oder breitem Topf reichlich Olivenöl nicht zu stark erhitzen, Speck und Kartoffeln dazugeben und durchdünsten. Kurz bevor sie gar sind (Mundprobe machen), Zwiebel und Knoblauch dazutun, salzen und gut pfeffern. Nun pro Person 2 Eier mit etwas Milch zerquirlen und leicht salzen.

In einer kleinen Pfanne (sie sollte einen hohen Rand haben, damit die Tortilla auch recht dick wird) Olivenöl erhitzen, genügend von der gedünsteten Masse hineingeben und Eier darübergießen. Unterseite goldgelb backen. Einen Teller oder Deckel auf die Pfanne legen, umdrehen, Tortilla mit gebackener Seite nach oben zurück in die Pfanne, untere Seite backen. – Dazu Salat und, falls du gern trinkst, trockenen spanischen Rotwein. Wenn du nicht trinkst und es billiger werden soll, Speck weglassen und vom Trinken träumen.

Tortilla einfach

Eine Resteverwertung: Kartoffeln vom Vortag (ca. drei pro allseitig entwickelter Persönlichkeit) in Würfel schneiden und in heißem Olivenöl knusperig braten. Die Würfel sollten nicht übereinandergeschichtet sein, sondern locker nebeneinander liegen, damit es beim Braten keinen Papp gibt. Pro obiger Person 2 Eier verquirlen, gut salzen und pfeffern, über die Kartoffeln geben und die Eimasse stocken lassen. Das Tellerumdrehverfahren (siehe oben) anwenden und von der anderen Seite ebenfalls kurz backen.

Pellkartoffeln spanisch

Pro Person 3 Kartoffeln und 1 Zwiebel *in der Schale* in Salzwasser garkochen. Kartoffeln pellen und die Zwiebeln von der braunen und der ersten weißen Innenhaut befreien. Auf den Teller geben, zerteilen, stark salzen und mit Olivenöl beträufeln oder Butter darauf zergehen lassen.
Wer das Olivenöl wählt, wird im Wasser wohl auch 2 Knoblauchzehen mitkochen lassen. Im selbigen können für die Heißhungrigen auch Eier mitgekocht werden.

Salzkartoffeln

1 kg große Kartoffeln waschen und dünn abschälen. Das dünne Schälen ist wichtig, weil gerade unter der Schale das Eiweiß liegt; die Kartoffel ist übrigens nicht nur eine Beilage, die den Magen vollstopfen soll, sie hat durchaus Nährwert – worüber die Fachliteratur informiert, falls es jemand ganz genau wissen will. Am besten werden Kartoffeln in der Schale gekocht. Sehr wichtig ist auch, daß sie möglichst bald nach dem Abkochen weiterverarbeitet und gegessen werden, da sie sonst erheblich an Geschmack verlieren. Es sollte auch vermieden werden, geschälte Kartoffeln vor der Weiterverarbeitung in Wasser zu legen. Aber ein guter Koch organisiert den Ablauf einer Zubereitung so, daß er zum richtigen Zeitpunkt den richtigen Gegenstand bearbeitet. Nicht verzagen, das lernst du mit der Zeit, und wenn du erst mal auf den Dreh gekommen bist, dann freust du dich wie ein Schneekönig und wirst überrascht feststellen, daß du Sachen in kurzer Zeit zu lernen fähig bist, von denen du

angenommen hast, es seien unüberwindbare Schwierigkeiten. Also auch beim Umgang mit der Kartoffel gerät man an allgemeine Sätze der Erfahrungslehre. – Über das Auffinden der schmackhaften Kartoffeln siehe die Einleitung zum Kapitel der Eintöpfe.

Die also geschälten Kartoffeln in gleichmäßige Stücke schneiden (na ja, so ungefähr gleich) und in kaltem Wasser mit Salz und etwas Kümmel aufsetzen und rasch zum Kochen bringen. Ehe sie vollständig weich sind, Wasser abschütten und den Topf zum Ausdampfen auf die Seite stellen. Derweilen wird 1 kleingeschnittene Zwiebel in 1/8 Butter (oder mehr, wenn das Geld reicht) gelb gedünstet. In diese Zwiebelbutter gibt man dann noch einen Bund feingewiegter Petersilie und gießt das Ganze über die Kartoffeln, die man portionenweise in die Teller verteilt hat.

Tomatenkartoffeln

1 kg Kartoffeln schälen und in gleichmäßige Stücke schneiden; 200 g Rauchfleisch würfeln; 1 große Zwiebel in Scheiben und 5 Knoblauchzehen in Stücke schneiden; 500 g Tomaten würfeln; 0,5 l Brühe aus dem Würfel herstellen. Die Kartoffeln zusammen mit Zwiebel, Knoblauch und Rauchfleisch in die kochende Brühe geben. Kurz bevor die Kartoffeln gar geworden sind, werden die Tomaten obenauf gelegt, die man noch etwa 10 Minuten lang ziehen läßt. Die Tomatenkartoffeln werden mit ganz fein geschnittenem Schnittlauch im Teller angerichtet.

Bratkartoffeln

1 kg Kartoffeln schälen und in Würfel schneiden und in Salzwasser einmal aufkochen, Wasser abgießen. In Butter oder Schweineschmalz goldgelb braten und mit gewiegter Petersilie bestreuen.

Schmorkartoffeln

1 kg Kartoffeln werden in Würfel geschnitten; kleine Kartoffeln werden lediglich halbiert, ganz kleine ganz gelassen. 200 g Rauchfleisch würfeln und zusammen mit 1 gehackten Zwiebel und 2 Knoblauchzehen in einem Topf (Kasserolle) rösten. Die Kartoffelwürfel werden nun eingelegt und

gesalzen und gepfeffert, mit einem 1/8 l Brühe vom Würfel aufgegossen und bei gut verschlossenem Topf weich gedämpft. Mit Petersilie oder Schnittlauch bestreuen.

Bratkartoffeln mit Blutwurst

Bratkartoffeln wie oben vermeldet kochen. Dann in einem Topf die Kartoffel mit 1 Zwiebel und 1 abgezogenen Blutwurst braten. Pfeffer drauf und Bier dazu. Oh.

Kartoffeln mit Ei

Gekochte Kartoffeln in Würfel schneiden und zusammen mit Zwiebel-Knoblauch in Schweinefett anbraten. 3 Eier mit wenig saurem Rahm und Salz verquirlen und über die Kartoffeln gießen; leicht vermischen und das Ei fest werden lassen. Mit Petersilie oder Schnittlauch bestreuen und zum Verzehr bringen.

Tiroler Röstkartoffeln

Die klassische Resteverwertung, die allerdings eine wohl-schmeckende Speise ergibt.
Kartoffeln abkochen und nach dem Auskühlen in dicke, halbierte Scheiben zerschneiden. Zusammen mit 1 Zwiebel und Resten von Braten, Wurst, Schinken, Rauchfleisch etc. braten und zum Schluß mit 2 zerquirlten Eiern begießen und das Ganze nochmals kurz braten, bis der Eischaum lichtbraun geworden ist. Schnittlauch oder Petersilie drüber.

Käsekartoffeln

1 kg Kartoffeln in etwa gleich große Stücke schneiden und in Salzwasser halb gar kochen, dann ein Backblech gut fetten und die Kartoffeln drauf verteilen. Mit Oregano und viel geriebenem Käse bestreuen und im Backrohr fertig braten. Dazu Kopfsalat.
Andere Möglichkeit: sehr kleine Kartoffeln schälen, halbie-ren und auf das gefettete Blech setzen. Etwa eine halbe Stunde in der Röhre braten, dann mit geriebenem Käse bestreuen und bei Oberhitze nochmals 5 Minuten weiter-braten.

Erweiterung: Wenn der Käse auf die Kartoffeln gestreut wird, in die Zwischenräume halbierte Tomaten, die mit Salz und Pfeffer bestreut sind, mit der Schnittfläche nach oben einsetzen, mit Olivenöl beträufeln und mitbraten lassen.

Reibekuchen

Gut 1 kg Kartoffeln dünn abschälen und auf einem Reibeisen, das nicht zu winzige Flöckchen macht, reiben. Die geriebenen Kartoffeln in einem Tuch ausdrücken (ja, ja) und mit 4 Eiern, einer kleinen Portion saurer Sahne, Salz nach Geschmack und 2 EL Mehl kräftig zusammenrühren. In der Pfanne Schweineschmalz erhitzen, mit einem Eßlöffel Portionen aus dem Teig herausstechen, in das Fett setzen und mit der Bratschaufel flach drücken. Von beiden Seiten goldgelb-knusperig braten. Dazu Salate.

Natürlich ist die Teigmasse auch frisch aus der Tüte im nächsten »Lebens«mittelgeschäft zu bekommen. Einmal jedoch solltest du diese oben angezeigte Methode anwenden. Du wirst dann eine weitreichende Diskussion über altmodische oder auch vorkapitalistische Produktionstechniken eröffnen; denn der Reibekuchen nach der alten Art schmeckt unstreitig besser.

Kartoffelnudeln

1 kg mehlige Kartoffeln kochen, schälen und noch heiß durch die Kartoffelpresse treiben (ersatzweise durch ein Sieb). Dieser Kartoffelschnee wird nun mit 2 Eiern, etwas zerlassener Butter sowie Salz, Muskat und ca. 80 g Mehl vermengt und auf dem Tisch kräftig durchgeknetet. Falls der Teig noch nicht fest ist, mehr Mehl darüber streuen und einarbeiten. Aus dem Teig werden fingerdicke Würstchen geformt und in Salzwasser gekocht, bis sie aufsteigen. Abtropfen lassen und goldgelb braten. Dann pfannenheiß in großen Mengen mit Kopfsalat verzehren.

Knoblauchkartoffeln

1 kg Kartoffeln dünn schälen und in messerrückendünne Scheiben schneiden oder hobeln; 200 g Käse reiben, 10 Knoblauchzehen schälen und fein wiegen; 4 Eier mit etwas Milch und Salz verrühren; Petersilie klein schneiden oder wiegen.

Eine Bratraine oder sonstige Backform gut fetten. Eine Schicht Kartoffeln einlegen und mit Knoblauch, Petersilie sowie Salz und Pfeffer bestreuen und mit einer Schicht Käse abschließen. Das wird so lange getrieben, bis Kartoffeln alle sind. Dann werden die Eier darüber gegossen, mit Käse bestreut und mit Butterflöckchen besetzt oder mit Olivenöl beträufelt. Bei etwa 200 Grad in der Röhre 60 Minuten backen. Mh!

Saure Kartoffeln

1 kg Kartoffeln schälen, in etwa gleichmäßige Stücke schneiden und in Salzwasser fast gar kochen. Derweilen wird folgende Soße bereitet: 200 g Rauchfleisch würfelig und 1 große Zwiebel in grobe Stücke schneiden; beides anbraten bis die Zwiebel gelblich geworden und dann etwa 2 EL Mehl darüber stäuben und schwitzen lassen, bis auch das Mehl sehr gelb geworden ist. Mit 0,5 l Brühe vom Würfel auffüllen, Essig, Salz, Pfeffer und etwas Zucker zufügen, aufkochen lassen und bei kleinem Feuer zu einer dünn-sämigen Soße auskochen. – Die fast gar gekochten Kartoffeln zugeben und zu Ende kochen.

Béchamel-Kartoffeln

Hierzu wird die Béchamel-Soße hergestellt, die sich auch gut für Blumenkohl und Kohlrabi eignet. Für diese Soße gibt es sehr viele unterschiedliche und stark abweichende Rezepte. Sie wurde vermutlich im Umkreis des Marquis de Béchamel, Haushofmeister Ludwigs XIV., geschaffen und noch der große Koch Carême (1784–1833), der im Dienste großer Herren kochte – le cuisinier des rois et le roi des cuisiniers –; bereitete sie nach der alten Art. Das aber wollen wir bleiben lassen und stellen eine einfache, aber durchaus schmackhafte Béchamel her.

1 große Zwiebel ganz fein hacken oder wiegen, 100 g Schinken (oder Rauchfleisch) ganz klein schneiden. Beides in gut 2 EL Butter mit wenig weißem Pfeffer und Thymian weiß und weich schwitzen; dann zwei EL Mehl dazugeben und mitschwitzen, aber nicht gelb werden lassen. Mit 0,5 l saurem Rahm (ersatzweise Milch) und 0,5 l Fleischbrühe (oder Brühe vom Würfel) aufgießen, gut

verrühren und mindestens 30 Minuten auf kleinem Feuer zu einer dicken Soße kochen. Falls die Soße wirklich gut werden soll, wird es nicht zu umgehen sein, ständig zu rühren. Ist die Soße ziemlich dick geworden, wird sie durch ein Sieb gestrichen und mit Salz, Pfeffer und etwas Muskat abgeschmeckt.

Dazwischen werden 1 kg Kartoffeln geschält und in Scheiben geschnitten und in Salzwasser vorsichtig gekocht, damit sie nicht zerfallen. Mit der Béchamel übergießen, reichlich Schnittlauch (klein geschnitten) drüberstreuen, und auftragen.

Kartoffelomelette

Dieses Kartoffelgericht ist der Tortilla recht ähnlich und im Gegensatz zu dieser mehr für die empfindsamen Seelen gedacht. – 1 kg Kartoffeln in dünne Scheiben schneiden und in reichlich Butter (oder Margarine) dünsten. Der Topf, am besten ein flacher, muß gut verschlossen sein; er wird immer mal wieder gerüttelt, damit die Kartoffeln nicht anhängen. Daneben werden 4 Eier mit 0,25 l saurer Sahne (oder Milch) und 200 g Parmesan (oder sonst einem geriebenen Käse) gut verrührt, mit 1 zerquetschten Knoblauchzehe gewürzt und mit Salz und weißem Pfeffer abgeschmeckt. Nun werden die gedünsteten Kartoffeln mit dieser Masse vorsichtig vermischt, in eine Pfanne gegeben und in Margarine (oder Butter) von beiden Seiten wie die Tortilla braun gebacken. Hat man eine kleine Pfanne, so bäckt man in dieser je eine Portion. Oder man benutzt eine große Pfanne und zerteilt dann das Omelette. Auf jeden Fall muß genügend Fett in der Pfanne sein, damit das Omelette nicht anhängt und sich wenden läßt.

Kartoffeln mit Zwiebeln

1 kg gleich großer Kartoffeln schälen oder 1 kg Kartoffeln schälen und in etwa gleich große Stücke von der Größe eines Tischtennisballes schneiden. 5 Zwiebeln werden in Scheiben geschnitten. Nun werden Kartoffeln und Zwiebeln lagenweise in einen Topf geschichtet. Jede Lage wird gesalzen und gepfeffert sowie mit Butterflöckchen bestreut oder mit etwas Öl begossen. Mit Wasser so weit auffüllen,

daß die Kartoffeln nicht ganz bedeckt sind. Sie werden bei gut verschlossenem Topf etwa 45 Minuten lang weichgekocht. Man kann der Sache auch eine Wendung ins Säuerliche geben, indem man etwas Weinessig in das Wasser träufelt.

Paprika-Kartoffeln

1 kg Kartoffeln schälen und in Würfel schneiden. 4 Zwiebeln in Ringe schneiden und in Schweineschmalz oder Öl anbräunen und dann mit 1 EL Paprika (süßen für die zarten Typen, scharfen für die starken Typen, welch letztere selbstredend gar 3 oder 4 EL Paprika reinschütten) bestäuben und mit 0,5 l Fleischbrühe vom Würfel auffüllen; falls vorhanden, kann Basilikum den Geschmack durchaus verbessern. Jetzt die Kartoffeln in den Topf geben, selbigen gut verschließen und die Kartoffeln halbweich dünsten. Ist dies erreicht, wird 1/8 l Rahm mit 1 EL Mehl verrührt und über die Kartoffeln gegossen. Vorsichtig mischen und zu Ende dünsten. Die Kartoffeln brauchen ca. 45 Minuten Dünstzeit.

Meerrettich-Kartoffeln

Eine helle Einbrenne herstellen, mit warmem Wasser ablöschen und mit ¼ l Milch aufgießen, gut verrühren und durchkochen lassen. Eine Stange Meerrettich waschen, abschaben und reiben, mit ¼ l Milch vermischen und 20 Minuten ziehen lassen. Diesen Meerrettich mit der hellen Soße vermischen und noch 10 Minuten kochen lassen; alles bei offenem Topf und immer mal wieder rühren. Daneben wird 1 kg Kartoffeln in der Schale gekocht, in Scheiben geschnitten und zusammen mit der Meerrettichsoße in den Teller gehauen. Falls es Leute gibt, die nicht gern vegetarisch essen, kann man diese Kartoffelspeise insofern aufwerten, als man 200 g Rauchfleisch, klein geschnitten, gleich in die helle Soße gibt. Oder man schneidet eine Fleischwurst in die Meerrettichsoße.

Kartoffel-Cannelloni

1 kg Kartoffeln kochen, schälen und durch die Kartoffelquetsche treiben (oder durch ein Sieb) und auskühlen

lassen. Aus diesem Kartoffelschnee zusammen mit 3 Eiern und ca. 100 g Mehl (je nach Aufnahmefähigkeit der Kartoffeln) sowie Salz, Muskat und gewiegter Petersilie einen festen, doch keineswegs zähen Teig herstellen. Eine Backform stark fetten, aus dem Teig Würste formen, die der Breite der Backform entsprechen (die Bratraine eignet sich am besten) und etwa 3 Zentimeter hoch sind, in die Form einlegen und mit folgender Mixtur begießen: 1 geschlagenes Ei, 0,25 l saurer Rahm, Schnittlauch fein geschnitten und geriebener Käse, etwas zerquetschter Knoblauch. Auf das ganze nun noch etwas Olivenöl gießen, in den vorgeheizten Ofen schieben und bei 250 Grad etwa 20 Minuten lang backen. – Dazu Kopfsalat und herber Weißwein. Ein Festessen. Selbstverständlich ist es erlaubt, statt der oben angegebenen Mixtur die falschen Cannelloni auch mit einer Tomatensoße zu backen.

Kartoffelstrizzi

Gut 1 kg Kartoffeln in der Schale abkochen, schälen und sogleich durch die Kartoffelquetsche jagen. Den Kartoffelschnee auf das gemehlte Brett (oder Küchentisch, oder, oder) fallen lassen. 2 EL Margarine heiß machen und auf die Kartoffeln gießen, desgleichen 2 zerquirlte Eier, Salz, wenig Muskat und 1 zerdrückte Knoblauchzehe sowie 1 Bund gewiegter Petersilie zu den Kartoffeln geben und schließlich mit Mehl bestäuben. Kräftig zugreifen und einen Teig formen; Mehl so lange zugeben, bis der Teig die erwünschte Konsistenz erreicht hat: mit dem großen Küchenmesser einen raschen Schnitt durch den Teig machen. Bleibt eine glatte Schnittfläche und kein Batz an der Messerschneide, dann isser richtig. Der Teig muß schnell hergestellt und sofort verbraucht werden, weil er sonst flappsig wird und nicht mehr für das Folgende taugt: aus dem fertigen Teig werden mit einem Teelöffel nußförmige Portionen ausgestochen und in Salzwasser gegeben, das man zuvor füglich zum Kochen gebracht hat. Die Stritzies müssen etwa 8 Minuten in kochenden Salzwasser verbleiben. Man läßt sie gut abtropfen und röstet unterweilen in einer Pfanne 4 in Ringe geschnittene Zwiebeln, die zusammen mit den Stritzies dem Verzehr zugeführt werden.

Kartoffeldollar

1/8 Butter verrühren, 2 Eier reinmischen sowie 500 g rohe Kartoffeln, die man zuvor gerieben hat. Mit Salz und gewiegter Petersilie würzen. Allmählich so viel Mehl einarbeiten, daß ein fester Teig entsteht. Mit dem Walkholz auf etwa 1 cm Dicke auswellen und nun mit einem kleinen Weinglas Plätzchen ausstechen. Das treibst du so lange, bis der Teig alle ist. Plätzchen in einer Mixtur aus Ei, Semmelbröseln und geriebenem Käse wälzen und in Schweineschmalz ausbacken. – Dazu Salat.

Kartoffelpfanne

1 kg Kartoffeln dünn abschälen und in messerrückendünne Scheiben schneiden; 5 große Zwiebeln in Ringe schneiden; 400 g Rauchfleisch in Scheiben schneiden. Eine Bratraine oder feuerfeste Form gut fetten und nun lagenweise Speck, Kartoffeln und Zwiebeln einschichten, wobei jede Lage mit Salz und Pfeffer sowie etwas Majoran gewürzt wird. Die letzte Lage müssen Kartoffeln sein. Das Ganze wird gut mit Öl begossen und bei 200 Grad 45 Minuten lang in der Röhre gebacken.

Schwere Kartoffeln

1 kg Kartoffeln in der Schale abkochen und dann gleich schälen. Die heißen Kartoffeln mit einem Kartoffelstampfer oder einer Gabel zerdrücken, aber keinen Matschbrei machen. 5 große Zwiebeln in Ringe schneiden und in Schweineschmalz bräunen, auf die Kartoffeln geben, salzen und pfeffern. Nun alles gut untereinander vermischen und sogleich auf den Tisch bringen.

Gefüllte Kartoffeln

Man suche sich 8 sehr große Kartoffeln zusammen, schäle sie dünn ab und schneide einen Deckel ab. Die Kartoffeln werden ausgebohrt, wozu man irgendein brauchbares Instrument verwende wie z. B. einen Teelöffel mit scharfem Rand. Die dergestalt bearbeiteten Kartoffeln werden ausgebohrt, wozu man irgendein brauchbares Instrument verwende wie z. B. einen Teelöffel mit scharfem Rand. Die dergestalt bearbeiteten Kartoffeln werden in kaltem Salzwasser aufs Feuer gesetzt. Man läßt das Wasser einmal abtropfen. Jetzt wird zur Bereitung der Füllung oder Farce geschritten: 1 alten Wecken (Semmel, Brötchen, Schrippe je nach Stammeszugehörigkeit) und 100 g Käse reiben; 2 Bund Petersilie und 1 Zwiebel und 4 Knoblauchzehen fein wiegen; 200 g Schinken fein wiegen. Die Zutaten gut vermischen; 1 Eigelb beifügen und die Farce mit Salz, Pfeffer und etwas Oregano würzen. Farce in die Kartoffeln einfüllen, die Deckel mit Eiweiß bestreichen und aufsetzen. Die gefüllten Kartoffeln werden jetzt nebeneinander in eine Raine oder feuerfeste Form gestellt und mit ½ l Brühe vom Würfel begossen. Schließlich werden sie auf der mittleren Schiene in den Backofen geschoben und dorten belassen, bis sie weich geworden sind; das hängt von der Größe der Kartoffeln ab, braucht jedoch zum wenigsten 40 Minuten.

Kartoffelauflauf

1 kg Kartoffeln schälen, zerschneiden und in Salzwasser abkochen, sogleich durch die Kartoffelquetsche oder ein Sieb treiben. Mit Milch und Butter zu einem Kartoffelbrei verrühren, abkühlen lassen und dann 2 verquirlte Eier und 50 g geriebenen Käse untermischen, mit Salz, Pfeffer und etwas Oregano würzen. Feuerfeste Form sehr stark fetten, Boden mit Semmelbröseln bestreuen, Hälfte des Breies reintun, 2 gekochte Kasseler vom Halsgrat gerecht verteilt reinlegen, den Rest des Kartoffelbreies drauftun, mit Semmelbröseln bestreuen, mit Butterflöckchen belegen und in der Röhre bei 250 g 15 Minuten lang backen lassen.

Schleckkartoffeln

500 g Kartoffeln in der Schale kochen, abziehen und in Scheiben schneiden. Während die Kartoffeln kochen, wird die Endphase des Gerichts vorbereitet: 500 g Tomaten in dicke Scheiben schneiden, 125 g Käse abreiben und mit ¼ l saurer Sahne verrühren und 6 fein gepreßte Knoblauchzehen beimischen. Feuerfeste Form mit Butter gut fetten. Lagenweise Kartoffelscheiben und Tomaten einrichten. Jede Lage mit Salz, Pfeffer und fein zerstoßenem Rosmarin würzen, mit Olivenöl begießen und etwas von der

obigen Sahnemixtur dazugeben. Auch diese Schicht wird begossen, endlich aber mit geriebenem Weißbrot bestreut und nun wird die Form in den vorgeheizten Backofen geschoben und bei 250 Grad 15 Minuten lang durchgebacken.

Heringskartoffeln

Dazu braucht es 1 kg Kartoffeln und pro Fresser einen großen Salzhering. Während die Kartoffeln in der Schale kochen, werden die Heringe, die man einige Stunden gewässert hat, aus Haut und Gräten geschnitten: Erst den Kopf dicht hinter den Kiemen abschneiden, dann die Bauchlappen abschneiden, die Bauch- und Rückenflossen rausreißen. Nun den Hering den Rücken entlang bis zur Tiefe der Gräte einschneiden. Am Kopfende vorsichtig mit einem kleinen scharfen Messer unter die Haut gehen und diese hochziehen und jetzt versuchen, die Haut der einen Seite möglichst in einem Stück abzuziehen. Das ist schwierig, und wenn's nicht geht, entferne mit Hilfe des Messers und der Fingernägel die Reste. Die andere Seite wird auf die nämliche Art behandelt. Nun fasse man den Hering am Schwanz, fahre mit dem Messer der Gräte entlang nach vorne und versuche, die Filets abzulösen. Auch wieder sehr schwierig; nicht wütig werden: beim dritten Versuch bist du perfekt. Reichere Genossen werden auf diese Mühsal verzichten und einfach Matjesfilet kaufen. Die Rechtfertigung muß hier nicht geliefert werden.

Die gekochten Kartoffeln werden geschält und in Scheiben geschnitten, die Heringsfilets in Würfel. Eine Form wird dick mit Butter ausgestrichen und mit Semmelbröseln bestreut. Alsdann legt man eine Schicht Kartoffeln in die Backform und streut von den Heringen einige Happen darüber, desgleichen einige Butterflöckchen. Nun folgen wieder Kartoffeln, und man verfährt so fort und so weiter, bis die Form gefüllt ist. Obenauf dann wieder Semmelbröseln und Butterflocken. Man setze das Ganze in einen mäßig heißen Ofen (180 Grad) und backe für 30 Minuten.

Mehlspeisen

Schleckmarie

125 g Mehl mit 0,5 l Milch und 4 Eiern zu einem dünnen, flüssigen Teig verrühren, etwas Salz und Zucker beigeben; dann den Teig in eine gefettete Bratraine gießen und im vorgeheizten Backofen (200 Grad) durchbacken. Mit Puderzucker bestreut auftragen.

Nudellust

Bandnudeln oder Makkaroni abkochen »al dente« und abtropfen lassen. Inzwischen 250 g geräucherten Bauchspeck (Wammerl) oder Schinken in kleine Stückchen schneiden und 1 Minute anbraten, 50 g Margarine (oder Butter) mit 3 Eidottern schaumig rühren, mit Salz und wenig weißem Pfeffer, Muskat und Schnittlauch würzen sowie etwas geriebenen Käse und sauren Rahm untermischen; dann vom Eiweiß der 3 Eier Schnee schlagen, zusammen mit allen Zutaten in eine Auflaufform geben und im Backofen (auf 250 Grad vorgeheizt) etwa 15 Minuten durchbacken.

Nudellust fleischig

Wie oben, nur daß kein Käse verwendet wird. Statt dessen werden Bratenreste, Wurst, Schinken, geräucherter Bauchspeck etc. lagenweise mit den Nudeln und der Eiermischung in die Backraine gegeben.
Und jetzt rein in die Teigorgie!

Spätzle

500 g Mehl (das zuvor durch ein Haarsieb gerührt wird) mit mindestens 3 Eiern, 1 EL Salz (einer Prise Muskat) und 1/8 l Wasser zu einem festen Teig rühren und schlagen, bis er Blasen wirft. Ein Teil des Teiges wird auf ein genäßtes breites Frühstücksbrett gelegt und nun schabt man mittels eines breiten Messers dünne und längliche Portionen Spätzle in kochendes Salzwasser. Sie müssen so lange kochen, bis sie an der Oberfläche auftauchen. Dann werden sie mit einem Schaumlöffel herausgenommen und

in heißem Wasser abgeschwenkt. Zu diesem Zweck hält man neben dem Topf, in dem die Spätzle gekocht werden, einen zweiten Topf mit Wasser am Kochen.

Nun kann man die Spätzle in Margarine (oder Butter) rösten (sie müssen natürlich vorher abgetropft sein) und mit Kopfsalat mengenweise verschlingen, ungeröstet sind sie eine vorzügliche Fleischbeigabe. Gern werden die gerösteten Spätzle auch mit Sauerkraut vom Vortag geschlungen. Ein 3 Tage altes Sauerkraut schmeckt selbstredend noch viel besser. Oder man dünstet 250 g Sauerkraut mit einer klein gehackten Zwiebel in Öl scharf durch, mischt selbiges den gerösteten Spätzle bei und schlägt sich den Magen voll. Dies verschafft 60 Minuten Denkpause.

Oder: Spätzle schichtweise mit altem Sauerkraut und geriebenem Käse in eine Auflaufform (oder Raine) geben und kurz in der Röhre bei 250 Grad ziehen lassen. Danach 90 Minuten Denkpause.

Oder: Spätzle aus dem kochenden Wasser nehmen und sogleich schichtweise mit geriebenem Käse in ein eher flaches Gefäß geben und dann sofort in heißem Schweineschmalz gebräunte Zwiebelringe darüber gießen.

Leberspätzle, weiterer Gipfel der Mehlpappkunst. 500 g durch den Fleischwolf gedrehte Leber (lieber Schwein als Rind, jedoch nicht vom Kalb) mit etwa der doppelten Menge Mehl, 1 Ei, 3 Bund gekräuselter Petersilie (das ist entscheidend!), 1 feingehackten Zwiebel und 2 ausgepreßten Knoblauchzehen, Salz und Pfeffer zu einem zähen Teig verrühren. Man verfahre so, daß man alle Zutaten außer dem Mehl vermengt, sie dann unter Zugabe von lauwarmem Wasser in das Mehl einrührt, bis der Teig jene Zähigkeit erreicht hat, die ihn geeignet macht, vom angenäßten Brett mit nassem Messer in kochendes Salzwasser geschabt zu werden. Die Leberspätzle so lange kochen lassen, bis sie an der Oberfläche schwimmen. Dann in heißem Wasser abschwenken und warm stellen. Wenn der ganze Teig zu Spätzle gekocht ist, selbige in Margarine (Butter, Öl) anbraten, bis sie eine nicht zu dicke Kruste bekommen haben. Und dann einfach mit Kopfsalat essen. Das ist eine südwestdeutsche Spezialität, mit Sicherheit wird sie aber auch anderen Stämmen trefflich munden. Auch kann sie ohne Rücksicht auf den Standpunkt verzehrt werden. Die Diskussion über den richtigen setzt nach Verdauung der Leberspätzle unausweichlich ein!

Schupfnudeln

Mit 500 g Mehl, lauwarmem Wasser und Salz einen festen Teig herstellen. Daraus fingerlange Nudeln formen, indem man ein kleines Teigstückchen mit der flachen Hand auf dem Nudelbrett oder dem Küchentisch hin und her rollt, bis es die gewünschte Form erreicht hat. Die Nudeln in siedendes Salzwasser geben und kochen wie Spätzle. Dann in Margarine rösten. Als Beilage zu verwenden oder als Hauptgericht zusammen mit Salat.

Schupfnudeln Super

1 kg Kartoffeln kochen, schälen und durch eine Kartoffel-quetsche treiben (oder durch ein Sieb). Diesen Kartoffelteig mit 4 Eiern, lauwarmem Wasser, Salz, Schnittlauch und Mehl zu einem festen Teig verarbeiten: zuerst die Eier schlagen, den fein geschnittenen Schnittlauch zugeben und dann mit dem Kartoffelteig vermengen, salzen. Dann diesen Teig ausziehen, mit Mehl bestreuen und durcharbeiten. Diese Prozedur unter Zugabe des Wassers so lange wiederholen, bis ein fester Teigkloß entstanden ist. Von diesem werden kleine Stückchen abgetrennt und mit der flachen Hand auf einem gemehlten Brett zu finger-dicken Nudeln gerollt, die die Form und Größe eines Knabenpenis haben; weshalb diese Speise im Schwäbi-schen »Bubeschbitzle« genannt wird. Achtung: Dieses Gericht verursacht sehr viel Arbeit, das Mehl muß wirklich gründlich mit den Kartoffeln vermengt werden, der Teig muß intensiv durchgewalkt werden. Und das gibt dann einen saumäßig guten Fraß.

Als Hauptgericht mit Salat oder als Beilage zu Braten.

Diese Pimmel werden in Butter, Margarine oder Öl goldgelb gebraten (oder dürfen auch eine braune Kruste bekom-men) und werden mengenweise einverleibt. Psychologisch geschulte Köpfe werden sich zu diesem Fraß gewiß etwas denken. Bevor sie das tun, sollten sie aber auf jeden Fall Schupfnudeln Super essen. Das erleichtert die Analyse.

Nudelkuchen

Bandnudeln kochen, abtropfen lassen und zum Trocknen auf einem Blech kurz in den Backofen geben (50 Grad). 4 Eier mit saurem Rahm, weißem Pfeffer, Salz und Schnittlauch verrühren und mit den Nudeln vermischen, das Ganze in eine Pfanne mit heißem Fett geben. Wenn die untere Seite gelb geworden ist, mit einem Bratenwender umdrehen und von der anderen Seite backen. – Dazu Salat.

Pfannkuchen

250 g Mehl mit Milch zu einem glatten Teig verrühren, 3 Eier dazugeben und leicht salzen. Es ist darauf zu achten, daß der Teig nicht zu dünn wird. Mit einer Kelle den Teig in eine große Pfanne geben, in der man zuvor Öl, oder, nach Geschmack, Butter erhitzt hat. Von beiden Seiten goldgelb backen. Die Pfannkuchen müssen recht dünn sein. Dazu Apfelmus oder Blaubeeren.

Speckpfannkuchen: den Teig mit dünn geschnittenem Bauchspeck vermischen und backen. Salat dazu.

Apfelpfannkuchen: den Teig mit fein geschnittenen Apfelstücken vermischen und backen.

Fleischpfannkuchen: den Teig mit gewiegtem Fleisch vermischen und backen. Oder etwas gewürztes Hackfleisch in der Pfanne kurz anbraten, Teig darüber geben und backen. Vorsichtig beim Wenden. Der Pfannkuchen kann aber auch zerfallen und in einzelnen Stücken gebacken werden. Dazu grüner Salat.

Kräuterpfannkuchen: nach Geschmack frische Kräuter unter den Teig mischen und backen (Schnittlauch, Petersilie, Basilikum, Rosmarin, Salbei – einzeln oder in Mischung).

Zwiebelpfannkuchen: fein gewiegte Zwiebel mit dem Teig vermischen und ausbacken. Man kann natürlich auch Knoblauch dazu tun. Am besten in Olivenöl backen!

Süße Pfannkuchen: den frisch gebackenen Pfannkuchen mit Marmelade bestreichen, zusammenklappen oder zusammenrollen und dann mit einer Mischung aus Zucker und Zimt bestreuen. Man kann auch etwas Schnaps darüber gießen (Obstschnaps).

Weitere Kombinationen selber erfinden!
Achtung: Pfannkuchen werden erfahrungsgemäß in großen Mengen verzehrt. Also je nach Anzahl der Fresser immer reichlich Teig bereiten.

Pfannkuchensuppe
Pfannkuchen vom Vortag in dünne Streifen schneiden und in Fleischbrühe geben, 5 Minuten ziehen lassen.

Ex-Kaiser-Schmarren einfach
50 g Butter schaumig rühren, 4 Eidotter dazu geben sowie eine Prise Salz, ein EL Zucker und 250 g Mehl. Dann mit etwas mehr als 0,25 l Milch einen glatten Teig anrühren, der mit Rosinen und abgeriebener Zitronenschale angereichert wird. Dann den Schnee der 4 Eier unterziehen und den Teig in Butter oder Margarine zu einem nicht zu dicken Pfannkuchen backen, der mit der Backschaufel (Bratenwender etc.) zerstückelt und nochmals kurz weitergebraten wird. Mit einer Zucker-Zimt-Mischung bestreuen und sogleich verzehren.

Ex-Kaiser-Schmarren doppelt
0,5 l süßen Rahm mit fünf Eidottern verquirlen, dann mit 250 g Mehl, 1 EL Zucker, 50 g Rosinen, gehackten Mandeln, 1 Prise Salz und dem Schnee der 5 übrig gebliebenen Eiweiße einen lockeren Teig anrühren. Den Teig in Butter bei starker Hitze rasch braun backen, mit einer Gabel zerreißen und noch etwas weiter backen. Dann mit Vanillezucker bestreuen und in großen Mengen verzehren.

Quarkspitz
500 g Topfen oder Quark mit 4 Eiern, Butter, saurem Rahm, etwas Salz und Mehl zu einem nicht zu festen Teig verarbeiten. Mehl auf Backbrett oder Tisch streuen, vom Teig kleine Portionen nehmen und auf der bemehlten Fläche mit der flachen Hand zu daumendicken Bubenspitzen ausrollen. In reichlich Fett (Butterschmalz, was billig ist z. B.) goldgelb ausbacken und mit Salat verzehren.

Griesschnitten süß

Auf 0,5 l warme Milch ¼ l (Meßbecher!) Gries einrühren, leicht salzen, gut durchmischen und bei ständigem Rühren aufquellen lassen. Auskühlen lassen und 2 zerquirlte Eier und etwas Butter oder Margarine einrühren. Den festgewordenen Teig in flache Stücke schneiden und in Butterschmalz oder Margarine oder Öl von beiden Seiten goldgelb backen. Dazu Kompott.
(Ein breiter, flacher Topf, Kasserolle, eignet sich am besten.)

Griesschnitten sauer

In ¼ l Fleischbrühe (aber auf keinen Fall gekörnte Fleischbrühe oder Fleischwürfel hernehmen) 60 g Gries oder Maismehl gut verrühren, ständig rühren und aufquellen lassen, ⅛ l saure Sahne und 100 g Butter einrühren, so daß ein steifer Teig entsteht. Diesen auskühlen lassen, 6 Eidotter, Salz, Muskatnuß nach Geschmack und 100 g geriebenen Käse (gebildete Genossen wählen Parmesan) einrühren und die Masse mit dem Schnee der 6 Eier vermischen (du kannst natürlich auch gleich alle 6 Eier reinrühren). Eine (große) Pfanne mit reichlich Öl füllen, ständig rühren, erhitzen, mit 1 EL Portionen aus dem Teig stechen, in die Pfanne geben und mit der Backschaufel flach drücken, so daß kleine Fladen entstehen. Von beiden Seiten goldgelb backen. – Dazu Salat (und eine Tomatensoße).
Variante für Typen mit starken Nerven: Gleich zu Beginn 1 fein gewiegte Zwiebel und 3 zerquetschte Knoblauchzehen in den Teig einrühren und am Ende die Fladen in kräftigem Olivenöl ausbacken. Das schmeißt dich um.

Bettelmann

Trockenes Schwarzbrot je nach der erforderlichen Menge reiben, mit Rotwein anfeuchten und dann mit einem Gemisch von Zucker und Zimt vermischen. Dann eine Kuchenform oder Bratraine etc. fetten und eine Lage der präparierten Brotbrösel einlegen, darauf eine Lage klein geschnittener und gezuckerter Äpfel zugeben und mit Rosinen bestreuen, wieder eine Lage Brösel drauf, Butterstückchen drauf, wieder Äpfel mit Rosinen; und endlich mit einer Lage Brotbrösel schließen, die gut mit Butterflocken belegt wird. Etwa 40 Minuten im Ofen bei 200 Grad backen.

Schinkenstrudel

500 g Kartoffeln kochen, schälen und durch ein Sieb treiben (oder die speziell dafür geeignete Kartoffelquetsche benutzen). Etwas Salz über die so entstandenen Kartoffelflocken streuen, 2 Eier verquirlen und untermischen. Dann soviel Mehl zugeben, bis ein lockerer aber nicht brüchiger Teig entstanden ist (das Mehl wird in kleinen Portionen durch ein Sieb oder gar Mehlsieb über den Teig gestäubt und eingearbeitet). Der Teig wird messerrückendünn ausgewalkt (ausgewellt, wie immer man sich ausdrücken mag: auf jeden Fall eine Teigrolle, auch Wellholz genannt, benutzen; denn den Teig mit der Hand flach schlagen – wie man es mit dem Pizzateig macht –, ist gar zu schwierig, das erfordert Geduld und Fingerspitzengefühl). Dann, Genosse, röste Semmelbrösel in Butter, wiege Schinken oder Bauchspeck ganz fein (oder mit scharfem Messer in Ermangelung des Wiegemessers klein schneiden) und bestreue damit den Teig, rolle ihn zusammen, bestreiche ihn mit Butter und backe den Strudel auf einem gefetteten Blech bei guter Hitze durch und freue dich derweilen auf den seltenen Genuß, der dich erwartet. – Dazu diverse Salate.

Man kann den Teig auch zu kleinen Fladen ausrollen und dann mehrere kleine Strudel herstellen, etwa in handgerechten Portionen.

Polenta

1 l Wasser mit 2 EL Salz und 1 großen Stück Margarine zum Kochen bringen und etwa 200 g Maisgries einlaufen lassen und gut durchrühren. Auf kleinem Feuer aufquellen lassen und dabei ständig rühren! Die Masse auf Tisch oder Nudelbrett (vorher anfeuchten) bringen, auf etwa 2 cm Dicke ausziehen und auskühlen lassen (oder auf ein gefettetes Backblech). Der steif gewordene Teig wird in kleine rechteckige Scheiben aufgeteilt. – Während der Teig auskühlt, wird folgende Soße bereitet: 250 g Hack-

fleisch mit 1 kleingehackten Zwiebel und 3 zerquetschten Knoblauchzehen andünsten (Olivenöl), 1 kleine Dose geschälter Tomaten zugeben, die man vorher zerkleinert hat und das Ganze 15 Minuten auf kleinem Feuer bei öfterem Umrühren durchdünsten. 4 fein geschnittene Salbeiblätter oder ersatzweise 1 TL getrockneter Salbei geben der Soße erst die richtige Würze. Einige Pfefferkörner zerstoßen und zugeben (ersatzweise gemahlener schwarzer Pfeffer), mit Rotwein auffüllen, salzen und aufkochen lassen. Eine Bratraine oder feuerfeste Form fetten, eine Schicht Polentascheiben einlegen, mit der Soße begießen und wieder eine Schicht Polenta drauf. Dann reichlich mit geriebenem Käse bestreuen, mit Olivenöl begießen und im vorgeheizten Ofen bei 200 Grad etwa 10 Minuten überbacken. – Dazu Kopfsalat.

Und nun zum Abschluß der Mehlorgie einige italienische Nudel- und Spaghetti-Völlereien.

Tagliatelle

250 g Hackfleisch kurz und scharf anbraten, 2 klein gehackte Zwiebeln und 4 zerquetschte Knoblauchzehen dazu geben und glasig schwitzen. 1 Dose geschälter Tomaten öffnen, das Hackfleisch mit dem Saft aus der Dose ablöschen, die Tomaten zerkleinern und in die Soße geben, diese mit Thymian (Basilikum, Rosmarin) sowie Salz und schwarzem Pfeffer würzen. Während die Soße nun bei öfterem Umrühren eingedickt wird, kocht man 500 g Bandnudeln ab (reicht für drei kräftige Esser), läßt sie in einem großen Sieb abtropfen und gibt Portionen in Teller, die füglich vorgewärmt sind. In der Mitte wird ein Loch gemacht und die Soße hineingegossen. Geriebener Käse darüber und Salat dazu.

Darauf achten, daß die Bandnudeln gerade dann fertig (›al dente‹, d. h. nicht weich, sondern beißfest) sind, wenn die Soße genügend eingedickt ist.

Cannelloni

Nicht in die Kneipe gehen und eine Menge Geld dafür zahlen, sondern selber machen und gleichzeitig die andern damit beglücken.

Zuerst den Nudelteig: 400 g Mehl in eine Schüssel sieben, 4 Eier zerquirlen und in die Mitte geben, mit etwas lauwarmem Wasser, einigen Tropfen Weinessig (hier ebenso wichtig wie im Pizza-Teig) und etwas Salz verrühren, dann von der Mitte gegen den Rand hin allmählich das Mehl einrühren, bis ein fester Nudelteig entstanden ist, der kräftig durchgeknetet werden muß. Teig auswalken (messerrückendünn) und Quadrate von 15 cm Seitenlänge ausschneiden. Was beim Ausschneiden übrig bleibt, wird wieder zusammengeknetet, ausgerollt, ausgeschnitten. Wenn zum Schluß ein kleiner Fladen übrig bleibt, kann man den selbstverständlich auch benutzen. Die präparierten Teigstücke läßt man nun gut 5 Minuten in siedendem Salzwasser ziehen und dann abtropfen. Derweilen bereite aus Hackfleisch oder Wurstbrät (was frischer Bratwurstteig ist) oder Tatar oder sonstwas Gehacktem mit Salz und Pfeffer sowie den gerade greifbaren Gewürzen eine Farce, die auf die Teigstücke verteilt wird. Rolle zusammen und setze die Canelloni in eine gefettete feuerfeste Form oder bei größeren Mengen auch in die Raine, begieße sie mit Olivenöl, streue geriebenen Käse darüber und fülle mit saurer Sahne (ersatzweise Joghurt) auf. In der vorgeheizten Röhre bei ca. 200 Grad 10 Minuten backen; zum Schluß einige Minuten Oberhitze geben. – Dazu Salat (und manches Glas Rotwein). Drei Canelloni reichen gerade für einen mittleren Eßcharakter.

Pizza

Wenn du in einer Kneipe bist und die absolute Lust auf eine Pizza hast und obendrein noch weißt, daß auf den Koch Verlaß ist, dann verzehre deine Pizza im Ristorante. Ansonsten aber rein in die Küche und selber machen. Bedenke auch, daß du mit einem Pizza-Essen verschiedenste Genossen zufriedenstellen kannst; selbst strengere Genossinnen legen beim Anblick dieser Speise etwas Lächeln auf. Alles ganz einfach.

Zunächst der Teig: etwa 30 g Hefe zerbröseln und in lauwarmem Wasser (½ Tasse) glatt rühren und im warmen Backofen (50 Grad) gehen lassen. 500 g Mehl in die

Schüssel sieben, in der Mitte ein Loch machen, die Hefe hineingießen, dazu 2 zerquirlte Eier, ein TL Essig (beschaffe Weinessig, den du ohnehin immer wieder in der Küche brauchst), 3 EL Olivenöl und 1 Tasse lauwarmes Wasser; mit einem TL Oregano und etwas Salz würzen und gut durchrühren. Dann von innen her zum Rand hin mit dem Mehl verrühren. Sollte der Teig zu zähe werden, noch etwas Wasser zugeben. Den Teig durchkneten, aus der Schüssel nehmen, auf eine Hand legen und mit der andern schlagen, bis er blasig wird und ihn dann zum Aufgehen in den warmen Ofen stellen. Nun kann man den Teig auf ein gut gefettetes Backblech geben, ausziehen und mit beiden Händen flach klopfen, bis das Blech gleichmäßig mit Teig bedeckt ist, der nochmals gehen soll. Man kann ihn aber auch auf mehrere runde Backbleche verteilen, z. B. auf jene billigen Bleche, mit denen gewöhnlich Tortenböden gebacken werden, und dann die Pizza in zwei oder mehreren Gängen backen. Auf jeden Fall muß der Teig dünn sein.

Der große Koch Heckmann findet dieses Rezept abscheulich, ich nicht. Sein Vorschlag: Weißbrotteig nehmen oder den einfachen Hefeteig, mit diesen Zutaten: 30 g Hefe, 1 Prise Zucker, 1¼ Tasse laufwarmes Wasser, 3½ Tassen Weizenmehl, Salz, ¾ Tasse Olivenöl.

Der Belag: entscheidend ist, daß mengenweise Oregano und geriebener Käse auf die Pizza kommen; wenn sie »echt« sein soll, nimm Mozarella. Was nun noch auf die Pizza kommt, bleibt ganz deinem Geschmack, deiner Phantasie und Probierkunst überlassen.

Z. B. einfach mit Tomatenscheiben belegen.

Oder grob in Scheibchen geschnittener Knoblauch zu den Tomaten.

Oder mit Zwiebelringen ergänzen.

Und mit Sardellenfilets.

Und mit Artischockenherzen. *Und* schwarzen Oliven.

Und in Scheiben geschnittenen Champignons.

Und Salamischeiben (keine Pseudosalami, dann lieber keine). *Und* Pepperoni.

Undsoweiter.

Zum Schluß, wenn der Belag komponiert ist, Oregano und Käse darüberstreuen, gut mit Olivenöl begießen und im vorgeheizten Ofen bei etwa 250 Grad höchstens 20 Minuten backen. Es muß alles gut durch sein, Teig und Belag, doch darf die Pizza nicht trocken werden. Spätestens beim dritten Versuch hast du den Dreh raus. Pizza immer ofenfrisch verzehren, mit Salat(en) und trockenem Wein; laß dir nur *kein süßliches* Gesöff aufschwätzen!

Spaghetti

Ein Vorrat von mehreren Packungen Spaghetti sollte immer vorhanden sein. Damit läßt sich jederzeit und auch für größere Mengen plötzlich auftauchender Gäste ein Leckermahl bereiten. Jene sind zu bedauern, die eine Abneigung gegen Mehlspeisen haben oder insbesondere Spaghetti nicht mögen — was allerdings verständlich ist, denn oft genug besteht der erste Versuch, sich selbst zu beköstigen, darin, Spaghetti zu kochen (die meistens zu weich sind) und aus der Tube irgendeine appetitabschreckende Tomatensoße zu gewinnen. Wenn man dergleichen sich selber beschert hat oder vorgesetzt bekommt, dann keineswegs verzweifeln, denn es geht auch anders; und es geht einfach; und es kommen Wunderwerke dabei heraus.

Dem Kochen der Spaghetti ist größte Aufmerksamkeit zu widmen. Genaugenommen werden sie überhaupt nicht gekocht.

In einem großen Topf Salzwasser (2 TL) zum Sieden bringen, die Spaghetti einlegen und sanft mit dem Kochlöffel durchrühren, damit sie nicht am Boden oder bündelweise aneinander kleben bleiben. Gut 10 Minuten auf kleinem Feuer ziehen lassen und probieren, ob sie durch sind – also nicht weich, sondern schön zu beißen, *al dente*. Das Abschrecken (welch grauenhaftes Wort) der Spaghetti ist ein Akt seltener Gefühllosigkeit. Auch Kochbücher, die ansonsten ganz hervorragend sind, propagieren diese ostrogotische Grobschlächtigkeit. Lockere und des Kochschleims entledigte Spaghetti erhält man vielmehr dadurch, daß vor dem Abgießen einige Tropfen Öl ins Kochwasser gegeben werden. Dann werden die Spaghetti durch ein großes Sieb oder einen Durchschlag abgegossen. Wird nicht gleich alles aufgegessen, dann kann man den Rest warm halten, indem man das Kochwasser in einem anderen Topf auffängt und das Sieb darüber hängt und mit einem Deckel bedeckt

Spaghetti olio aglio

Die schnellste und billigste Art, Spaghetti zu bereiten. – Reichlich Olivenöl in die Pfanne geben und erhitzen, pro Person 3 gequetschte oder in grobe Stücke geschnittene Knoblauchzehen kurz anbraten, klein gehacktes Basilikum (oder Petersilie) dazuschütten und wenige Sekunden ziehen lassen. Diese Soße in einen (vorgewärmten) tiefen Teller, die abgekochten Spaghetti darüber geben und mischen. Kein Käse dazu!
Das ist nicht nur billig, es schmeckt auch gut und kann zu jeder Tages- und Nachtzeit gemacht werden.
Puristen verzichten auf die zusätzliche Würze von Basilikum oder Petersilie.

Spaghetti im Geschmack des Gargantua

Wenn dir Typen begegnen, die behaupten, sie würden sehr viel, wirklich viel essen, dann stelle sie mit folgendem Gericht auf die Probe und rechne pro Großmaul mit 250 g Spaghetti, 200 g oder mehr frischer Hühnerleber (auch tiefgefrorene Hühner- oder Putenleber ist verwendbar) und 125 g Butter (falls du sie auftreiben kannst, nimm frische

Landbutter, die einen leicht säuerlichen Geschmack hat!). Während die Spaghetti im heißen Wasser ziehen, eine große Suppenterrine (ersatzweise ein hoher schmaler Topf oder sonst ein geeignetes Gefäß) in der Röhre anwärmen. Die Hühnerleber in grobe Stücke schneiden, salzen und pfeffern und dann in Olivenöl kurz durchbraten, etwa 5 Minuten lang. Das Öl soll nicht zu heiß sein, da Hühnerleber schnell trocken wird; sie gibt einen schmackhaften Saft ab, darf jedoch nicht zu sehr entsaftet werden, ja, sie kann innen noch ganz leicht blutig sein. Nun eine Schicht heißer Spaghetti in den vorgewärmten Topf geben und reichlich Butterflöckchen darüber streuen. Dann eine Schicht Hühnerleber darüber legen, wieder eine Schicht Spaghetti, die gebuttert werden und so weiter, bis alles aufgebraucht ist. Topf auf den Tisch bringen und austeilen. Einen trockenen Rotwein ausschenken und das Kommende gelassen abwarten.

Es gibt dann noch eine zivile Variante dieses Fressens und die heißt *Spaghetti con fegatini:*

Eine stark mit Knoblauch und Rosmarin gewürzte Tomatensoße bereiten, Spaghetti abkochen. Einige Minuten vor dem Auftragen Hühnerleber in grobe Stücke schneiden, salzen und pfeffern, kurz anbraten und in die Soße geben. Spaghetti in vorgewärmte Teller füllen, in der Mitte ein Loch machen und die Soße mit Leber einfüllen und geriebenen Käse darüber streuen. – Dazu Salat und Wein.

Und hier zwei Grundrezepte für Spaghetti-Soßen:

1. Tomaten-Soße mit Fleisch

Reichlich Olivenöl (ca. 5 EL) in einen kleineren Topf geben und stark erhitzen. Hackfleisch (oder Tatar oder Wurstbrät oder gewürfelten Bauchspeck oder Fleischreste) kurz scharf anbraten und dann 2 gehackte Zwiebeln und 5 gehackte Knoblauchzehen dazugeben und durchdünsten (man kann die Knoblauchzehen auch mit der Knoblauchpresse klein kriegen oder sie im Mörser zerstampfen oder sie einfach mit dem großen Küchenmesser erst zerhacken und dann mit der flachen Seite des Messers breit schlagen). 1 große Dose geschälter Tomaten zerkleinern und zufügen; den Saft der Dose beiseite stellen. Nach Geschmack mit Basilikum, Thymian, Rosmarin, etwas Salz und Pfeffer würzen (am besten grob gestoßener schwarzer Pfeffer oder grüner aus der Dose). 10 Minuten durchdünsten und immer wieder rühren. Mit dem Saft der Dose ablöschen und auffüllen (es kann nicht schaden, mit einem trockenen Weißwein abzulöschen). Wer den Geschmack dieser Soße auf eine höhere Stufe heben will, reibe etwas Zitronenschale hinein. Das Ganze nun unter öfterem Umrühren eindicken lassen und fertig ist die schöne Bescherung.

Spaghetti-Soßen mit Fleisch werden gewöhnlich ohne geriebenen Käse zu den Spaghetti gegeben.

2. Tomaten-Soße ohne Fleisch

Die Hälfte 1 kleinen oder das Viertel 1 großen Sellerieknolle raffeln, 2 Karotten raffeln, 3 Zwiebeln und 6 Knoblauchzehen klein hacken, 1 Bund (gekräuselte) Petersilie fein hacken (mit dem Wiegemesser), desgleichen, falls es gerade frisch zu haben ist und du es kaufen kannst, 1 bis 3 Bund Basilikum. Erst Zwiebeln und Knoblauch ganz leicht in reichlich Olivenöl anbräunen, dann das Gemüse zugeben, mit 1 Glas heißem Wasser oder Bouillon (kann aus der Dose kommen) ablöschen und das Ganze ca. 20 Minuten auf kleinem Feuer dünsten; öfters umrühren. 1 große Dose geschälter Tomaten zerkleinern und dazu geben, dazu etwas Saft aus der Dose. Kurz aufkochen lassen und dann noch 30 Minuten auf kleiner Flamme kochen, bis die Soße leicht eingedickt ist; immer wieder umrühren.

Diese beiden Grundrezepte werden dich über kurz oder lang zu neuen Kombinationen anregen. Der Phantasie sind dabei keine Grenzen gesetzt, Grenzen setzt die Haushaltskasse. Ob Not automatisch erfinderisch macht, das ist zu bezweifeln. Wut aber bricht die Tür zur Phantasie auf.

Und schließlich kann man auch die Nudeln selber machen, was aber nur privilegierten Spinnern möglich ist.

500 g Mehl in die Schüssel sieben, Loch machen, 5 Eier reinschlagen, 4 EL Olivenöl und etwas lauwarmes Wasser dazu. Mit dem Mehl zu einem festen Teig verarbeiten und, falls erforderlich, noch Wasser zugeben. Teig eine Stunde

ruhen lassen, dann auf dem bemehlten Küchentisch zu mehreren Fladen messerrückendünn ausrollen. 60 Minuten trocknen lassen. Fladen einrollen und schmale oder breite Nudeln mit scharfem Messer abschneiden. Trocknen lassen. Grüne Nudeln erhält man, indem man 250 g pürierten Spinat statt des Wassers verwendet und nur ganz wenig Öl.

Zum Schluß des Kapitels noch eine »Mehlspeise«, die eigentlich ein Kuchen ist, zu den Vorspeisen zählt, aber auch als Hauptgericht gegessen werden kann: der Zwiebelkuchen in dreifacher Variante, nämlich schwäbisch, elsässisch und lothringisch.

Zwiebelkuchen

Man bereite gewöhnlichen Hefeteig, um ein oder zwei gefettete Springformen auszulegen.

Man schneide mindestens 500 g Zwiebeln in grobe Stücke und dünste sie in Butter und lasse sie auskühlen. Derweilen verquirlt man 2 Eier, zieht 1 kleinen Becher sauren Rahm unter und würzt mit Salz und weißem Pfeffer. Dies mit den Zwiebeln vermischen und das Ganze auf dem Teig in der Backform verteilen. Ist der Teig gegangen, Formen in den Ofen; bei mäßiger Hitze (ca. 180 Grad) 30–40 Minuten backen. Die Zwiebelauflage soll dabei eine schöne braune Kruste bekommen.

In manchen Gegenden wird Speck mit den Zwiebeln gedünstet.

Gâteau aux oignons

Hierzu brauchen wir einen *Mürbeteig:* 250 g Mehl auf den Tisch oder das Backbrett sieben und in der Mitte ein Loch machen. 250 g Butter (oder Margarine, aber besser nicht) schaumig rühren und zusammen mit ½ Glas Wasser (lauwarm) in die Vertiefung geben, allmählich mit Mehl vermischen und schließlich alle Zutaten zusammenkneten, den Teig so lange durchkneten, bis er sich von den Fingern löst.

Nun wird der Mürbeteig, der für eine große Springform reicht, mit den Fingern gleichmäßig in der gefetteten Form verteilt, aber so, daß außen ein kleiner Rand entsteht. Der ausgebreitete Teig wird mehrmals mit einer Gabel angestochen.

Jetzt werden 500 g Zwiebeln ganz klein geschnitten, in Butter goldgelb gedünstet, zusammen mit Salz, Pfeffer, Muskat und 1 Bund gehackter Petersilie. Dann werden 4 Eier mit etwas Mehl verquirlt und mit den Zwiebeln vermischt. Die ganze Mischung wird nun auf kleinem Feuer leicht erhitzt, wobei immer feste gerührt wird, und dann auf den Teig gekippt und gleichmäßig verteilt. Obenauf kommen Speckstreifen.

30 Minuten bei 180 Grad gemächlich backen und ofenwarm mit einem herben Weißwein, Zwicker oder Riesling, verzehren.

Quiche lorraine

Einen Mürbteig, wie oben, anfertigen und die gefettete Springform damit auslegen und mit Semmelbröseln bestreuen. Rauchfleisch und Wurst (kräftig gewürzte, vorzugsweise Knoblauchwurst) in kleine Würfel schneiden und auf dem Teig verteilen. 4 Eier mit etwas Milch oder saurer Sahne verquirlen, salzen und pfeffern und gleichmäßig über den Kuchen gießen. Bei 180 Grad 20 Minuten backen, mit fein geschnittenem Schnittlauch bestreuen und warm essen. Oder kalt, wie die beiden anderen Zwiebelkuchen auch. Der Weißwein sollte immer dabei sein.

Innereien

Ekel und Abscheu sind die gewöhnliche Reaktion auf die Frage: Ißt du gerne Innereien? Möchtest du zu unserem Kuttelessen kommen? (Kutteln = Kaldaunen = Eingeweide, in der Hauptsache Kalbsmagen, Wabenkutteln.) Leber wird akzeptiert. Bei Herz denkt mancher wohl an seine eigene geschundene Pumpe. Woran die Typen oder Genossen bei Hirn denken, ist zumeist nur schwer rauszukriegen. Niere geht überhaupt nicht, von wegen der Pisse. Bei Magen und Darm ist es völlig aus. Allerdings denkt sich niemand was Entsetzliches, wenn er eine Wurst in Naturdarm ißt; und das ist zumeist eine sehr gute Wurst. Aber wenn die Innereien den Kollektivern schon an die Nieren gehen, zu welchen Empfindsamkeiten sind sie dann noch fähig! Es hilft nichts, die Nase zu rümpfen. Innereien sind billig und gehören daher in die Kollektivküche. Außerdem schmecken sie bei richtiger Zubereitung nicht nur gut, sie sind eine Delikatesse. Feinere Genossen können sich damit trösten, daß Kuttelgerichte die Zierde jeder Hotelküche von internationalbourgeoiser Qualität sind. Wem die Innereien stinken, der mag sich mit Kalbsleber trösten, die hat ihren höheren Preis. Wenn eine Kollektivküche keine Erfahrung mit Innereien hat und sich schwer tut, diese in den Speiseplan aufzunehmen, kann sie einen Kuttelspezialisten bitten, seine Künste spielen zu lassen. Der wird schon wissen, wie er die Mißtrauischen in das unbekannte Freßparadies verlocken muß. Sobald man angebissen hat — und das geschieht unfehlbar —, werden folgende Rezepte, eine kleine Auswahl, zum festen Bestand der Kollektivküche werden. Fangen wir mit den harmlosen Sachen an.

Kalbsleber

500 g Kalbsleber aus Haut und Sehnen schneiden (und wenn man zu faul ist, dann läßt man es eben bleiben). 4 große Zwiebeln in Ringe schneiden und in Butter bräunen. 2 zerquetschte Knoblauchzehen zugeben, mit etwas Fleischbrühe auffüllen und die Zwiebeln garen lassen. Derweilen die Leber in dünne Scheiben schneiden, in Mehl

wälzen und bei starker Hitze in wenigen Minuten (je nach Größe der Stückchen) braun braten: die Leber bleibt innen saftig und hell. Nun die Leber salzen und pfeffern, auf die Teller; die Zwiebelringe zur Leber geben, mit dem Zwiebelsaft den Fond der Leber löschen, kurz aufwallen lassen und ebenfalls zur Leber geben. – Dazu Salzkartoffeln und Kopfsalat. Das ist schon ein Festessen. Wenn man z. B. einen bedeutenden Gegner der andern Fraktion im Innersten treffen will, wird man sich mit der Kalbsleber, der teuersten Innerei, belohnen dürfen. Ist jedoch nur ein einfacher Genosse zu Fall zu bringen, mußt du mit Schweineleber vorliebnehmen.

Schweineleber bayerisch

500 g Schweineleber in dünne Scheiben schneiden und mit einer gehackten Zwiebel scharf anbraten. Dann etwas Mehl darüber stäuben, mit Fleischbrühe oder warmem Wasser ablöschen und aufgießen. Mit Zitronensaft und weißem Pfeffer würzen, leicht durchkochen lassen und vor dem Auftragen salzen. – Dazu gibt es Salzkartoffeln, die man vor der Zubereitung der Leber aufgesetzt hat. Wenn du es geschickt anstellst, werden beide Sachen zur gleichen Zeit fertig.

Rinderleber

Vom Metzger pro Person 1 Scheibe Rinderleber schneiden lassen (und sich angelegentlich erkundigen, ob die Leber frisch ist oder ob tiefgekühlt und aufgetaut: dann schmeckt sie abscheulich); 30 Minuten in Milch wässern. 2 Zwiebeln und 2 Äpfel in Scheiben schneiden und in Butter dünsten. Daneben die Leber bereiten: erst abtrocknen, dann in Mehl wälzen und in heißem Öl von beiden Seiten je 1½ Minuten scharf braten. Danach erst salzen und pfeffern. – Dazu Kartoffelpüree aus der Tüte.

Nach dem Ausprobieren der Lebergerichte folgt die Spaltung in die Fraktion der Drückeberger und Angsthasen und die der Schleckmäuler. Nieren vom Kalb und vom Hammel sind eine große Leckerei. Aber auch Schweine- und Rindernieren taugen zu guten Mahlzeiten. Wichtig ist, sich die

Nieren beim Metzger deines Vertrauens zu besorgen. Sie müssen immer ganz frisch sein! Die Nieren von Schwein und Rind müssen von jungen Tieren stammen. Alle Nieren werden eine Stunde lang gewässert. Es muß alles Fett entfernt und die Haut abgezogen werden. Dann schneidet man die Niere der Länge nach auf und entfernt den Harnstrang und schneidet sie je nach Rezept zurecht. Nieren dürfen nie in der Soße gekocht oder zu lange gebraten werden, da sie sonst hart werden — wie auch die Leber. Und gesalzen wird, wiederum wie bei der Leber, erst nach dem Braten.

Solltest du immer noch zwischen Ekel und Neugier schwanken, dann arbeite dich mit folgendem sehr feinen und gar nicht billigen Rezept an die Nieren heran.

Kalbsnieren in Sherry

Für vier Esser 2 oder 3 frische Kalbsnieren besorgen und wässern, abtrocknen und alles Überflüssige von den Nieren wegschneiden. Die halbierten Nieren blätterartig in höchstens ½ cm dicke Scheibchen schneiden und in Olivenöl rasch von beiden Seiten anbraten. Nun ein großes Glas wirklich echten Jerez, vulgo Sherry, dazuschütten und mit den Nieren auf kleiner Flamme maximal 3 Minuten lang dünsten lassen. Sind die Nieren gar, wird der Bratenfond mit Sahne verrührt. Mit 2 Bund gewiegter Petersilie, Salz und weißem Pfeffer würzen. — Dazu Weißbrot und ein trockener Rotwein. Na bitte.

Schweinenieren

3 oder 4 Schweinenieren nach dem Wässern und Reinigen in Scheibchen schneiden und zusammen mit 100 g Speck und 1 gewiegten Zwiebel braten; Niere nicht hart werden lassen. Nun 1 EL Mehl in die Pfanne stäuben sowie etwas weißen Pfeffer. Mit 1 Tasse Fleischbrühe oder warmem Wasser ablöschen und glatt rühren. Die Nieren sehr kurz aufkochen lassen, mit Salz und Zitronensaft würzen. — Dazu Kartoffeln und Salat.

Rinderniere

500 g Rinderniere (frisch und jung) wässern und reinigen; wird eine ganze Rinderniere benutzt, so wird diese in vier Teile aufgeschnitten und dann in Scheibchen aufgeteilt, denn diese Nieren sind sehr groß. 2 große Zwiebeln und 2 Knoblauchzehen in Scheiben schneiden. Champignons feinblättrig schneiden. 4 Tomaten enthäuten und klein wiegen. Frische Kräuter nach Jahreszeit fein wiegen.

Die Nieren zusammen mit Zwiebeln, Knoblauch und Champignons kurz anbraten, entweder in Butter oder in Olivenöl. Nun die Tomaten hinzufügen, etwas Weißwein dazugießen und das Ganze höchstens 10 Minuten schmoren lassen. Danach salzen, die Kräuter dazugeben und zu Kartoffeln oder Teigwaren, die man sinnvollerweise vorher abgekocht hat, in Freude verzehren.

Hammelnieren

500 g Hammelnieren (wonach man wohl eine Weile suchen muß) nach dem Wässern und Reinigen dickblättrig schneiden und in Butter von beiden Seiten braten. Danach die Nieren aus der Pfanne nehmen und salzen. Im Bratensaft (Fond) der Nieren 1 EL Mehl bräunen, mit 1 Glas Rotwein ablöschen, glatt rühren und mit 0,5 l konzentrierter, selbstgemachter Fleischbrühe auffüllen. Mit Salz, weißem Pfeffer, 1 zerquetschten Knoblauchzehe und Salbei (möglichst frisch) würzen. Die Soße auf kleinem Feuer 20 Minuten vorsichtig aufkochen lassen und immer wieder durchrühren. Unterdessen 100 g schön durchwachsenen Speck mit 1 kleinen Dose feinblättrig geschnittener Champignons anbraten und der Soße beifügen, dazu 1 kleines Glas Perlzwiebeln. Zum Schluß die Nieren einlegen und kurz ziehen lassen. – Dazu breite schwäbische Eiernudeln und Salat.

Lammnieren

Pro Person 2 bis 3 Lammnieren aus Haut, Fett und Strängen schneiden, sodann in Scheiben schneiden und in Öl oder Butter scharf anbraten; mit Cognac löschen. Die Nierenscheiben beiseite und warm stellen und nun in der entstandenen Fettsauce, je nach Gelüsten, kleingehackte

Zwiebeln und Knoblauch anbraten, kleingeschnittene Tomaten dazugeben und das ganze halbgar dünsten. Die Nieren wieder dazugeben und zu Ende dünsten. Mit Salz und Paprika (Pimenton!), Basilikum und Majoran sowie, falls aufzutreiben, mit Minze würzen. – Dazu Reis.

Hirn

Wenn du dir erst einmal Nieren einverleibt hast, wird es dir nur noch wenig Schwierigkeiten bereiten, nun auch Hirn zu essen. Beginne mit folgendem Rezept und beachte dabei folgende Grundregeln. Das Hirn wird zunächst wenigstens 30 Minuten lang gewässert; das Wasser sollte mehrmals gewechselt werden. Nach dem Wässern werden die Haut, Blutgerinnsel und großen Adern entfernt und das Hirn nochmals kurz gewässert. Nun wird das Hirn in die heiße Flüssigkeit gebracht und vorsichtig gargekocht, entweder in Essig- oder Salzwasser oder in einer Brühe, in der Suppengrün mit wenig Salz und Essig aufgekocht worden ist; auf jeden Fall das Hirn 10 Minuten lang im heißen Wasser sieden, niemals aber kochen lassen. Kalbshirn schmeckt am besten, und Hirn vom Hammel wird ebenfalls gerne gegessen. Auch Rinderhirn ist verwertbar, es muß allerdings länger gegart werden.

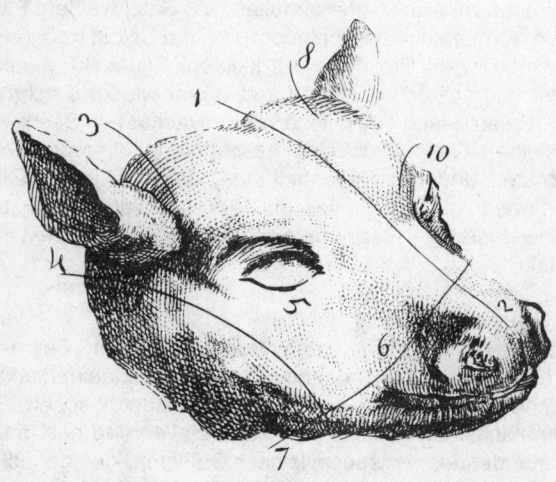

Gebackenes Hirn

2 Kalbshirne wie oben angegeben vorbereiten, dann in je
vier Scheiben schneiden, panieren und in der Pfanne von
beiden Seiten backen. – Dazu Kartoffeln und Salat.

Vom Hirn geht es zum andern Lebenszentrum, dem Herzen. Eine große Zahl von Herzen ist zum Verspeisen
geeignet: Hühnerherzen, Schweineherzen, Hammelherzen,
Kalbsherzen und Rinderherzen. Die *Vorbereitung* ist einfach – Fett entfernen, halbieren und die Adern herausschneiden. Wiederum wird das Kalbsherz bevorzugt, doch
davon lasse man sich nicht beeinflussen. Das Herz vom
Schwein oder Hammel ist gleichermaßen lecker.

Kalbsherz gekocht

1 vorbereitetes Kalbsherz wird in folgender Brühe oder
court bouillon gekocht: in 2 l kaltes Wasser gibt man 1
große, mit 3 Nelken besteckte Zwiebel, 4 halbierte Knoblauchzehen, 5 Pfefferkörner und 1 nicht zu großes Lorbeerblatt, etwas Selleriewurzel und 10 Körner Koriander. Das
halbierte Herz wird kalt eingesetzt und weichgekocht, was
etwa 40 Minuten dauert.
Das gekochte Kalbsherz wird nun in Würfel geschnitten und
beiseite gestellt. In 2 EL Margarine werden 1 ganz fein
gehackte Zwiebel und 2 TL Mehl gut durchgebräunt; mit der
durchgeseihten Brühe (nicht mehr als 0,5 l) auffüllen, glatt
rühren und auf kleinem Feuer bei öfterem Rühren gut
durchkochen – je länger, desto besser. Die Soße mit
Rotwein abschmecken, salzen und pfeffern (weißer Pfeffer), die Herzwürfel dazugeben und nochmals kurz durchkochen. – Dazu Salzkartoffeln und Kopfsalat.

Mariniertes Kalbsherz

Am Vortag wird das vorbereitete Herz in kleine Würfel
geschnitten und in folgende Marinade eingelegt: 1 l Wasser, 1/8 l Essig, 0,25 l Rotwein, Zwiebelringe, 5 kleingeschnittene Knoblauchzehen, Thymian, zerstoßener Koriander und zwei zerstoßene Chilis (entweder getrocknete
oder aus der Konserve: die sind aber sehr scharf!),
aufkochen, abkühlen lassen.

Am folgenden Tag werden die marinierten Herzstücke in reichlich Olivenöl gargeschmort. Man füllt mit der Marinade auf, stäubt etwas Mehl darüber und kocht kurz durch. – Dazu Weißbrot und Salat. Ein heißes Essen für heiße Tage.

Rinderherz geschmort

1 court bouillon wie bei »Kalbsherz gekocht« aufsetzen, 1 geviertelte Karotte dazufügen und 60 Minuten kochen. In der Zwischenzeit etwa 500 g Rinderherz vorbereiten und in dünne Scheiben schneiden.
Die Herzscheiben in Fett anbraten, mit Brühe anfüllen und etwa 45 Minuten schmoren, wobei immer wieder Brühe nachgefüllt wird. Die geschmorten Stücke mit Salz, Pfeffer, wenig Ingwer und 1 Glas Weißwein würzen, mit Mehl bestäuben, vermischen und noch etwas Brühe dazugeben. Kurz aufkochen lassen und zu Teigwaren und Salat reichen.

Schweineherz mit Rosmarin

Pro Person 1 Schweineherz vorbereiten und vierteln. In einer Pfanne die Herzviertel in Olivenöl anbraten, reichlich Rosmarin dazugeben sowie einige halbierte Knoblauchzehen, Pfanne zudecken und das Herz etwa 15 Minuten lang braten; gelegentlich werden. Wer hat, der gießt reichlich Cognac über die angebratenen Stücke (man verwendet dazu einen ganz billigen deutschen Stoff), bevor die Pfanne zugedeckt wird. – In der Zwischenzeit wird Reis körnig gekocht. Den Salat bereite man vor dem Braten der Herzen vor und richte ihn währenddessen an.

Herz gedünstet

2 Kalbsherzen oder 3 Schweineherzen oder 500 g Rinderherz vorbereiten und in Stücke schneiden. Das Fleisch in Fett mit 1 gewaschenen und klein geschnittenen Suppengrünbündel, 1 grob geschnittenen Zwiebel, 4 gehackten Knoblauchzehen und darüber gestäubtem Mehl gut anbräunen. Salz und grober schwarzer Pfeffer dran, mit 0,5 l heißem Wasser (oder Fleischbrühe aus dem Vorrat) auffüllen und 45 Minuten lang dünsten. Mit Zitronensaft und etwas Zucker abschmecken, vielleicht 1/8 l sauren Rahm

dazugeben und noch 10 Minuten ziehen lassen. – Dazu Teigwaren und Salat.

Wird Rinderherz verwendet, so koche man es zuvor ca. 15 Minuten lang; es sollte halbweich sein. Grundsätzlich gilt, daß an Stelle von Schweineherz auch Hammelherz verwendet werden kann.

Hühnerherzen

Das ist ein sehr billiges Gericht, ob man nun frische oder gefrorene Hühnerherzen verwendet, allerdings mit einigem Aufwand verbunden, denn die kleinen Herzen, etwa 200 g pro Maul, müssen halbiert, von Blut gereinigt sowie von Fett und Adern befreit werden.

500 g Zwiebeln in Scheiben schneiden und zusammen mit den leicht gesalzenen Herzen 10 Minuten lang bei ständigem Rühren in Schweineschmalz schmoren. Reichlich süßen Paprika darüberstäuben, gut durchrühren, mit 0,25 l Brühe aufgießen und eine gute Stunde bei leichtem Feuer garen lassen. Falls nötig, noch etwas Brühe nachgießen. Und immer wieder mal rühren.

Lammherz mit Wacholder

4 Lammherzen vorbereiten und halbieren und mit Einschnitten versehen. Das Fleisch mit einer Mischung aus Salz, zerstoßenen Wacholderbeeren und zerquetschtem Knoblauch einreiben und in Speck einwickeln. In der Raine unter fleißigem Begießen mit Fleischbrühe in der Röhre in einem Topf braten. Köstlich.

Und nun zum Gipfel aller innerlichen Genüsse: auf zu den *Kutteln* (= Kaldaunen). Wer äh sagt und meint kotzen zu müssen, der soll kotzen. Wer etwas von analfixiert dahertheoretisiert, um sich vor einem leiblichen Genuß zu drücken, der wird beim Kollektivfresser kein Gehör finden. Dieser schreitet zur Tat und probiert kühn die folgenden Rezepte aus, die nur eine kleine Auswahl aus einer Fülle enormer Gerichte sind. Für zaudernde Naturen gibt es die Möglichkeit, sich an diese Herrlichkeiten vorsichtig heranzutasten; dafür müssen sie aber auch zahlen. In einem italienischen oder französischen Restaurant.

Vorbereitung der Kutteln: Wegen hygienischer Vorschriften dürfen Metzgereien die Kutteln nur gesäubert und gekocht verkaufen. Sie sind daher schon weich und brauchen höchstens noch zwei Stunden Kochzeit. Man muß ausprobieren, wie weich die Kutteln vom Metzger geliefert werden und seine Kochzeit danach einrichten: schneidet man die Kutteln mit einem scharfen Messer in die vorschriftsmäßigen dünnen Streifen, dann sieht man, ob sie hart oder weich sind.

Die Kutteln, die man vom Metzger erhält — am besten Wabenkutteln vom Kalbsmagen — werden in kaltem Wasser gründlich gewaschen, dann 10 Minuten lang in Essigwasser gekocht. Danach schneidet man sie in Streifen, und nun sind sie fertig für die diversen Zubereitungsarten.

Die gereinigten und vorgekochten Kutteln vom Metzger zu erhalten, ist allerdings mit einem schwerwiegenden Nachteil verbunden. Die Originalrezepte basieren auf gereinigten, aber nicht gekochten Kutteln, denn der Witz bei dieser Sache ist, daß die Innerei sechs bis acht Stunden lang in einem gut verschlossenen Topf mit einer sorgfältig abgestimmten Gemüse- und Gewürzmischung gekocht wird: Eben davon erhält sie ihren hervorragenden Geschmack. Wer es also ganz richtig machen will, der fasse sich ein Herz, gehe zum Schlachthof und beschaffe sich dort Kutteln aus frischer Schlachtung. Die nun werden in der Küche gründlich ausgewaschen und in kaltem Wasser, das mehrmals gewechselt wird, gewässert. Und jetzt kann's losgeh'n. Pro Person rechnet man 250 g.

Kutteln mit Parmesan

Die vorbereiteten Kutteln in Streifen schneiden, 1 Zwiebel und 1 Karotte in Scheiben schneiden, Selleriekraut oder etwas Selleriewurzel klein schneiden. Auf den Boden eines hohen Topfes legt man 2 Nelken und 1 Lorbeerblatt, dann folgen lagenweise Kutteln und Gemüse-Kräuter-Mischung. Jede Schicht wird leicht gesalzen und gepfeffert. Mit Wasser oder Weißwein aufgießen, bis die Kutteln bedeckt sind. 60 Minuten lang bei mäßigem Feuer kochen. In der Zwischenzeit aus Tomaten, reichlich Olivenöl und viel klein geschnittenem Knoblauch und Kräutern nach Geschmack eine Soße bereiten; diese unter ständigem Rühren langsam durchkochen. Die Tomatensoße über die fertigen Kutteln gießen und mit viel Parmesan bestreuen. – Dazu Weißbrot.

Kutteln römisch

Die Innereien wie oben zubereiten. Statt der Tomatensoße werden die Kutteln mit einer Mischung aus frischen Pfefferminzblättern und geriebenem Schafskäse (das Originalrezept verlangt Pecorino) bestreut. Nicht an Minze und Käse sparen!

Kutteln neapolitanisch

Die vorbereitete Innerei in Wasser mit Weinessig, Salz und Lorbeerblatt 30 Minuten lang kochen. Herausnehmen und in Streifen schneiden. Mit einer großen feingehackten Zwiebel in reichlich Olivenöl mit etwas Knoblauch anbraten, mit Weißwein ablöschen und 60 Minuten lang dünsten. 1 Bund ganz fein gewiegter Petersilie mit Parmesan mischen und über die Kutteln geben.

Kutteln genuesisch

1 kg vorbereitete Kutteln in Wasser mit Essig, Salz und Lorbeerblatt 30 Minuten lang kochen. Auskühlen lassen und in Streifen schneiden. Unterdessen 125 g Speck fein schneiden, 1 große Zwiebel wiegen, 1 Stange Lauch in Ringe schneiden, 1 Karotte in Scheiben (hauchdünn), etwas Sellerieknolle in Stifte, 6 Knoblauchzehen in grobe Stücke, 4 feste Tomaten in Viertel. Vom Würfel 1 l Brühe bereiten oder besser noch zu Beginn der Kocharbeiten eine Knochen- und Fleischbrühe aufsetzen. Denn erstens braucht dieses Rezept eine lange Herstellungszeit, und zweitens sollte man gerade bei Kutteln nichts halb machen. Nun den Speck und das Gemüse in Olivenöl andünsten, die Kuttelstreifen dazugeben, mit Brühe und etwas Weißwein auffüllen und die Herrlichkeit gemütliche 60 Minuten lang bei mildem Feuer im zugedeckten Topf kochen lassen. Nach 45 Minuten 250 g (frische, wenns möglich ist) Pilze in Butter und Weißwein dünsten und den Kutteln zufügen. Noch kurz durchziehen lassen, mit Parmesan bestreuen

und zu Weißwein (trocken, z. B. Orvieto) und Weißbrot den staunenden Fressern reichen.

Tripes à la mode de Caen

Vielleicht gibt es irgendwo in der Welt ein besseres Kuttelrezept als dieses. Ich wäre glücklich, es zu erfahren, denn es würde den Gipfel aller Gipfel überbieten. Dieses Rezept kann nur von ganz ruhigen Typen ausgeführt werden. Also bitte:

Man braucht für Tripes à la mode de Caen folgende Zutaten: 1 kg Kalbskutteln verschiedener Stücke, 1 Kalbsfuß geviertelt, 5 Zwiebeln in Ringen, 4 Knoblauchzehen halbiert, 1 mit 2 Nelken besteckte Zwiebel, 250 g Karotten der Länge nach geviertelt, 2 Stangen Lauch in Ringen, 1 ganz kleine Sellerieknolle in Scheiben, 3 Bund Petersilie grob geschnitten, 2 TL Thymian (möglichst frische Zweige), 1 großes Lorbeerblatt und 100 g frisches Kalbsnierenfett: Rede deinem Metzger gut zu, dann wird er es dir geben. Und 1 l Apfelmost! Laß dir in Dreiteufelsnamen keinen süßlichen Pseudomost oder gar Apfelsaft aufschwätzen; versuche, einen *cidre* zu erwischen, aber nicht den süßen nehmen. Falls das nicht gelingt, lieber einen ganz trockenen Weißwein als Ersatz wählen. Salz und weißer Pfeffer. Ein hoher, schmaler Topf taugt am besten für die Tripes. Auf den Boden kommen das Gemüse sowie der Kalbsfuß, obenauf die Kutteln, die man in Streifen oder in Quadrate zurechtgeschnitten hat. Sie werden mit Salz, Pfeffer und Knoblauch gewürzt. 1 Glas Calvados oder Cognac oder Obstler kann nicht schaden. Die letzte Schicht bildet das in Scheiben geschnittene Kalbsnierenfett. Mit Most oder Wein aufgießen, bis alles gerade bedeckt ist. Die Regeln für das Garen dieses Gerichtes sind besonders sorgfältig zu beachten. Der Topf, der einen gut sitzenden Deckel haben sollte, wird mit einem Teig aus Wasser und Mehl, der um den Topfrand herumgelegt wird, dicht verschlossen. Handelt es sich um schlachtfrische Kutteln, werden sie auf kleinstem Feuer 8 Stunden gekocht; vorgekochte brauchen nur 3 Stunden. Besser jedoch ist es, den Topf in die Röhre zu stellen, weil damit durch eine niedrigere Temperatur eine längere Garzeit erreicht werden kann, denn je länger die Tripes im Topf sind, um so aromatischer werden sie. Frische brauchen 12 Stunden, für vorgekochte reichen 5 bis 6 Stunden.

Nach Vollendung dieser Prozedur werden das Nierenfett, der Kalbsfuß, die besteckte Zwiebel und die Thymianzweige entfernt. Soll dieses Essen auch noch in der vollendeten Form aufgefressen werden, trägt man die Tripes in kleinen Tongefäßen mit Deckel auf; dazu Weißbrot und trockenen Wein. Damit ist es also heraus. Kutteln auf diese Art bereitet, gehören schon zum Großen Fressen.

Diese kleine Auswahl an Rezepten für Innereien konnte nicht mehr als eine Anregung des Appetits, ein flüchtiger Blick in eines der zahlreichen oralen Paradiese sein. Und auch dieser Blick verpflichtet dazu, für die Schaffung anderer als nur oraler Paradiese zu arbeiten.

Fische

Fische sind inzwischen so teuer geworden, daß sie schon fast
nicht mehr für die Billigküche taugen. Sie können in der
Kollektivküche verwendet werden, wenn beim Einkaufen
auf die oft erheblichen Preisschwankungen geachtet wird.
Aber: nicht sehr oft essen, da das Meerwasser auch schon
verseucht ist.

Bei Flußfisch ist darauf zu achten, daß er erst kurz vor der
Verwendung aus dem Wasser genommen und getötet wird.
Seefische, die geeist über Land transportiert werden, dürfen
nicht zu lange beim Händler lagern; man sollte sich auf
diesen verlassen können. Den frischen Zustand von Flußfi-
schen erkennt man daran; daß die Augen gewölbt und die
Kiemen noch rot sind. Wenn die geeisten Seefische zu lange
lagern, verlieren sie ihren frischen Geruch. In den größeren
Städten gibt es, dank der Gastarbeiter, auch tiefgefrorene
italienische und spanische Fische.

Grüne Heringe gebraten

Ist billig, schmeckt herzhaft und kann als große Herings-
fresserei aufgezogen werden, macht aber eine Menge
Arbeit. Die Heringe werden geputzt und entgrätet, wie es

bei »Heringskartoffeln« beschrieben ist. Die Heringe salzen und pfeffern, in Mehl wälzen und je eine Pfanne voll in reichlich Öl wenige Minuten ausbacken. – Dazu Pellkartoffeln und Salat.

Seelachs gedünstet

Ein billiger Seefisch mit etwas grobem Geschmack, der nicht verachtet werden sollte. Je nach Freßbedarf 200 bis 300 g rechnen. 1 Zwiebel in Ringe, 4 Knoblauchzehen in Scheiben schneiden, den Fisch salzen und pfeffern, in die Raine legen, mit (Oliven-) Öl begießen, etwas Wasser aufschütten (oder Weißwein), Zwiebel und Knoblauch auf dem Fisch und in der Brühe verteilen und im vorgeheizten Rohr bei 250 Grad 15 Minuten dünsten. Dazu Kartoffeln und Salat.

Sardinen

Sardinen aus der Tiefkühltruhe sind billig und trotz der Frostbehandlung noch recht wohlschmeckend. Die Fische werden vorsichtig aufgetaut und gereinigt, ohne Kopf und Schwanz abzuschneiden. Man wälze sie in Mehl und backe sie in reichlich Öl wenige Minuten lang aus. Dazu Weißbrot oder Polenta.

Fritto misto

Dieses Gericht, das in Lokalen mit südländisch klingenden Namen für viel Geld angeboten wird, können wir selber billig herstellen. Es ist allerdings mit einigem Arbeitsaufwand verbunden, denn wir benutzen dazu nicht die tiefgefrorenen Ringe von Calamari (Tintenfische), sondern nehmen die ganze Tiere und bereiten sie folgendermaßen: Zuerst mit einem spitzen Messer die Haut abziehen, die Innereien herausnehmen, den Knorpel aus dem Hinterteil und den Knorpel aus dem Kopfteil entfernen, die Augen ausstechen. Dann wird der Hinterteil in Ringe geschnitten und der Kopfteil halbiert oder geviertelt, je nach Größe des Tieres. Mit dem Pulpo (Octopus) ist es einfacher. Das aufgetaute Stück wird einfach in Scheibchen oder kleinere Stücke geschnitten. Calamari und Pulpo in Mehl wälzen und in reichlich Öl ausbacken.

Muscheln

Die Miesmuscheln sind, weil billig, die einzigen Schalentiere, die in der Kollektivküche verwendet werden können. Man rechnet pro Person 1 kg, und so muß die gesamte Belegschaft beim Reinigen helfen: die Muscheln mit einer Wurzelbürste schrubben und den Bart entfernen. Nur geschlossene Muscheln verwenden!
Zwiebeln in Ringe schneiden, Knoblauch vierteln, mit Wasser und Weißwein in zwei oder drei große Töpfe geben, Salz, frisch gemahlenen Pfeffer und Lorbeerblatt zufügen, die Muscheln einfüllen und so lange dämpfen, bis sie alle sich geöffnet haben. Gelegentlich umrühren. Dazu Weißbrot (und Wein).

Fischfilet gebraten

Man verwendet dazu das teure Goldbarsch- oder das billigere Seelachsfilet. Die Stücke werden gesalzen und gepfeffert, eventuell mit Zitrone beträufelt und wie Schnitzel paniert. In reichlich Backfett oder Öl von beiden Seiten 3 Minuten braten. – Dazu Salzkartoffeln und Kopfsalat.

Makrelen

Noch ein billiger Fisch, der für die Kollektivküche taugt. 1 mittlere Makrele reicht für zwei Esser. Fische ausnehmen, waschen, mit dem Küchentuch abtrocknen, mit Olivenöl einpinseln und auf dem geölten Rost in der Röhre bei 200 Grad 30 Minuten lang garen. Mit Zitronensaft beträufeln und mit Weißbrot verzehren.

Karpfen

Wird Karpfen billig angeboten, dann greift der Kollektivkoch zu. Mit zwei Grundrezepten kann er viel ausrichten.
Zunächst Karpfen gedünstet. Je nach der Zahl der Esser einen mittleren oder großen Karpfen aussuchen und vom Händler vorbereiten lassen, dann salzen und mit Zitronensaft beträufeln. Da die Kollektivküche wohl kaum über den praktischen, aber teuren Fischtopf verfügt, wird der Fisch in der Raine gedünstet. Die Raine zunächst auf den Herd stellen (derweilen die Röhre auf 200 Grad vorheizen), Rosmarin in Butter andünsten und dann mit 0,5 l Rotwein

auffüllen. Nun wird der Karpfen in die Raine gelegt (während er in den Fischtopf gestellt wird) und diese mit Alufolie zugedeckt. Man schiebt die Raine auf dem Rost oben in die Röhre ein, so daß der Fisch von oben und unten gleichmäßig Hitze erhält. Je nach Größe wird er 30 bis 45 Minuten lang gedünstet. Dazu Dampfkartoffeln und Salat.

Karpfen gebraten

1 Zwiebel, 2 Knoblauchzehen, Petersilienwurzel und Sellerieblätter ganz klein hacken, in Butter andünsten und mit wenig Weißwein aufgießen; 30 Minuten lang auf kleiner Flamme ziehen lassen und über den vorbereiteten Karpfen gießen, der in die Raine gelegt und zuvor mit geröstetem Weißbrot gefüllt wurde. Nun wird der Fisch in die vorgeheizte Röhre geschoben (225 Grad) und unter fleißigstem Begießen je nach Größe 30 bis 45 Minuten gebraten.

Scholle

Auch dieser Fisch wird gelegentlich billig angeboten. Er hat zartes Fleisch, macht jedoch beim Essen wegen der Gräten einige Schwierigkeiten. Fisch salzen und in Mehl wenden, mit der dunklen Seite nach unten in heißem Fett 6 Minuten braten, dann auf der anderen noch 4 Minuten. Mit Zitronensaft beträufeln und mit Salzkartoffeln und Salat essen.

Kabeljau

Man verwendet dazu Portionsstücke von 4 Zentimeter Dicke. Sie werden mit Zitronensaft beträufelt, gesalzen und gepfeffert. In einer Pfanne mit Deckel oder einem flachen Topf werden 100 g Speck kurz angebraten. Dann setzt man die Fischstücke ein und brät sie von einer Seite an und gibt 4 in Scheiben geschnittene Bananen dazu. Dann kommt der Deckel drauf, und der Fisch wird in dem Saft, der sich inzwischen gebildet hat, bei mittlerer Hitze noch 20 Minuten gedünstet.

Geflügel

Ein trübes Kapitel. Nahezu alles Geflügel aus der Tiefkühltruhe schmeckt grauenhaft fade. Aber es ist billig. Was machen? Man kann auch aus dem faden Tiefkühlzeug etwas machen. Backs and Necks z. B. (sprich Hühnerklein) geben eine brauchbare Hühnerbrühe ab, und die beliebten Brathähnchen lassen sich geschmacklich durchaus aufwerten.

1. *Die Füllung.* Sie verbessert den Geschmack von innen heraus. Eine einfache Mischung mit verblüffender Wirkung ist folgende: In der Pfanne gewürfeltes Weißbrot mit Speck, Zwiebel und Knoblauch anbraten, mit Salz und Pfeffer sowie mit Kräutern (Rosmarin, Thymian, Salbei z. B.) würzen. Einfüllen und zunähen.

2. *Das Braten.* Der Geschmack des Papiergeiers läßt sich von außen verbessern, indem man ihn mit Butter bestreicht und einige Speckstreifen drauf legt; zwischen Speck und Haut kann man frische Gewürze legen. 10 Minuten vor Beendigung des Bratprozesses wird die Haut mit Salzwasser bepinselt, um sie knusperig zu bekommen.

Die Bratzeit beträgt je nach Größe und Zustand des Fleisches 45 bis 60 Minuten. Bei 300 Grad einsetzen und nach 10 Minuten auf 200 herunterschalten.

Billig sind auch gefrorene Truthähne und taugen für eine Fresserei mit vielen Personen. Das Vieh wird mit Olivenöl innen und außen eingerieben, gesalzen und gepfeffert und über Nacht kühl gestellt. Dann wird es mit der oben beschriebenen Fülle gestopft, die man durch klein geschnittene Äpfel und Rosinen ergänzt. Die Röhre auf 300 Grad vorheizen, das Stück mit zusammengebundenen Beinen auf den Rost und einschieben, nach 20 Minuten auf 200 schalten, mit Speck belegen und noch gut zweieinhalb Stunden garen lassen. Mit dem Bratensaft begießen, der nachher zu einer Soße verarbeitet wird.

Soll eine größere Zecherei mit Geflügel veranstaltet werden, geht man zum Geflügelhändler um wohlschmeckende Brathühner, Enten und Gänse auszusuchen, die nicht in einer Geflügelfabrik, sondern auf der Wiese und auf dem Misthaufen großgezogen wurden. Man eröffne mit dem

Händler ein Gespräch über Herkunft und Fütterung der Tiere und lasse sich die genaue Bratzeit angeben. Brathühner werden wie oben angegeben gefüllt und gebraten. Für Hühner und andere Flatterer noch folgende Rezepte:

Brathuhn in Stücken

Das Huhn vom Geflügelhändler in 8 Teile zerlegen lassen. Mit süßem Paprika einreiben (am besten eignet sich der spanische Paprika, Pimenton) und im Topf in Olivenöl gemächlich goldgelb braten. Zwiebelringe und Knoblauchstücke mitbraten lassen, mit Salz und etwas Rosmarin würzen, mit wenig Wasser (heiß) oder Weißwein (warm) ablöschen und etwa 30 Minuten lang schmoren lassen.
Oder: Portionsstücke mit Petersilie und Knoblauch in Olivenöl auf kleinem Feuer bräunen, dann erst salzen, mit Safran bestäuben, ablöschen und zu Ende schmoren.
Oder: Portionsstücke salzen, in reichlich Olivenöl bei mittlerem Feuer durchbraten (Dauer höchstens 20 Minuten!) und in den warmen Ofen stellen. Im Bratöl sehr viel feingehackte Petersilie mit 6 kleingeschnittenen Knoblauchzehen dünsten, mit weißem Pfeffer und Zitronensaft würzen, das Ganze über die gebratenen Stücke gießen und auftragen.
Oder: 200 g gewürfelten Speck im offenen Topf kurz anbraten, die Portionsstücke zufügen und hellbraun braten. Dann mit Salz, Pfeffer und reichlich Rosmarin (möglichst frisch) würzen, mit Weißwein ablöschen und bei zugedecktem Topf zu Ende schmoren. Beachte: Beim Braten müssen die Portionsstücke oft, aber sehr vorsichtig gewendet werden, damit die Haut nicht am Topf hängen bleibt. Und viel Öl benutzen.

Brathuhn gefüllt

250 g Schweineschulter mit dem Wiegemesser klein machen und mit 2 gehackten Zwiebeln, 2 Knoblauchzehen, Petersilie und Basilikum anbraten; dann Eier, Semmelbrösel und Reibekäse dazumischen, salzen und pfeffern, die Füllung gut durcharbeiten, in das Huhn stopfen und selbiges hinten zunähen. Den Backofen auf 250 Grad vorheizen, das Huhn auf dem Rost einschieben, mit Speckschei-

ben belegen, die Soßenpfanne darunterschieben und 15 Minuten lang anbraten lassen. Dann auf 180 herunterschalten und 60 Minuten braten lassen. Die Speckscheiben entfernen und noch 30 Minuten lang bei gleicher Hitze in der Röhre lassen. Gelegentlich begießen.

Oder: 250 g Speck ganz klein hacken, 4 Zwiebeln und 6 Knoblauchzehen in grobe Stücke schneiden, reichlich mit Thymian würzen, ds Huhn innen mit Salz ausreiben, die Füllung rein und zunähen.

Oder: Huhn salzen und pfeffern und mit dem Saft einer großen Zitrone innen und außen einreiben und beiseite stellen, 250 g Spaghetti abkochen, geviertelte Tomaten mit 2 Bund gehackter Petersilie in Olivenöl dünsten, mit den Spaghetti vermischen, Reibekäse untermischen, die Füllung in das Huhn stopfen und zunähen.

Oder: 250 g Wurstbrät (das eventuell nachgewürzt wird) mit 2 gehackten Zwiebeln anbraten, mit Weißbrotwürfeln mischen und einfüllen.

Oder: das Huhn außen pfeffern und salzen, innen mit viel Olivenöl einreiben und halbierte Tomaten sowie Oliven und kleingeschnittene Peperoni einfüllen und sorgfältig zunähen, damit der Tomatensaft nicht herausläuft.

Schmorhuhn

Von innen und außen salzen und pfeffern, in Butter oder Olivenöl anbraten und je nach Größe 90 bis 120 Minuten schmoren. Dazu braucht man einen gut schließenden Topf; die Kasserolle eignet sich am besten. Zum Schmoren nur das Fett, allenfalls etwas Weißwein benutzen.

Gedämpftes Huhn

Salzen und pfeffern, in Butter anbraten, mit 1 großen Tasse heißen Wassers auffüllen und je nach Größe des Huhns bis zu 120 Minuten dämpfen. Statt Wasser kann man auch Fleischbrühe verwenden. In der Flüssigkeit halbierte Tomaten und Zucchini in Scheiben mit Knoblauchstücken mitdämpfen. Bei Verwendung von Fleischbrühe entfällt das Salzen der Flüssigkeit.

Rotes Huhn

1 Huhn in Portionsstücke teilen, 4 Zwiebeln und 6 Knoblauchzehen kleinschneiden, 6 Tomaten vierteln, 4 Paprikaschoten entkernen und zerkleinern.

Das Hühnerfleisch in Öl scharf anbraten, Zwiebeln und Knoblauch dazugeben und goldbraun werden lassen. Tomaten und Paprika dazu und mit etwas warmem Wasser auffüllen. Mit Salz und Paprika (Pimenton) würzen und garen. – Dazu Reis.

Huhn in Rotwein

Ein burgundisches Festessen (Coq au vin), dessen Delikatesse darin besteht, kein zartes Hühnerfleisch zu benutzen, sondern ein solides Masthuhn von mindestens einem Jahr, denn nur ein festes Fleisch kann die reichhaltige Würze der Soße aufnehmen.

Man nehme ein Huhn von 1½ bis 2 kg und zerteile es in kleine Stücke; man halbiere 12 sehr kleine Zwiebeln und schneide ca. 200 g Bauchspeck in kleine Würfel. Außerdem brauchen wir 1 Zweigchen Thymian, 1 Glas Kirschwasser (besser Marc de bourgogne) und 1 Flasche roten Burgunder.

Den Speck mit den Zwiebeln dünsten, bis alles schön gelb geworden und eine wohlriechende Fettsoße im Topf entstanden ist. Speck und Zwiebel herausnehmen und beiseite stellen, dafür das Hühnerfleisch in den Topf verbringen. Salzen, pfeffern und mit 1 EL Weizenmehl bestäuben. Das Ganze gemächlich umrühren, bis es Farbe angenommen hat. Den Schnaps darüber gießen und flambieren.

Jetzt werden Speck und Zwiebeln wieder in den Topf gegeben. Abschmecken und das Thymianzweigchen dazugeben. Langsam den roten Burgunder dazugießen und zum Kochen bringen. Pro kg Fleisch 30 Minuten auf kleiner Flamme kochen lassen.

Ist das Fleisch durch, wird es herausgenommen und beiseite gestellt. Die Soße wird 60 Minuten lang eingekocht. In der solcherart dick gewordenen Soße das Fleisch wieder langsam aufwärmen und nun das Gericht im Topfe servieren.

Am nächsten Tag schmeckt der Coq au vin noch besser.

Ente

Die bratfertige Ente wird innen und außen mit Salz und Majoran eingerieben und mit Kastanienfülle gestopft: 1 kg Kastanien schälen und weich kochen und danach die Haut der Kastanien abziehen. In der Pfanne 2 EL Zucker in Butter gelb werden lassen, etwas Mehl darüber stäuben, mit wenig Fleischbrühe auffüllen und die Kastanien darin solange kochen, bis die Soße verdampft ist.

Eine billigere Füllung: 500 g Kartoffeln in kleine Würfel schneiden, 250 g Rauchfleisch würfeln, 2 Zwiebeln und 1 Bund Petersilie wiegen und das Ganze in einer Pfanne unter ständigem Schwenken weichdünsten. Wer hat, der benutzt dazu die Sautierpfanne.

Die Ente füllen, zunähen und in die vorgeheizte Röhre (225 Grad) schieben, entweder auf dem Rost mit der Soßenpfanne darunter oder in der Raine. Ein jüngeres Tier braucht ca. 90 Minuten, ein älteres 120. Während die jüngeren nicht begossen werden sollten, warten die älteren auf fleißiges Begießen mit Fleischbrühe (früher verwendete man Schweineschmalz!). Der Bratensaft wird entfettet (Fett mit einem Löffel abschöpfen) und zu Soße weiterverarbeitet, während die Ente in der noch warmen Röhre bleibt.

Gans

Die abgelagerte Gans vorzüglich innen salzen, dann mit Pfeffer und Majoran oder gestoßenem Kümmel ausreiben und eine der oben beschriebenen Farcen oder einfach mit ganzen, entkernten Äpfeln einfüllen oder auch ohne Füllung braten. Der Backofen wird wiederum auf 225 Grad vorgeheizt, dann wird die Gans auf den Rost oder in eine große Raine gesetzt und unter sehr fleißigem Begießen je nach Alter und Größe des Tieres 120 bis 180 Minuten gebraten.

Fleisch

Das ist ein weiteres sehr wichtiges Kapitel für die Kollektivküche. Der Umgang mit Fleisch ist nicht eben einfach, und
so sollte sich der Kollektivkoch liebevoll und mit Fingerspitzengefühl an die Arbeit machen. Gewiß wird aus einem
Kollektivkoch nicht leicht ein maître rôtisseur werden, doch
selbst wenn er diese enorme handwerkliche Fertigkeit nie
erreichen wird, darf er nicht sorglos mit dem schönen
Fleisch umgehen, denn wenn er ein trockenes Kotelett oder
einen geschmacklosen Braten auf den Tisch bringt, straft er
nicht nur sich selbst, sondern tut den andern was Böses an.
Fleisch ist teuer und heutzutage meist nicht mehr von guter
Qualität. Die Tiere werden übereilt mit »modernen« Me-
thoden hochgezogen. Der Fleischerzeuger ist an markt-
nicht an schlachtreifen Tieren interessiert. Je höher der
Gewinn sein soll, desto schlechter muß der Geschmack und
die Qualität des Schlachtviehs werden, kein Wunder also,
daß in Ländern wie Italien oder gar Spanien, deren Produk-
tions- und Lebensverhältnisse noch nicht so vollständig
durchkapitalisiert sind wie in der BRD, Fleisch, Gemüse
usw. vorerst noch sehr viel besser schmecken als hierzulande. Der Kapitalismus ist nicht nur prinzipiell schlecht, er
schmeckt auch schlecht, er macht das Leben in jeder
Hinsicht kaputt vom Plankton bis zum homo sapiens. Na
denn prosit, ein Prosit auf die Veränderung aller schlechten
Lebensverhältnisse.
Der Kollektivist als Koch muß sich vorerst noch mit Witz
und Schläue behelfen. Und mit Durchstehvermögen. —
Denn sonst wird er keinen guten Fleischer finden und vom
guten Fleischer kein gutes Fleisch bekommen. Man suche in
seinem Viertel so lange, bis man einen wirklich guten
Fleischer gefunden hat und hege und pflege ihn dann mit
höflichen Worten und mit allmählich erworbener Sachkenntnis. Er wird allmählich auf dich eingehen und dir die
besten Stücke zurechtschneiden.
Es braucht wohl längere Zeit, bis man den richtigen Einkauf
des richtigen Stückes Fleisch erlernt hat. Der Kollektivkoch
sollte sich nicht scheuen, die Spezialliteratur zu diesem

Gegenstand zu studieren, bis er mit einer umfassenden Sachkenntnis bewaffnet ist. Hier nur einige Grundregeln.

Grundregeln für Braten: Gebraten wird in der Röhre des Elektro- oder Gasherdes. Man legt den Braten entweder auf den Rost und stellt eine Raine darunter, um Fett und Saft aufzufangen, oder man brät das Fleisch gleich in der Raine (Bräter). Ersteres nennt man die trockene, das andere die feuchte Methode. Die trockene Methode wird für mageres Fleisch angewandt, die feuchte für fette Braten. Das Fleisch wird mit der Schwarte oder fetten Seite nach oben eingelegt und wird in der Hälfte der Bratzeit umgedreht. Wird trocken auf dem Rost gebraten, dann fällt das Wenden weg.

Der Braten kommt immer in einen vorgeheizten Ofen von 250 bis 300 Grad. Der Braten baucht den Hitzeschock, damit sich die Poren schließen und der kostbare Saft nicht davonläuft. Schon nach wenigen Minuten kann die Hitze heruntergeschaltet und der Braten bei einer Temperatur von ca. 180 Grad vollendet werden. Es gibt auch die Möglichkeit, den Braten vor dem Einschieben in die Röhre in einer Pfanne mit sehr heißem Fett rasch von allen Seiten anzubraten. Dies empfiehlt sich bei mageren Stücken und solchen, die dazu neigen, trocken zu werden. Die Methode ist umständlich, aber nützlich.

Die Bratzeit läßt sich zwar nach Höhe und Gewicht des Stückes grob berechnen, doch ist die genau richtige Bratzeit Sache des Gefühls, das man sich durch Erfahrung erwirbt. Als Grundregel gilt, daß 1 cm Höhe ca. 10 Minuten Garzeit ergeben. Vom Gewicht her gesehen: pro 500 g für Schweinefleisch ca. 40 Minuten, für Hammel 35, für Rind 20 bis 30, je nachdem, ob man das Fleisch rosig oder durchgebraten haben will. Und schließlich hängt die Garzeit davon ab, ob das Stück fett oder mager ist. Der Schweinebraten von Kamm oder Schulter ist problemlos, er hat genug Fett, und man braucht es mit der Bratzeit nicht so genau zu nehmen. Der Anfänger beginnt also mit diesem Stück. An die anderen Stücke wird er sich allmählich heranarbeiten und sich in Kochbüchern mit exakter Beschreibung des Bratvorgangs die notwendigen Informationen holen. Je genauer man sich theoretisch mit der Sache befaßt, um so rascher wird man die nötige Erfahrung sammeln können und um so gründlicher wird diese sein.

Alle Fleischstücke, die dazu neigen, beim Braten trocken zu werden, wie etwa das ausgelöste Kotelettstück vom Schwein, die Hammelkeule und alle Rinderbraten, müssen vor dem Saftverlust durch Spicken geschützt werden. Gespickte Braten bereitet der Metzger vor, sie sind aber teuer. Man kann sich aber auch eine Spicknadel kaufen und den in Streifen geschnittenen, festen weißen Schweinespeck selber einziehen. Das ist einigermaßen umständlich und hat außerdem den Nachteil, daß das Fleisch durchstochen und damit dem Davonlaufen des Saftes Vorschub geleistet wird. Manche Bratköche lehnen das Spicken daher ab. Stattdessen wird der Braten mit dünnen Scheiben aus Schweinespeck eingehüllt und umwickelt. Das kann der Anfänger auch leicht selber machen, und er erhält damit einen sehr saftigen Braten. Das Einwickeln hat weiterhin den Vorteil, daß man zwischen Speck und Braten große Mengen von Gewürzkräutern unterbringen kann, die ja sonst herunterfallen würden.

Alle Braten, auch solche, die einen starken Eigengeschmack haben wie vor allem Hammel, sollten reichlich mit Kräutern gewürzt werden. Das wird in der südlichen Küche, speziell der provenzalischen, gern gemacht und läuft unserem Geschmack zuwider, der den reinen Geschmack des Stückes »an sich« haben will. Sicher ist es gut, wenn man dahin kommt, einen Rinderbaten etwa herstellen zu können, der den Geschmack dieses Stückes ohne Zutaten voll zur Geltung bringt. Besser noch ist es, dies mit einer geschickten Würzung zu verbinden: der Braten ist dann eben vielfältiger. Wie bei allem Kochen ist die Kombinatorik und die vielschichtige Phantasie entscheidend.

Damit wären wir bei der Vorbereitung des Bratens. Sie fängt damit an, daß der Metzger das Stück richtig schneidet. Die Würzung ist je nach Fleischsorte verschieden. Bratenstücke soll man nicht salzen, da Salz den Saft aus dem Fleisch zieht. Das Fleisch wird mit Öl eingepinselt, damit die Gewürze gut halten (falls es sich um ein Stück handelt, das nicht eingewickelt wird). Erfolgt die Würzung durch eine

Marinade, so wird das Fleisch schon Tage vor dem Bratvorgang eingelegt.

Während des Bratens ist vor allem eine Regel unter allen Umständen zu beachten: fleißig begießen! Wer das zu mühselig findet, der sollte gleich die Finger vom Braten lassen. Der Braten wird nur dann saftig und schmackhaft, wenn man dem Fleisch aus der vollkommenen Ruhe heraus die volle Aufmerksamkeit schenkt. Hat der Kollektivkoch Frust, wird er sich auf keinen Fall auf die Zubereitung eines Bratens einlassen.

Damit wäre ungefähr angedeutet, was alles beim Bratvorgang zu berücksichtigen ist. Man beginne nun mit den relativ problemlosen Schweinebraten.

SCHWEIN

Schwein: Das Fleisch schmeckt kurz nach dem Schlachten am besten. Wer einmal bei einem Schlachtfest dabei und ein frisch aus der Sau gehauenes Kotelett mit Kartoffelsalat gegessen hat, wird diesen Geschmack nie mehr vergessen. Gutes Schweinefleisch ist weißlich bis mattrot. Das Fett ist fest und ganz weiß. Rotes Fleisch stammt von alten Säuen und ist fade. Schweinefleisch muß vor allem feinfaserig sein. Daher Vorsicht bei Sonderangeboten: Gewebe und Farbe genau prüfen! Da erhält man oft Fleisch aus schlechter Zucht. Und wenn es in der ganzen Stadt plötzlich Sonderangebote von Schweinekamm oder -schulter gibt, dann handelt es sich mit größter Sicherheit um Lagerbestände. Damit kann auch der beste Koch nichts anfangen.

Schweinefleisch ist fett und daher für die Herstellung eines saftigen Bratens am besten geeignet. Man verwendet gewöhnlich Nacken (Kamm) und Schulter, der Schinken ist besser, aber auch teurer. Für Schnitzel nimmt man Stücke aus dem Schinken oder auch aus der Schulter, für Kotelett Teile vom Kamm oder eben vom Kotelettstück. Das beste und teuerste Stück ist das Filet. Man kann aber auch aus Kopf, Schwanz und Füßen Leckeres kochen, etwa nach spanischen und italienischen Rezepten.

Schweinebraten von der Schulter

Obgleich die Grundregel gilt, daß ein Bratenstück zum wenigsten 1 kg schwer sein sollte, wenn man einen saftigen Braten haben will, kann man einen Schweinebraten auch schon ab 600 g in die Röhre stecken. Er muß aber dann auch fleißig begossen werden.

Ein Schulterstück mit Schwarte wählen und diese vom Fleischer so einschneiden lassen, daß Vierecke von etwa 1,5 cm Seitenlänge entstehen. Man kann das mit einem scharfen Messer auch selber machen. Mit einem spitzen Meser in das Fleisch stechen und halbierte Knoblauchzehen in die Ritzen schieben. Mit Pfeffer, Thymian und wenig Salz einreiben, mit der Schwarte nach oben in die vorgeheizte Röhre schieben und eine Soßenpfanne unter den Rost stellen. Bei 300 Grad 10 Minuten lang anbraten, dann auf 180 herunterschalten und gute 60 Minuten lang garen lassen und immer wieder begießen. Die Soßenpfanne schräg halten und mit einem Löffel den Saft über das Fleisch gießen. Nach 30 Minuten Bratzeit wird eine in Ringe geschnittene Zwiebel sowie Suppengrün in die Soßenpfanne gelegt. Den fertigen Braten stellt man auf einem Teller nochmals in die Röhre, um derweilen die Soße zu bereiten. Entweder wird das Würzzeug herausgenommen oder man passiert es mit der Soße durch das Sieb. Dieser Bratenfond kann mit Wein und/oder saurer Sahne verbessert und eventuell mit wenig Mehl oder Mondamin noch weiter gebunden werden.

Während der Braten in der Röhre gedeiht, werden die Beilagen (Kartoffeln oder Teigwaren) und der Salat bereitet.

Sollte keine Bratröhre vorhanden sein, kann man den Braten auch im Topf machen. Er wird dann eigentlich gekocht. Das vorbereitete Stück scharf anbraten, vor allem die Schwarte, Zwiebel und Wurzelgemüse zugeben, mit Wasser oder Fleischbrühe aufgießen, so daß das Fleisch halb bedeckt ist und dann gute 60 Minuten lang garen lassen. Fleisch warm stellen und die beim Kochen auf kleinem Feuer entstandene Soße binden. Man kann der Kochbrühe auch Tomaten zufügen und sie überdies mit Paprika würzen oder eine andere Kombination erfinden.

Bei dieser Topfmethode muß die Garzeit genauer als beim Rostbraten eingehalten werden.

Schweinebraten vom Kamm

Dieses Stück ist sehr fett und braucht daher eine etwas längere Garzeit; es ergibt eine kräftige Soße, die nicht gebunden werden muß. Nichts für schwache Mägen!

Das Fleisch wird wie oben vorbereitet (hat aber keine Schwarte) und gegart. Dem Fond werden eine halbe Stunde vor Ende der Garzeit zwei 2 geviertelte Zwiebeln, 4 halbierte Knoblauchzehen, 2 geviertelte Äpfel und 1 Scheibe Sellerie zugesetzt; man verlängert ihn mit etwas heißem Wasser oder Fleischbrühe und bindet mit Rahm oder Maizena.

Zum Schweinebraten gibt es die klassischen *Semmelknödel* (auch Semmelnknödel, Semmelknödeln, Semmelnknödeln genannt). Etwa 500 g alte Brötchen kleinschneiden und mit wenig warmer Milch begießen; weich werden lassen. 1 Bund Petersilie fein wiegen und zusammen mit 2 Eiern, 1 TL Salz und 50 g Butter zu den weichen Semmeln geben. Die Masse gut durcharbeiten und etwas Mehl dazufügen. Die Menge des zuzufügenden Mehls bestimmt sich so: ist die Masse formbar geworden, hat sie genügend Mehl aufgenommen. Mit nassen Händen (Wasser laufen lassen und die Hände immer wieder naß machen) Knödel formen, diese in einen großen Topf mit siedendem Salzwasser legen und ca. 15 Minuten ziehen lassen (auf kleinem Feuer).

Gibt es Semmelknödel(n) zum Schweinebraten, wird auch der Krautsalat (siehe S. 183) nicht fehlen.

Wenn man sich mit diesem Grundrezept genügend Brater-fahrung erworben hat, geht man durch fleißiges Studium von Kochbüchern, die eine genaue und verständliche Be-schreibung des gesamten Vorgangs liefern, und durch Befragen anderer Köche zu den anderen Stücken des Schweins über. Folgender Festbraten möge dazu anregen:

Schweinebraten à la provençale

Man wähle ein Stück vom Kotelettstrang mit der charakteristischen Fettumhüllung und rechne pro Schleckmaul eine Rippe; das Bratenstück soll kein Filet enthalten. Nun schneide man das Fett der Rundung entlang nach unten mit einem scharfen Messer vorsichtig ein, ohne dabei das Fleisch zu ritzen; der Abstand der Einschnitte beträgt 1,5 cm. Dann wird folgende Gewürzmischung bereitet: man zerstößt im Mörser eine kräftige Menge Salbei und etwas Thymian (frische Kräuter werden gewiegt); dann wird ein Lorbeerblatt zerkleinert, zunächst mit der Hand und dann im Mörser. Diese Kräuter vermischt man nun mit wenig Salz, weißem Pfeffer und 6 zerquetschten Knoblauchzehen. Die so entstandene Mischung in die Ritzen des Bratens, gießt viel Olivenöl darüber und reibt das Fleisch gut ein. Es ist ratsam, diese Prozedur am Vortag vorzunehmen.

Der vorbereitete Braten kommt in den vorgeheizten Ofen und wird nach dem Anbraten (300 Grad) bei 160 Grad unter fleißigstem Begießen gegart. Kleine frische Kartoffeln und ein Zucchinigemüse schmecken sehr gut zu diesem Braten für ganz besondere Gelegenheiten. Er hat den Vorteil, daß man viele Leute dazu einladen kann, und wenn es sein muß, dann brät man eben einen ganzen Kotelettstrang. Da unsere Bratröhren zu klein sind, wird man den Strang halbieren oder dritteln. Vorsicht: die Garzeit verlängert sich nicht durch die Länge des Stranges. Sie richtet sich ausschließlich nach der Höhe des Stückes!

Statt des teuren Kotelettstückes kann man auch die billigere Schulter nehmen. Wichtig ist es in beiden Fällen, sehr viele Gewürze zu benutzen: ½ Tasse der genannten Mischung ist gerade richtig!

Spanferkelbraten

Zarter und lieblicher Braten für ein großes kollektives Freudenfest, für Versöhnungsfeiern ganz besonders geeignet und immer dann richtig, wenn es um Sympathie- oder Liebesgesten geht. Man wählt je nach Anzahl der Schleckmäuler ein oder zwei Schlegel (= Keulen = Hinterbeine). Die Haut wird mit einem scharfen Messer gleich-

113

mäßig tief eingeschnitten, so daß Quadratmuster von 2 cm Seitenlänge entstehen. Dann wird Essigwasser aufgekocht und das Fleisch damit begossen. Das Stück mit einem Küchentuch trocken reiben und abkühlen lassen. Dann wird das Stück mit einer Portion Safran eingerieben; das ist nicht billig, verleiht dem delikaten Fleisch jedoch einen unvergeßlichen Geschmack. Noch leicht mit weißem Pfeffer und Salz einreiben, einige Knoblauchhälften in das Fleisch stecken und in den vorgeheizten (300 Grad) Ofen auf den Rost geben, vorher jedoch mit reichlich zerlassener Butter begießen. Nach 15 Minuten auf 180 Grad herunterschalten und das Stück je nach Größe 90 bis 120 Minuten lang braten. Gelegentlich mit dem Bratensaft begießen, der in der Soßenpfanne aufgefangen wird.

Der fertige Braten wird auf einem Teller in der Röhre warm gehalten, während aus dem Bratensaft die Soße hergestellt wird. Während das Fleisch in der Bratröhre gart, werden selbstgemachte Knödel oder Pommes frites hergestellt; Bandnudeln mit vielen Eiern sind gleichfalls geeignet. Dazu mehrere Salate und, wenn es ein großes Fest werden soll, ein guter Schluck Wein: entweder als Kontrast ein Orvieto oder ein Elsässer Riesling, oder ein herzerwärmender Burgunder (von der untersten Preisklasse – in dieser Kategorie kann man bei sorgfältiger Wahl bereits sensationelle Stoffe ausfindig machen), der auch durch einen heftigen Côtes du Rhône ersetzt werden kann.

Für Zubereitung und Verzehren des Spanferkelfestfressens soll man gut einen halben Tag in Anschlag bringen.

HAMMEL/LAMM

Hammelbraten

Schon wieder ein Festfressen, doch eher für kräftige Gemüter; Empfindsame schrecken vor dem Hammelgeschmack zurück. Ein ganzer Schlegel ist gerade richtig für eine kleine Fresserei. Hammel ist das Fleisch von Schafen oder kastrierten Böcken, die nicht älter als zwei Jahre sind. Das Fleisch ist dunkelrot. Es soll etwa eine Woche lang abhängen. Wer den kräftigen Hammelgeschmack liebt, verwendet das abgehangene Fleisch sofort zum Braten. Wer den Geschmack abmildern will, legt den ganzen Schlegel drei Tage in die Beize; entweder in die Rotwein-Essig-Beize mit Sauerbratengewürzen (Rezept folgt gleich, ja, ja!) oder in Buttermilch. Zur Vermeidung des Hammelgeschmacks kann man überdies noch alles Fett abschneiden sowie die dünne Haut, die das ganze Stück umgibt.

Mit dem *ungebeizten Schlegel* wird folgendermaßen verfahren: wird er mit der Fettschicht gebraten, so wird diese mehrfach eingeschnitten; halbierte Knoblauchzehen sowie Salbeiblätter schiebt man dann zwischen Fettschicht und Fleisch. Wird ohne Fett und Haut gebraten, wird der Schlegel (am besten am Vortag) mit einer Mischung aus Zwiebel- und Knoblauchsaft eingerieben. In beiden Fällen wird der Knochen mit einem spitzen Messer vom Fleisch gelockert und der so entstandene Zwischenraum mit Knoblauch und Kräutern (Salbei, Rosmarin, Thymian) gefüllt. Ebenso wird der Schlegel gut mit Olivenöl eingerieben.

Wichtig für den Hammel ist die richtige Bratzeit. Er braucht starke Hitze und darf auf keinen Fall zu lange in der Röhre bleiben. Das Fleisch soll inwendig noch rosig sein, vor allem dann, wenn man auf französische Art einen Gigot (Hammelkeule) bereitet. Ein Hammelschlegel braucht kaum mehr als 120 Minuten. Um einen recht saftigen Braten zu bekommen, kann man ihn auch noch mit Speck umwickeln oder einfach mit Speck belegen (besonders das dünne Ende des Stückes).

Den vorbereiteten Braten auf dem Rost in die vorgeheizte Röhre (300 Grad) schieben, die Soßenpfanne darunter stellen, nach 15 Minuten auf ca. 250 Grad herunterschalten und zu Ende braten. Dazu gibt es Kartoffelklöße, grüne Bohnen und Rotwein. Der Bratensaft wird mit etwas Rotwein und saurer Sahne zu einer gut gewürzten Soße verarbeitet.

Der gebeizte Schlegel: Die Rotweinbeize setzt sich wie folgt zusammen – 1 l Rotwein (kann vom billigsten sein), 1 große Tasse Weinessig (sollte ein guter sein), 1 Zwiebel in Scheiben geschnitten, einige Scheiben Sellerieknolle, 1 Petersilienwurzel geviertelt, 1 Karotte in Scheiben, 2 Lorbeerblätter, 4 Nelken, 10 Korianderkörner, 4 Knoblauchzehen halbiert und viel Basilikum (frisch). Das Fleisch ruht drei Tage lang in dieser Beize, immer bedeckt an einem kühlen Ort, wird täglich zweimal gewendet. Vor dem Braten wird das Fleisch gründlich mit einem Küchentuch trocken gerieben. Nun kann man den Schlegel kräftig mit Olivenöl begießen und auf dem Rost in den vorgeheizten Ofen (250 Grad) schieben oder besser von allen Seiten anbraten und dann erst in den Ofen schieben; dadurch verkürzt sich die Bratzeit um ca. 15 Minuten. Bei 200 Grad etwa 90 Minuten, je nach Größe des Stückes, braten. Das Fleisch wird mit dem Bratensaft und mit Teilen der durchgeseihten Beize begossen. Dieser Saft wird am Ende zu einer Soße verarbeitet.

Die andere Beize besteht aus 2 l gesalzener Buttermilch. Ansonsten wird der Braten wie oben behandelt.

Lammbraten

Lammfleisch stammt von Tieren, die sechs Monate bis ein Jahr alt sind. Dies ist das Weidenlamm im Unterschied zum Oster- oder Milchlamm, das weniger als sechs Monate alt ist und durch Milch ernährt wurde. Das Fleisch ist sehr zart und sehr teuer. Von den vielen Möglichkeiten, Lammfleisch zu braten, sei hier nur eines der wundervollen Rezepte erwähnt:

Lammkeule mit Salbei

Das Fleisch wird entfettet und gehäutet, leicht gesalzen und gepfeffert, mit zerquetschtem Knoblauch eingerieben und dann vollständig in Speck eingewickelt (bardiert). Zwischen Speck und Fleisch steckt man mengenweise frische Salbeikräuter. Der vorbereitete Braten kommt in die auf 250 Grad vorgeheizte Röhre, nach 15 Minuten wird auf 180 Grad heruntergeschaltet und je nach Größe des Stückes 60 bis 90 Minuten lang weitergebraten. Das Fleisch wird fleißig mit dem Bratensaft und viel süßem Rotwein begossen. Die Verbindung des Salbei mit dem Süßwein macht die Besonderheit dieses Bratens aus. Der Bratensaft wird einfach mit saurem Rahm gebunden; dazu Frühkartoffeln oder (selbstgemachte!) Bandnudeln und Salate. Und ein herber Wein.

RINDFLEISCH

Wenn man Rindfleisch kauft, sollte man mit einem bestimmten Metzger ganz besonders gut befreundet sein, und mit einem, der sein Handwerk versteht. Etwa muß er die großen Schlachtstücke absolut fachgerecht zu zerlegen wissen. Damit fängt es an, denn Rindfleisch muß für Bratenzwecke einen gleichmäßigen Faserverlauf haben: damit das Stück gleichmäßig durchgart. Weiterhin muß Rindfleisch richtig nach dem Schlachten gelagert werden, d. h. je nach Art des Stückes einige Tage abhängen; Kochfleisch hängt höchstens fünf, Bratfleisch acht Tage im Kühlraum, bevor es verwendet wird, also ganz anders als Schweinefleisch, das schlachtfrisch verwendet werden muß. Schlachtfrisches Rindfleisch ist von hellroter Farbe, das Fett ist nahezu völlig weiß. Beim Abhängen dunkelt es nach und muß dann intensiv rot sein. Fleisch von älteren Tieren, also schlechtere Qualität, ist dunkelrot bis rotbraun mit gelbem Fett. Der Unkundige kann daher kaum ein abgehangenes Stück von einem schlechten unterscheiden. Eben deshalb ist es wichtig, sich auf den Metzger verlassen zu können.
Von den vielen Möglichkeiten, einen Rinderbraten zu machen, seien hier nur wenige erwähnt, einmal, weil Rindfleisch sehr teuer ist und zum andern, weil es nicht eben einfach ist, einen saftigen Rinderbraten hinzukriegen.

Schmorbraten
Ein Bratenstück von 1 kg (bei kleineren ist es schwer, einen saftigen Braten zu machen) salzen und pfeffern und in heißem Fett von allen Seiten braun anbraten, dann 2 in Scheiben geschnittene Zwiebeln im selben Schmortopf anbräunen und mit einer Tasse Brühe aufgießen, aufkochen lassen, Temperatur herunterschalten und das Stück im gut verschlossenen Topf ca. 90 Minuten schmoren lassen (Küchenlexikon in der Einleitung!); eventuell Brühe nachgießen. Dann wird das Fleisch warm gestellt und aus dem Bratensaft eine Soße hergestellt.

Roastbeef

Sehr gut, sehr teuer; für wahnwitzige Gelegenheiten. 1 bis 1,5 kg ausgelöstes Roastbeef mit dem Messer in der Fettschicht ein wenig einschneiden, mit Olivenöl einreiben und mit scharfem Senf einschmieren. Röhre vorheizen (250 Grad), Fleisch mit der Fettschicht nach oben auf den Rost setzen, nach 15 Minuten auf 220 Grad herunterschalten und je nach Größe des Stückes noch 40 bis 50 Minuten lang braten. Halbdurch schmeckt das Stück am besten; dann Garzeit vermindern.

Filetbraten

Das Filet ist das beste vom Rind, wiegt ca. 1,5 kg und reicht für sechs Personen. Filet von Fett und Haut schneiden, mit Trüffeln spicken und bei 250 Grad auf dem Rost eine gute halbe Stunde braten. Dazu pommes croquettes und coeurs d'artichauts in Butter geschwenkt und pro Person eine Flasche Chambertin Clos de Bèze.

Rindfleisch in Rotwein

Ein burgundisches Festtagsessen (boeuf bourguignon). Man nehme ca. 1 kg Rindfleisch (aus der Vorderkeule, denn das Fleisch darf nicht zu zart sein!) und schneide es in große Würfel; schneide ca. 100 g Bauchspeck in dünne Scheibchen (am besten eignet sich ein salziger, luftgetrockneter Bauchspeck; man kann sich mit spanischem Speck – tocino – behelfen); schneide 2 große Zwiebeln ganz klein. Wir brauchen außerdem einige Lorbeerblätter, 1 Bund Petersilie und 1 Flasche roten Burgunder. Erst den Speck auslassen, dann das Fleisch im Fett anbraten, bis es hellbraun geworden ist; herausnehmen und beiseite stellen. Im also entstandenen Saft die Zwiebeln weichdünsten, das Fleisch wieder dazugeben, mit 1 EL Weizenmehl bestäuben, blondieren, pfeffern, Lorbeer und Petersilie dazugeben und mit einer Flasche Burgunder begießen. Drei Stunden auf kleinstem Feuer köcheln lassen. Am Ende salzen, etwas Zucker in die Soße geben, mit einem Gläschen Kirschwasser (besser: Marc de bourgogne) flambieren und nochmals aufkochen lassen.

KURZGEBRATENES

Koteletts und Schnitzel etc. Die kurzgebratenen Fleische taugen für die schnelle Küche, sind sehr schmackhaft, aber auch nicht gerade billig, vor allem bei Kalb und Rind. Man wird daher zumeist beim Schweinekotelett bleiben.

Schweinekotelett

Dieses Stück Fleisch, das aus dem Nacken, dem Kotelett-stück und dem Filetkotelettstück geschnitten wird, ist würzig und saftig. Es muß aber richtig vorbereitet und gebraten werden, denn geht man dilettantisch mit ihm um, kommt es zäh und saftlos auf den Tisch.

Das Schweinekotelett wird wie alles Kurzgebratene vor dem Braten niemals gesalzen. Die Würzung erfolgt auf andere Art. Zunächst aber wird der Fettrand mit einem scharfen Messer mehrmals eingeschnitten, damit das Fleisch beim Braten sich nicht in der Pfanne wölbt. Dann wird das Fleisch leicht mit Öl berieben, um die gute Haftung der Gewürze zu sichern, z. B. Pfeffer, zerstoßener Thymian und Knoblauchsaft.

Gebraten wird in einer Pfanne mit einem schweren Boden, am besten in einer schweren Eisenpfanne. Man gibt wenig Backfett oder Öl hinein, so daß der Boden gerade bedeckt ist, und erhitzt es sehr stark. Dann wird das Fleisch von beiden Seiten rasch angebraten, damit sich die Poren schließen. Hernach schaltet man auf die halbe Hitze herunter, salzt und brät noch auf beiden Seiten je 3 bis 5 Minuten, entsprechend der Dicke des Stückes. Es wird immer eine ganze Pfanne voll gebraten: das Herausneh-men eines fertigen und Zugeben eines frischen Stückes würde die Brattemperatur in der Pfanne durcheinanderbrin-gen. Koteletts dürfen innen nicht roh sein, müssen also völlig durchgebraten werden.

Die Stücke vom Kamm sind am saftigsten, weil stark mit Fett durchwachsen. Ein Kotelettstück soll nicht dicker als 1,5 cm sein und besser nicht geklopft werden.

Lammkotelett

Die Stücke müssen gleichmäßig 2 cm dick geschnitten werden und unbedingt den Fettrand behalten, der dreimal eingeschnitten wird. Ölen, mit Knoblauchsaft und zerriebenem Salbei würzen und von beiden Seiten bei nicht zu starker Hitze je 3 Minuten braten. Dazu feine grüne Bohnen in Butter geschwenkt, Pommes frites und herben Weißwein. Festessen.

Schnitzel

Fleisch vom Kalb oder Schwein, wobei letzteres herzhafter schmeckt; nimmt man Kalbfleisch wird's ein Wiener Schnitzel. Wichtig: der Metzger *muß* die Schnitzel sehr dünn und ganz ebenmäßig schneiden. In der Küche werden diese Stücke dann noch kräftig geklopft, bis sie fast hauchdünn sind. Drei Teller brauchen wir zum Panieren: einen mit Mehl, einen mit zwei verquirlten und gesalzenen Eiern, einen mit Semmelbrösel (Paniermehl). Das geklopfte Fleisch wird nun zuerst (von beiden Seiten) in Mehl gedrückt, dann durch das Ei gezogen und endlich fest in die Semmelbröseln gedrückt. Nun ist eine dicke Panade entstanden, die eine knusprige und wohlschmeckende Kruste ergeben wird. 0,5 l Öl in zwei große Pfannen geben, damit gleichzeitig mehrere Schnitzel gebraten werden können; die geklopften Schnitzel sind sehr groß und müssen im Öl schwimmen, sonst werden sie beim Braten hart und trocken. Öl erhitzen und wenn es raucht die Schnitzel hineingeben und von beiden Seiten rasch (je ca. 2 Minuten) backen. Es ist fertig, wenn die Panade auf beiden Seiten goldgelb geworden ist.

Steak

Teures Rindfleisch und schwer zuzubereiten. Das richtige Braten der zahlreichen als Steaks zu verwendenden Stücke ist eine Wissenschaft für sich. Man braucht viel Geld, um sich allmählich die vollständige Steakkenntnis erwerben zu können. Taugt für die Kollektivküche nur als Festessen.
Steaks werden aus dem Filet, dem Rücken und der Keule geschnitten. Das gewöhnliche Steak ist das Rumpsteak oder Contrefilet mit dem charakteristischen Fettrand, der mehrmals eingeschnitten wird. Nicht salzen, sondern nur ölen und mit Pfeffer einreiben. Ein Stück von 2 cm Dicke

120

wird bei größter Hitze auf beiden Seiten 3 Minuten gebraten. Steaks dürfen auf keinen Fall durchgebraten werden, höchstens à point sein, also innen noch rosafarben. Ein durchgebratenes Steak wird unweigerlich zäh. Weiterhin ist darauf zu achten, daß eine Pfanne mit schwerem Boden verwendet wird, der die Hitze gleichmäßig verteilt und somit das Fleisch gleichmäßig gebraten werden kann. Das Fleisch kommt erst dann in die Pfanne, wenn das Fett oder Öl seine größte Hitze erreicht hat. Und schließlich das leidige Problem der Qualität: bei Steaks muß man sich wirklich auf den Metzger verlassen können. Das Steak muß richtig geschnitten und gut abgehangen sein.

Die teuersten und wiederum besten Steaks werden aus dem Filet geschnitten. Dazu ein Rezept, um die Wut zu kriegen: Tournedos Rossini, eine Erfindung des Mannes, der als Koch, Esser und Gastgeber ebenso bedeutend war wie als Komponist.

Die Tournedos liegen zwischen der dünnen Filetspitze (Filet mignon) und dem Chateaubriand (den Schluß bildet das Filetsteak, aus dem die Pfeffersteaks gemacht werden). Die Stücke werden 4 cm dick geschnitten. Vor dem Braten der Tournedos wird für jedes Stück Fleisch 1 Scheibe Weißbrot in Butter goldgelb geröstet und im Ofen warm gehalten. Dann brät man das Fleisch in nicht allzu heißem Olivenöl von beiden Seiten je 4 Minuten; das Fleisch muß außen knusperig braun sein, innen aber rosa bleiben. Wenn es fertig ist, wird es leicht gepfeffert, auf das Weißbrot gegeben, mit Cognac begossen und mit einer Scheibe Gänseleber aus Straßburg sowie etwas Trüffeln von Pèrigord belegt und mit dem heißen Bratensaft übergossen. Dazu Chicorée und gefälligst eine Flasche Volnay.

Nichteuropäische Küche

In diesem Kapitel läßt es sich nicht weiter verheimlichen, daß dieses Kochbuch ein ganz persönliches Kochbuch ist; ich beschreibe nur, was ich kenne: und anders läßt sich ein brauchbares Kochbuch ohnehin nicht machen. Selbstverständlich gibt es weit mehr fremdländische Küchen als die hier aufgeführten, ich bringe jedoch nur solche Rezepte, die ich von kochenden Ausländern übernommen oder mir aus sorgfältigen Büchern durch langes Probieren angeeignet habe wie etwa die chinesische Küche, die mich erst interessierte, nachdem ich die vietnamesische gründlich erlernt hatte. Außerdem wird nur eine Auswahl von solchen Rezepten aufgeführt, die einer Kollektivküche nützlich sind.

Die arabische Küche z.B. habe ich in den unscheinbaren, freundlichen Kneipen der Gastarbeiter schätzengelernt. Mit dem Ausprobieren bin ich allerdings noch nicht so weit gekommen, daß ich nützliche Kochanweisungen mitteilen könnte. Das mag ein anderer Kollektivkoch tun, der genug Erfahrung mit dieser Küche gesammelt hat oder mit einer andern gastarbeiterlichen oder sonstwie fremden Küche.

Aus dem arabisch-afrikanischen Bereich kenne ich nur den Couscous, und der gehört zu den schönsten Eßerinnerungen mit den schwarzen Freunden. Couscous wird in jedem Land, ja von Dorf zu Dorf anders gemacht. Er ist gut in die Kollektivküche zu übernehmen, da es den Couscous selber zumindest in größeren Städten zu kaufen gibt und man dazu verschiedene billige Fleisch/Gemüsesoßen herstellen kann.

COUSCOUS

Die Grundlage aller Couscous-Varianten ist die Zubereitung des Couscous, was ein kleingraupeliges Weizenprodukt ist, das schon lange als nahrhaft bekannt war, ehe die Römer Nordafrika an sich gerissen hatten.

500 g Couscous reicht für sechs Personen. Für die Zuberei-

tung verwendet man einen speziellen Kochtopf, die Cous-
coussière. Wir aber behelfen uns folgendermaßen: der
Couscous wird in 3 Liter kaltes Wasser eingestreut, um ihn
eine Viertelstunde quellen zu lassen. Dann schüttet man ihn
in ein großes Sieb, das man in einen passenden Topf mit
leise kochendem Wasser hängen kann und bedeckt das Sieb
mit einem Deckel: durch den aufsteigenden Dampf wird der
Couscous erwärmt, was etwa 30 Minuten dauert; auf diese
Weise kann man Reste auch wieder aufwärmen.

Soße zum Couscous

Da dieses Weizenprodukt an sich schon sehr nahrhaft ist,
reicht es aus, eine Gemüsesoße mit wenig Fleisch zu
bereiten. Außer Lauch und Karotten können alle Gemüse
sowie Hülsenfrüchte verwendet werden, insonderheit
weiße Rüben, Zwiebeln, Knoblauch, Bohnen, Kartoffeln
und Kichererbsen (vorgekocht; siehe Eintöpfe; Cocido).
Die Soße muß gut mit Harissa (oder Ahrissa: arabische
Gewürzmischung auf der Basis von gemörserten roten
Pfefferschoten) gewürzt werden, so scharf, daß es einem
beim ersten Löffel den Atem verschlägt: nachher
schmeckt's dann um so besser. Mit Salz abschmecken und
1 TL Zimt einrühren!
Die Bereitung aller Soßen erfolgt nach einem Grundmuster:
In einer halben Tasse Öl wird das Fleisch angebraten, dann
werden die Gemüse angedämpft, die Würzung erfolgt,
Wasser oder Fleischbrühe wird aufgegossen. Und man läßt
das Ganze auf kleinem Feuer garziehen.
Schnell garende Gemüse werden erst später in die Soße
gelegt!
Durch die Mischung aller möglichen Fleische und Gemüse
läßt sich eine große Zahl von Variationen erreichen, die
jeder nach seinem Geschmack erprobt; auf keinen Fall
jedoch Lauch und Karotten verwenden! Es gibt Couscous
auch mit Rosinen, Mandeln oder Honig.

Man fängt immer mit der Vor- und Zubereitung der Soßen
an, da diese mehr Zeit brauchen als das Dämpfen des
Couscous. Und nun einige Varianten:

Schweinefuß-Couscous

Zwei halbierte Schweinsfüße in kaltem Salzwasser aufsetzen, mit Suppengrün eine halbe Stunde lang kochen (Feuer nicht zu stark). 500 g Schweineknochen (an denen noch etwas Fleisch dran ist) in Öl braun braten, das Gemüse andünsten, mit (heißem!) Wasser auffüllen, die vorgekochten Schweinsfüße einlegen, garziehen lassen. Sehr billig!

Schweinefleisch-Couscous

Dazu verwendet man am besten 500 g Halsgrat (Kamm, Nacken). Zuerst das Fleisch von dem Knochen schneiden, diesen salzen und braun braten. Das Fleisch in grobe Würfel schneiden und anbraten, dann das Gemüse usw. wie oben.

Hammel-Couscous

500 g Hammelragout salzen und pfeffern und in viel Öl 20 Minuten schmoren. Dann die Gemüse usw. Bei Hammel sollten die vorgekochten Kichererbsen nicht fehlen.

Fisch-Couscous

Hierbei wird der Vorgang umgekehrt: zuerst Gemüse andämpfen und würzen. Wasser aufgießen und fast gar werden lassen. Dann erst gesalzene und gepfefferte Stücke von Seelachs oder Makrele einlegen und zu Ende garen.
Man kann auch mit anderen Fischen experimentieren.

Couscous-Extra

Man braucht dazu über Nacht eingeweichte Kichererbsen, 250 g Hammelschulter in Stücken und ein kleines Brathuhn in acht Teile zerlegt. Während man die Kichererbsen vorkocht, wird das gesalzene und gepfefferte Hammelfleisch geschmort (20 Minuten). Dann werden die gesalzenen Hühnerteile gut angebraten und zum Hammelfleisch gegeben. Hierauf wird das Gemüse angedünstet, mit dem Fleisch und den Kichererbsen vermischt, unter vorsichtigem Umrühren das Ganze noch etwas geschmort, scharf, scharf gewürzt, mit heißem Wasser aufgegossen und zu Ende gegart.

Die Garzeit der einzelnen Gerichte muß man selber herausfinden. Sie richtet sich nach Art und Größe des Fleisches und nach dem Charakter der Gemüse. Die Gemüse
werden nach Saison verwendet.

Couscous Brigitte

Das ist der verrückteste Couscous, den ich bisher gesehen
habe. Das Rezept stammt von einer Afrikanerin namens
Brigitte (französisch auszusprechen) und ist eine schwere,
große Fresserei. – Für vier Personen zwei kleine Brathühner in acht Teile zerlegen und stark salzen (man kann auch
aufgetaute Brathähnchen verwenden) und einige Stunden
stehen lassen. Dann in einem großen Topf 1,5 l Öl (ja,
gewiß!) sehr heiß werden lassen, die Hühnerteile gut mit
scharfem Paprika einreiben und ins Öl legen. 10 Minuten
frittieren und fertig. Inzwischen hat man den Couscous
gedämpft. Die knusperig gelben Hühnerstücke kommen
auf einen großen Teller, und das Öl, das einen guten
Geschmack bekommen hat, wird in großen Mengen über
den Couscous gegossen! Es schmeckt unglaublich gut.
Man trinke nicht zu wenig Rotwein dazu und mache vor
dem Essen den Magen durch einen doppelten Schnaps auf
die kommenden großen Dinge aufmerksam.

CURRY

Von der *indischen Küche* habe ich keine Kenntnis, möchte
allerdings folgendes Rezept mitteilen, das mir vor Jahren in
der Fremde anvertraut wurde.
Wäre noch ein Wort über den Curry zu sagen. Es handelt
sich hierbei um eine Mischung verschiedener Gewürze, die
in Indien vom Koch selber hergestellt wird. Was hierzulande verkauft wird, ist eine englische Normierung dieser
phantasiereichen Mischung. Oft wird sie in deutschen
Gewürzmühlen nachgeahmt und schmeckt dann merkwürdig. Das größte Übel ist jedoch, beim Händler einen alten
Curry angedreht zu bekommen. Den sollte man auf keinen
Fall verwenden, sondern sich laut beschweren und frischen
verlangen oder anderswo besorgen.

Oder man macht die Curry-Gewürzmischung einfach selber:

a) 36 g Koriander, 25 g Curcumae (gelber Ingwer), 10 g schwarzer Pfeffer, 10 g Senfsamen, 2,5 g Kümmel, 2,5 g Zimtrinde, 5 g Kardamon.

b) 40 g Koriander, 15 g weißer Ingwer, 25 g schwarzer Pfeffer, 3 g Kümmel, 5 g Zimt, 10 g Kardamon, 5 g Muskatblüte, 5 g Gewürznelke, 10 g Cayennepfeffer.

Die Gewürze im Mörser ganz fein zerstoßen und in einem gut schließenden Glasgefäß aufbewahren.

Und nun das Rezept für diese kräftige Mahlzeit: 250 g zartes Rindfleisch in kleine Würfel schneiden, 250 g Schweinefleisch in größere Würfel schneiden, 1 kg Tomaten vierteln, 500 g Zwiebeln vierteln, 10 Knoblauchzehen (aber mindestens!) halbieren, 6 dünne Lauchstangen in 4 Zentimeter lange Stücke schneiden, 500 g Karotten in Stifte schneiden.

Zuerst wird das Rindfleisch in einer großen Tasse Öl kurz angebraten, dann kommt das Schweinefleisch dazu. Dann füge man die Karotten dazu und dünste sie kurz mit; hierauf folgt der Rest des Gemüses. Jetzt mit einem ¼ l (salziger) Sojasoße löschen, nochmal kurz dünsten lassen, dann 125 g Curry (mindestens!!) reinschütten, sanft vermischen und mit Fleischbrühe oder heißem Wasser auffüllen und höchstens 30 Minuten auf kleinem Feuer garen lassen. Unterdessen wird Reis für sechs Personen gekocht. Ist er fertig, wird der heiße Curry über den Reis gegeben; am besten ißt man aus einer Schale. Dazu Pilsner. Ich weiß nicht, ob der Fraß etwas mit indischer Küche zu tun hat, aber sicher ist, daß er höllisch gut schmeckt.

SUKIYAKI

Die *japanische Küche* mundet selbst dem Liebhaber ostasiatischen Essens nicht rundweg; sie ist sehr frugal, es wird viel roher Fisch verwendet — was übrigens sehr gut schmeckt. Oder schmeckte, denn in Japan ist das Meer auch schon gründlich versaut: wobei das Wort »versauen« eine Belei-

digung der Schweine ist. Die Kollektivküche kann jedenfalls das japanische Festessen Sukiyaki übernehmen. Man
sitzt um den Tisch herum und kocht auf dem Tisch. Es ist
allerdings nicht billig, weil man zartes Rindfleisch dazu
braucht. Filet wäre »richtig«, wir aber behelfen uns mit
Rouladenfleisch; aber zäh darf es nicht sein.

Der Kochvorgang besteht hauptsächlich aus der Vorbereitung der Zutaten: 500 g zartes Rindfleisch wird in dünne
Scheiben geschnitten, die 1 cm breit und 2 cm hoch sind.
100 g (junge) Zwiebeln werden in Scheiben geschnitten,
100 g Lauch (nur das Weiße) in schräge Ringe, eine kleine
Dose Bambussprossen in dünne Scheiben (und zum Verlängern ein kleiner Kopf Weißkraut in Streifen). Dazu gehören
noch 100 g Kresse und, wenn man es auftreiben kann, etwas
Bohnenmehl.

Während der Reis kocht, stellt man eine große Pfanne auf
einem Rechaud oder Spirituskocher auf den Tisch, macht
Öl warm und dünstet die vorbereitete Gemüse/Fleisch-
mischung an, füllt dann mit etwas Fleischbrühe auf, gibt
einen TL Zucker dazu und eine ½ Tasse Sojasoße, die man
mit Ingwer und Weißwein anreichern kann. Dann läßt man
das Ganze 15 bis 20 Minuten garen. Besser ist es, die
Zutaten nicht auf einmal, sondern nach und nach zu garen:
etwa wie bei Fondue. Der Vorteil dabei ist, daß das Essen
über eine sehr lange Zeit ausgedehnt werden kann. Dabei
wird die Kochbrühe immer besser; am Ende haben wir eine
gute Suppe.

Jeder Esser braucht zwei Schalen, eine Eßschale und eine
Reisschale (möglichst mit Deckel, damit der Reis warm
bleibt). In die Eßschale wird ein frisches Ei geschlagen und
mit den Eßstäbchen verrührt. Da kommt der fertige Sukiyaki rein. Man kann diverse Salate dazu essen. Sie
kommen unangemacht auf den Tisch. Man nimmt mit den
Stäbchen davon und taucht den Salat in eine Schale mit
Sojasoße. Dazu wird grüner Tee und/oder Bier getrunken
(grüner Tee ist hierzulande allerdings nur schwer aufzutreiben; »Gunpowder« ist kein richtiger Grüntee). Neigt sich
das Essen dem Ende zu, schütte man den Rest aus der
Reisschale in die Eßschale, gießt etwas Grüntee darüber
und schlürft das Ganze unter Zuhilfenahme der Stäbchen

ein. Sobald der Verdauungsprozeß einsetzt (bei gesunden Genossen) wird sich unweigerlich ein starkes Furzen bemerkbar machen.

Les méditations d'un Gourmand.

DIE VIETNAMESISCHE KÜCHE

Der eine zieht die chinesische Küche der indonesischen vor, der andere mag lieber à la Thai essen, ich für meinen Teil ziehe die *vietnamesische Küche* allen andern ostasiatischen vor, einfach deshalb, weil ich sie über längere Zeit bei Vietnamesen lernen konnte. Sie ist der chinesischen recht ähnlich, und wer chinesisch kochen kann, der kann auch bald vietnamesisch kochen.

Die Besonderheit der vietnamesische Küche ist der *Nuoc-mam,* eine Lake von kleinen, wohlschmeckenden Fischen, die nur schwer aufzutreiben ist, aber gut durch den aus Hongkong kommenden *fish's gravy* ersetzt werden kann. Beide Laken werden aus frischem Fisch hergestellt, der Unterschied im Geschmack resultiert lediglich aus der Sorte von Fischen, die verwendet werden. Die Vietnamesen machen die beste Fischlake, und der beste Nuoc-mam kommt von der Insel Phu-quoc.

Nuoc-mam wird auf irgendeine Weise immer beim vietnamesischen Essen verwendet, entweder kocht man damit, oder er wird zur Würzung der Beilagen und Gemüse benutzt; jedenfalls hat jeder ein Schälchen voll bei sich stehen oder es steht ein Kännchen voll Nuoc-mam auf dem Tisch für die allgemeine Verwendung. Es wird nicht die rohe Lake verwendet, sondern eine besondere Mischung, die jeder nach seinem Geschmack bereitet. Ich habe mir die folgende Mixtur zu eigen gemacht:

Als Gefäß dient ein gut verschließbares Kännchen, das im Kühlschrank aufbewahrt wird, wenn die Soße beim Essen nicht gleich alle wird. Zuerst gibt man 5 EL lauwarmes Wasser in das Gefäß. Dann schneidet man das Fleisch einer ½ Zitrone in Stücke, preßt sie leicht zwischen den Fingern und gibt sie ins Wasser. Es folgen 2 EL (guter) Weinessig, 2 zerquetschte Knoblauchzehen, 1 zerriebene, kleine scharfe, rote Pfefferschote. Schließlich wird nach Belieben mit Nuoc-mam aufgefüllt und etwas Zucker zugegeben, um den salzigen Geschmack des Nuoc-mam zu dämpfen. In dieser Form kommt die Nuoc-mam auf den Tisch. Er schmeckt besser, wenn die Mischung über Nacht ziehen kann.

Fürs Kochen wird der Nuoc-mam unvermischt verwendet.

Die *Zutaten* (für chinesische und vietnamesische Küche)

Die chinesische oder eine andere ostasiatische Küche ist keineswegs so exotisch, geheimnisvoll und undurchschaubar, wie allgemein angenommen wird; und diese Meinung entspricht allgemein den Vorstellungen, die man sich als Eurozentrist über »fremde« Völker bildet. Exotik gibt es nur so lange, als es Kolonialismus gibt und sei es auch — oder gerade — in der über-verinnerlichten deutschen Form. Wir rücken versuchsweise von diesem altmodischen Standpunkt ab und probieren einmal, das Fremde als ein Gegenüber zu sehen, das zwar anders ist, aber nicht minderwertig, d. h. nicht exotisch. Wer aber das Exotische als etwas »Besseres« feiert, der bleibt an die europäische Nabelschau fixiert. Exotik ist eine Konstruktion des kolonialen und imperialen Europäers.

Es geschieht nicht aus Gründen des fatalen modischen Exotismus, daß der Kollektivkoch sich für ostasiatische Küche interessiert, sondern aus praktischen Gründen: wie kann ich möglichst billig ein schmackhaftes Essen bereiten? Die zweite Frage ist dann: was für Zutaten brauche ich dazu und wo kann ich sie auftreiben?

Selbstverständlich gibt es sehr teure Zutaten (Schwalbennester, Haifischflossen z. B.) und solche, die nur schwer oder überhaupt nicht zu bekommen sind. Trotzdem kann man richtig chinesisch kochen und zumeist besser, als das in den »China«-Restaurants geschieht: dort wird den Deutschen vorgesetzt, was Deutsche für Chinesisch halten.

In der Kollektivküche erzielen wir mit den folgenden Zutaten gute Ergebnisse:

Die chinesischen Gurken sind etwas anders als die hiesigen, wir können jedoch kleine Gärtnergurken verwenden, auf keinen Fall aber die grauenhaft geschmacklosen holländischen »Gurken«.

Zwiebeln sollten immer frisch sein. Am besten taugen die weißen italienischen Salatzwiebeln. Sind keine frischen Zwiebeln zur Hand, dann lieber Lauch nehmen. Einen strikten Geschmacksunterschied zwischen Lauch und Zwiebel kennt die chinesische Küche ohnehin nicht. Vom Lauch wird nur das Weiße verwendet.

Chinesische Erbsen sind sehr anders als die unsrigen. Wir müssen uns mit letzteren begnügen. Wichtig ist jedoch, daß sie, wie alle Gemüse, frisch und schmackhaft sind und — wo möglich — aus einer guten Gärtnerei stammen.

Ingwer ist ein Problem. Man sollte nur die frische Ingwerwurzel verwenden. Pulver taugt wenig als Ersatz. Auf einigen Gemüsemärkten ist jedoch frischer Ingwer zu finden. Vor Gebrauch schälen.

Die Keimlinge von Sojabohnen gibt es in der Dose. Frisch schmecken sie jedoch besser, und so werden sie von einigen Chinaläden angeboten. In manchen Restaurants werden sie auch selber gezogen; dort kann man sie nach freundlicher Verhandlung auch erhalten.

Von den verschiedenen Kohlsorten wird nur der Weißkohl verwendet. Inzwischen gibt es aber überall den Chinakohl.

Bambussprossen müssen von der Dose genommen werden, ebenso die Lychees, eine liebliche Nachspeise; und was sonst noch an Zutaten von den Chinaläden angeboten wird. Frischer Bohnenkäse ist ebenfalls nur in diesen Geschäften erhältlich. Ebenso Agar-Agar, das zum Binden der Soßen verwendet wird; ersatzweise Mondamin, Maizena etc.

Da es inzwischen Chinaläden an immer mehr Orten gibt, stehen nahezu alle wichtigen Zutaten zur Verfügung, so z. B. die Hoi-sin-Soße, die für das Marinieren von Fleisch wichtig ist, die Pilze (schwarze und »parfümierte«), die Glasnudeln und die Eiernudeln, die Sojasoße (wobei nur die salzige zu verwenden ist) und die Fischlake. Schwieriger dürfte es sein, die chinesisch/vietnamesische Gewürzmischung huong-liu aufzutreiben, die allerdings für das Marinieren des Fleisches sehr wichtig ist. Unerläßlich ist das Monosodiumglutamat, auch Ve-tsin genannt oder Ajinomoto. Dies ist kein Gewürz, es hat auch keinen Eigengeschmack, sondern »stützt« vielmehr den Geschmack von Gemüse und Fleisch, hebt ihn hervor und verbindet die verschiedenen Geschmackskomponenten untereinander.

Wichtig für die vietnamesische Küche sind die banh-trang, dünne Reisfladen, die man zur Herstellung der warmen und kalten Rollen braucht. Um die Füllungen in sie einwickeln zu können, werden sie auf folgende Weise weich gemacht: man legt ein durchnäßtes Tuch auf den Tisch und stellt eine

Schale mit warmem Wasser daneben. Dann legt man einen Fladen auf das Tuch, befeuchtet die Fingerspitzen und streicht sanft über den Fladen bis er ganz weich geworden ist.

In den Chinaläden gibt es verschiedene asiatische Teesorten, die gut zum Essen passen, man kann aber auch jede gute englische Mischung benutzen. Wichtig ist nur, daß der Tee sorgfältig nach Vorschrift aufgegossen und ohne jede Zutat aus Porzellanschalen getrunken wird. Zucker, Milch, Zitrone verhunzen den Tee; und die Schale liegt warm in den Händen. Die Henkeltasse entfernt den Tee vom Körper.

Gleichgültig welche der vielen Reissorten und Kochmethoden man verwendet, der Reis muß am Ende körnig locker sein. Wer Zugang zu Großmärkten hat, beschafft sich dort den Bali-Reis. Er ist der beste und kocht sich leicht: zum Reis die doppelte Menge Wasser geben und den Reis auf keinen Fall vorher waschen. Das Wasser bei offenem Topf aufkochen lassen, dann auf kleinste Flamme stellen (eventuell Asbestplatte unter den Topf), Deckel drauf und aufquellen lassen. Der Reis ist gerade dann gar, wenn alles Wasser weg ist.

Die Geräte

Zunächst die Eßstäbchen. Wir verwenden in der Kollektivküche die Stäbchen nicht deshalb, weil das »stilgerecht« ist, sondern weil das Essen einfach besser schmeckt. Man lasse sich die Methode von einem Typen zeigen, der das bereits kann. Ist übrigens sehr einfach.

Aus dem selben Grund benutzen wir auch die Porzellanschalen. Sie sind in Kaufhäusern und in Chinaläden billig zu haben. Wenn man aus der Schale ißt, dann ißt man eigentlich aus der Hand, und die Stäbchen sind nichts anderes als eine Verlängerung der Finger. Das ist körperfreundliches Essen.

Jeder Esser hat eine Eßschale, eine Reisschale, eine Teeschale und einen Porzellanlöffel für die Suppen. Die Teeschale hat einen Deckel, ebenso die Reisschale, wenn man eine japanische benutzt. Außerdem gibt es noch diverse

Schüsseln und Teller, auf denen man das Essen serviert. Das muß aber nicht sein.

Zum Vorbereiten und Kochen werden die vorhandenen Geräte benutzt. Wird oft asiatisch gekocht, dann braucht man ein Gemüsemesser mit kleinem Griff und großer, schwerer Schneide zum Zerkleinern. Wer es echt haben will, der besorgt sich ein chinesisches Küchenbeil.

Wichtig wäre es, eine Sautierpfanne zu haben, ersatzweise eine billige Paellapfanne mit hohem Rand, da viele Gerichte nicht gebraten oder geschmort, sondern streng genommen »sautiert« werden.

Die Vorbereitung

Sie ist das Wichtigste bei der vietnamesisch-chinesischen Kocherei, und es ist die Hauptarbeit.

Fleisch wird in dünne Scheiben von 2 cm Seitenlänge geschnitten. Gemüse wird gewürfelt (und diese Würfel sind etwa so groß wie unsere Spielwürfel), in Stifte geschnitten, in gerade oder schräge Scheiben oder schließlich geteilt, wie z.B. der Lauch in Teilstücke von 3 cm Länge. Zwiebeln werden geviertelt und dann noch dreimal der Länge nach geteilt, niemals aber quer geschnitten, wenn sie als Gemüse gegessen werden.

Pilze werden zehn Minuten lang im warmen Wasser aufgeweicht und dann von den Stielen geschnitten; die billigeren schwarzen haben oft noch Holzreste von den Baumstümpfen an sich, auf denen sie gewachsen waren, und müssen daher besonders sorgfältig gereinigt werden.

Glasnudeln werden vor Verwendung mit der Schere in die gewünschte Länge zerteilt, dann in lauwarmem Wasser eingeweicht. In der Suppe werden sie etwa 10 Minuten mitgekocht, für die anderen Gerichte werden sie 10 Minuten gekocht und dann den anderen fertigen Zutaten beigegeben.

Die Kochzeit für die unglaublich guten chinesischen Eiernudeln ist jeweils auf der Packung angegeben.

Und noch ein Hinweis: gerade beim ostasiatischen Essen ist unbedingt darauf zu achten, daß nur bestes Gemüse verwendet wird, weil die Gemüse den Geschmack eines

Gerichts entscheidend bestimmen. Außerdem essen wir viel Gemüse und wenig Fleisch. Zum Braten oder Sautieren wird nur ein gutes Pflanzenöl verwendet, da Öl mit dubiosem Geschmack das ganze Gericht kaputt macht. Man kann auch Olivenöl verwenden; manche Rezepte verlangen Schweineschmalz oder Butter.

Und eine Schwierigkeit: die meisten Rezepte für Huhn und Ente verlangen, daß vorher die Knochen herausgenommen werden. Das ist eine wahrhaft schwierige Angelegenheit, das geht nur mit Gelassenheit und Feingefühl, etwa so:

Füße und Flügel abschneiden, mit einem scharfen Messer den Rückenknochen entlang die Haut aufschneiden und mit den Fingern unter dem Fleisch am Knochen entlang fahren, so das Fleisch ablösen und den Knochen herausnehmen; zuvor aber müssen die Knochen der Beine vom Hauptknochen mit einem spitzen, scharfen Messer getrennt werden. Das Beinfleisch wird zuerst mit dem Gemüsemesser leicht geschlagen, dann fährt man mit Fingern und Messer den Knochen entlang, trennt so das Fleisch und zieht endlich den Knochen heraus. Beim Brustteil versucht man, die Knochen durch Schieben und Ziehen herauszuziehen. Wenn nicht anders möglich, das spitze Messer benutzen. Zweck dieser ganzen Übung ist, alle Knochen herauszuholen, ohne Haut und Fleisch zu verletzen.

Wer die Geduld dazu nicht aufbringt, kann sich mit dem folgenden faulen Trick behelfen: Federvieh fünf Minuten lang in kochendes Wasser legen, dann Topf beiseite stellen und zehn Minuten ruhen lassen. Nun lassen sich die Knochen leicht herausnehmen — aber das Fleisch schmeckt halt nicht mehr so richtig, denn es muß ja noch angebraten werden; und das rohe Fleisch wird beim Anbraten eben saftiger als das vorgekochte.

Und nun zu den Rezepten:

Das folgende ist wiederum nur eine kleine Auswahl, zum Einüben gedacht und um auf den Geschmack zu kommen, sich vietnamesische oder chinesische Küche selber zu erschließen. Da es nun aber genug Kochbücher für die chinesische Küche gibt (man wird bald merken, welche nichts taugen), für die vietnamesische aber meines Wissens keines, bringe ich mehr Rezepte für den letzteren Bereich.

Suppen

Sie sind schnell herzustellen und sollten bei keinem Essen fehlen, ob man sie nun europäisch voraus ißt oder zwischendurch wie in Ostasien.

Hühnersuppe mit Glasnudeln (canh mien long ga)

In Schweineschmalz 1 geteilte Zwiebel und ein sehr klein zerteiltes Hühnerklein kurz anbraten und mit ca. 1,5 l warmem Wasser (je nach Menge des Hühnerkleins) auffüllen und mit Salz, Pfeffer und einer Messerspitze Glutamat würzen. Auf kleinem Feuer eine Stunde lang ziehen lassen. Da hinein pro Person 15 g Glasnudeln und 3 g schwarze Pilze, die vorher aufgeweicht wurden. 5 Minuten kochen, zudecken und noch einige Minuten ziehen lassen. Die Suppe — das gilt auch für alle anderen Suppen — wird mit dem Porzellanlöffel gegessen, die festen Teile holt man mit den Stäbchen heraus.
Variante: statt Hühnerklein mageres Schweinefleisch.

Fischsuppe

In diesem Fall können wir nur eine schlechte Imitation herstellen, da die entsprechenden Fischsorten nicht zu haben sind. Ersatz: je 200 g Goldbarsch, Kabeljau und Schellfisch in Scheiben schneiden und 10 Minuten in den angemachten Nuoc-mam einlegen, fachmännisch: marinieren. 1 kleine Dose Bambussprossen in hauchdünne Vierecke schneiden, mit etwas Saft der Dose und 2 Eßlöffel Essig ebenfalls 10 Minuten marinieren. Fisch mit der Marinade in 1 l kochendes Wasser werfen, Bambussprossen zufügen und auf kleinem Feuer 30 Minuten lang leise kochen lassen. Dann noch die Saft-Essigmischung der Bambussprossen in die Suppe geben, pfeffern und mit Hack von Petersilie und Schnittlauch bestreuen.

pho, die Tonking-Suppe

Von 400 g magerem Rindfleisch mit 1,5 l Wasser eine Bouillon machen (Suppenkapitel!). Das Fleisch abkühlen lassen und in Scheiben schneiden. In der Brühe eine ganz kleine, geschälte Ingwerwurzel mit Glutamat und einem Korn Stern-Anis 10 Minuten kochen. Derweilen 250 g Glasnudeln weichkochen und abgießen. Nudeln in große Suppenschalen verteilen, dazu das Fleisch sowie einen Hack von Schnittlauch, Kerbel und Estragon. Die heiße Brühe darübergießen, mit etwas angemachtem Nuoc-mam würzen und fertig.

Wer einen Gewürzgarten hat und den pho echt haben will, spendiert sich noch einige frische Korianderspitzen.

Variante pho tai: statt gekochtes Rindfleisch einige dünne Scheiben rohes Rindsfilet. Die Brühe muß dann aber sehr heiß sein, damit das Fleisch gut blanchiert wird.

Schweinefleisch-Suppe mit Bohnenkäse

400 g Schweinefleisch würfeln, 1 Zwiebel teilen, 2 Knoblauchzehen vierteln. 250 g Schweineknochen scharf anbraten. Fleisch und Gemüse andünsten, mit 2 l warmem Wasser auffüllen und die Knochen dazugeben. Auf kleinem Feuer 40 Minuten leise kochen lassen. In der Zwischenzeit werden 250 g Bohnenkäse 10 Minuten in Wasser abgekocht und warm gestellt. Außerdem wird 1 Ingwerwurzel geraspelt und zur fertigen Brühe gegeben (ersatzweise Ingwerpulver), die überdies mit Salz, Pfeffer und Glutamat gewürzt wird. Der Bohnenkäse wird auf die Schalen verteilt, mit 1 pochierten Ei (Moment, kommt gleich!) besetzt und mit Hack von Kerbel, Estragon, Schnittlauch und Petersilie bestreut. Darüber die Brühe mit dem Fleisch. Und etwas Nuoc-mam.

Pochierte (verlorene) Eier: 2 l Wasser mit Salz und Essig aufkochen. Eier auf einem Schaumlöffel kurz ins kochende Wasser halten. Dann die Schale vorsichtig anschlagen, das Ei dicht übers Wasser halten, vollends aufbrechen und, ohne das Gelbe zu verletzten, das Ei als ganzes ins Wasser gleiten lassen. Sind alle Eier drinnen, noch 3½ bis 4 Minuten kochen.

man than, Suppe mit »Ravioli«

1. Der Teig für die man than, der ebenfalls für die chinesischen wan tan verwendet wird:

500 g Mehl auf das Backbrett sieben, in der Mitte ein Loch

machen und 2 frische Eier hineinschlagen und durchkneten. Langsam so viel Wasser zufügen, daß ein fester Teig entsteht. Teig ausrollen, zusammenkneten und wieder ausrollen usw. bis ein sehr dünner Fladen entstanden ist. Daraus Karrees von 4 cm Seitenlänge schneiden und mit der folgenden Farce füllen:

200 g feingehacktes mageres Schweinefleisch, 1 Zwiebel und 4 Knoblauchzehen fein gewiegt. Die Füllung in die Mitte der Karrees setzen, diese jeweils in der Mitte zusammenklappen und fest verschließen, indem man die drei offenen Seiten mit den Fingerspitzen fest zusammenzwickt. Was du vor dir siehst, sind »man than«.

2. Die Suppe. 2 l Hühnerbrühe aufkochen (Kapitel Suppen und Soßen!), die man than einlegen und 10 Minuten kochen. Mit feingehacktem Schnittlauch und wenig Sojasoße würzen.

Die übrig gebliebenen man than werden in schwimmendem Öl ausgebacken. Lecker.

thit bo nau ca-chua, Rindersuppe mit Tomaten

100 g Filet vom Rind in dünne Scheiben schneiden und 15 Minuten marinieren in: Nuoc-mam mit einer geteilten Zwiebel, Zitronenmelisse, Pfeffer und Glutamat. Unterdessen 3 Tomaten in je 12 Stücke teilen. 1 l Wasser aufkochen; zuerst das Fleisch mit der Marinade hinein und das Fleisch blanchieren, dann die Tomaten folgen lassen. 20 Minuten kochen. Die Suppe vom Feuer nehmen, auf die Schalen verteilen und mit gehackter Petersilie bestreuen.

canh cha ca, Suppe mit Fischbouletten

Selbe Schwierigkeit wie bei der Fischsuppe: aus den gerade erhältlichen Fischen eine im Geschmack ausgewogene Mischung zusammenstellen. 250 g Fisch kleinschneiden, nach Geschmack mit gehackter Zwiebel und Knoblauch und geraspeltem Ingwer mischen, 2 Löffel Nuocmam daran und 1 EL Mehl. Gut durcharbeiten und Bällchen von Kirschgröße formen. Diese in 1 l kochendes Wasser einlegen und 20 Minuten kochen lassen. Vor dem Auftragen die Suppe mit Zitronensaft oder Weinessig würzen und mit einem Hack aus Estragon und Schalotten bestreuen.

canh cai nau tom, Krevettensuppe

50 g Krevetten (oder Krabbenfleisch oder ähnliches) und 1 Zwiebel klein hacken und 1 Ingwerwurzel raspeln (oder durch Ingwerpulver ersetzen) und alles durcheinandermischen. 200 g Schweinefleisch in Scheiben schneiden und zusammen mit der Krevettenmischung in Butter andünsten. Mit Salz, Pfeffer und Glutamat würzen, 1 l warmes Wasser drauf und 15 Minuten kochen lassen; jetzt etwas Kresse oder Broccoli (in 3 cm lange Stücke geteilt) dazu und nochmals 10 Minuten kochen lassen.

Schweinesuppe

Das ist keine vietnamesische Suppe, sondern Eigenbau und zeigt, daß man selber asiatische Gerichte kombinieren kann, wenn man erst einmal die Grundregeln kennt. Ich mache diese Suppe zumeist dann, wenn plötzlich Typen auftauchen, die unbedingt etwas Kräftig-Warmes brauchen.

Ein Suppengrün wird kleingeschnitten, die Karotte (was im Rheinland eine Möhre ist) ganz dünn. 1 Zwiebel teilen, 2 Knoblauchzehen vierteln. Dieses Gemüse in Öl (Olivenöl, Schweineschmalz oder sonst was brauchbares Fettiges) schnell weichdünsten. Während dies bei zugedecktem Topf vor sich geht, wird ein Schweinekotelett vom Knochen geschnitten. Knochen salzen und in der Pfanne braun braten, das Fleisch in Scheibchen schneiden und zum gedünsteten Gemüse geben. Mit Salz und Pfeffer würzen, den Knochen in den Topf und mit 1,5 l warmem Wasser aufgießen. 15 Minuten kochen lassen. Mit Petersilie oder Schnittlauch bestreuen.

Letzteres kann man auch bleibenlassen, falls es schnell gehen soll und das Kraut gerade nicht zur Hand ist. Die Suppe läßt sich verbessern, indem man eine Portion chinesischer Nudeln mitkocht und mit Sojasoße oder Nuoc-mam würzt.

Für die Rollen braucht man Reisfladen, die unter der Rubrik »Zutaten« beschrieben sind. Sollten die nicht aufzutreiben sein, kann man sich mit dem dünnen Fladenteig behelfen, wie er bei der »Ravioli«-Suppe beschrieben ist. − Das Einwickeln der Füllung geht so: die Farce etwa auf das untere Drittel des Fladens legen, den man auf einen Durchmesser von ca. 20 cm ausgerollt hat. Reisfladen (banh-trang) werden in der gelieferten Größe benutzt. Nun schlägt man zuerst den Teil unterhalb der Füllung über dieselbe, dann den linken und dann den rechten Teil darüber und wickelt nun die Rolle von unten her zusammen.

cha-gio, gebratene Rollen

Die Füllung besteht aus folgende Zutaten: 200 g mageres Schweinefleisch gehackt; 10 g schwarze Pilze klein geschnitten; 200 g Krevetten roh, 30 g Glasnudeln gekocht und klein geschnitten; 2 Knoblauchzehen und 1 große Zwiebel feingehackt; 20 g Kokosraspeln; 2 zerquirlte Eier, Salz, feingemahlener Pfeffer und etwas Glutamat.
Die Zutaten gut durcheinandermischen und 15 Minuten ruhen lassen. Mit 1 EL die Füllung auf den Fladen setzen und einwickeln. Sind alle Rollen fertig, setzt man sie dicht nebeneinander in eine Pfanne mit hohem Rand und viel heißem Öl. Die Rollen 5 Minuten braten, dann vorsichtig umdrehen und auf mittlerem Feuer noch 10 Minuten braten.
Die Zutaten gut durcheinandermischen und 15 Minuten ruhen lassen. Mit einem Eßlöffel die Füllung auf den Fladen setzen und einwickeln. Sind alle Rollen fertig, setzt man sie dicht nebeneinander in eine Pfanne mit hohem Rand und viel heißem Öl. Die Rollen 5 Minuten braten, dann vorsichtig umdrehen und auf mittlerem Feuer noch 10 Minuten braten.
Die fertige Rolle wird mit einem Blatt vom Kopfsalat eingewickelt, in den angemachten Nuoc-mam getaucht und aufgegessen.

Omelette mit Sojabohnen-Keimlingen

In einer Kasserolle oder sonst einem Topf 100 g gehacktes Rindfleisch (Tatar oder Hackfleisch) mit 1 feingehackten

Zwiebel anbraten, dann gleich die Bohnenkeimlinge dazugeben (ca. 200 g) und 5 Minuten lang dünsten lassen. Derweilen 4 Eier (Enteneier wären richtig – du wirst sie schon irgendwo ausfindig machen) verquirlen, mit Pfeffer und 2 EL Nuoc-mam würzen. Eier als letzte Schicht auf Fleisch und Keimlinge geben. Mit den Eßstäbchen (zum Kochen benützt man die dicksten, die nur zu finden sind) Löcher stechen, damit die Eier etwas nach unten sickern. Noch 5 Minuten ziehen lassen und heiß essen.

Nieren-Omelette, cha trung trai-cat

2 Schweinenieren (siehe Innereien) reinigen und in dünne, schmale Streifchen schneiden; 10 Minuten in Nuoc-mam marinieren, dann pfeffern; der Nuoc-mam oder Fish's gravy ist so salzhaltig, daß Salz, wie auch bei anderen Gerichten, nicht extra dazugegeben werden muß. In Schweineschmalz oder Olivenöl mit einer feingehackten Zwiebel die Nierenstückchen schmoren. Sobald sie durch sind, was ca. 5 Minuten dauert, 4 zerquirlte (Enten-)Eier dazugeben, mit den Stäbchen herumstochern, damit das Omelette nicht anhängt. Nur auf einer Seite Backen und am Ende das Omelette übereinanderschlagen.

Omelette für die Beilagen, trung trang

Ein gewöhnliches Omelette; also Eier verquirlen, so viel wie man Omelettes brauchen wird, leicht salzen und pfeffern und portionenweise backen, von der ersten Seite 3 Minuten, von der zweiten nur so lange, bis sie hellbraun geworden ist. Abkühlen lassen und in Streifen schneiden. Zur Weiterverwendung für Suppen und Salate.

goi-cuon, kalte Rolle

Für diese Sache sollte man die Reisfladen verwenden, da der Teigfladen, wie dünn er auch ausgerollt sein mag, einen anderen Geschmack gibt. Sollten sie aber nicht aufzutreiben sein, werden die Teigfladen am Vortag hergestellt, nur von einer Seite her leicht angebraten und über Nacht in einem gutschließenden Gefäß aufbewahrt.
Die Füllung: 200 g mageres Schweinefleisch kochen, abkühlen lassen und in Scheibchen schneiden. 100 g

frische Schweineschwarte weichkochen, abkühlen lassen und in ganz dünne, etwa 1 cm lange Streifchen schneiden. 100 g Krevetten (oder Krabbenfleisch aus der Dose oder sonst ein Fleisch ähnlicher Schalentiere, heißen sie nun Scampi oder Shrimps oder sonstwie); einige Stückchen Zitronenfleisch; einige Salatblätter, Minzblätter und Schnittlauch klein geschnitten. Diese Zutaten mit Sesampuder oder gebratenem Reis gut vermischen, mit Zitronensaft beträufeln, dann salzen und pfeffern und das Ganze 10 Minuten ziehen lassen.

2 EL von der Füllung auf die Fladen setzen, einrollen – wie oben beschrieben – und kalt essen, vorher aber in den angemachten Nuoc-mam oder Sojasoße tauchen.

Salat von Sojabohnen-Keimlingen, gia-tron

Dazu muß man wiederum 1 Schweinsschwarte von 100 g oder mehr weichkochen und in ganz dünne Streifchen schneiden. 250 g frische Bohnenkeimlinge besorgen, sonst aus der Dose schöpfen. Außerdem 100 g Krabbenfleisch oder dergleichen kleinschneiden, das Fleisch einer ½ Zitrone in kleine Stückchen schneiden und 2 Knoblauchzehen zerquetschen. Alles gut mischen, salzen, pfeffern.

Fische

Bouletten vom Tintenfisch, cha-muc

Kann als Vorspeise oder Hauptgericht gemacht werden: danach richtet sich die benötigte Menge Tintenfisch; als Hauptspeise für vier Personen ca. 600 g. Die Tintenfische vorbereiten wie unter *Fische, Fritto misto* beschrieben. Dann Tintenfisch mit dem Wiegemesser kleinschneiden, ebenso 2 Zwiebeln und 2 Knoblauchzehen; 2 verquirlte Eier, 5 EL Nuoc-mam (Fish's gravy) und weißen Pfeffer dazugeben. Gut durcharbeiten, bis eine gleichmäßige Masse entstanden ist. Öl in einer Pfanne heiß machen, mit dem Eßlöffel Portionen in das heiße Öl setzen und flachdrücken. Nach 2 Minuten die Bouletten umdrehen und noch 2 Minuten braten. Mit angemachtem Nuoc-mam beträufeln und heiß essen.

Karpfen, ca bac kinh

1. Man nehme einen vorbereiteten Karpfen von etwa 1 kg, bestäube ihn mit Mehl und brate ihn in einer Kasserolle in reichlich Öl. Danach wird er in 2 Teile zerlegt.

2. Unterdessen wird die Soße bereitet. Es geht damit los, daß 2 Tomaten geschält, zerschnitten, verkocht und durch das Sieb getrieben (püriert) werden. Außerdem werden 2 Knoblauchzehen und 1 Zwiebel fein gehackt, 1 Ingwerwurzel geraspelt und 10 g schwarze Pilze aufgeweicht (siehe »Vorbereitung« S. 131) und kleingeschnitten. Schön wär's, wenn man irgendwo gelbe chinesische Lilienblüten auftreiben könnte; sie werden eingeweicht. Falls der nächste Chinaladen diese Gemüseblüte nicht hat, machen wir den Fisch eben ohne. Aber reichlich Petersilie und dünner Schnittlauch sollten da sein. – Nun also Zwiebel und Knoblauch mit 2 EL Mehl glasig dünsten, die pürierten Tomaten dazugeben (oder 1 EL Tomatenmark) und mit 2 Glas Weißwein aufgießen und natürlich immer fleißig rühren. Salz, Pfeffer, 2 gestrichene TL Zucker, den geraspelten Ingwer, die Pilze und die Lilienblüten oder nicht. Sanft vermischen und 15 Minuten auf kleinem Feuer ziehen lassen. 2 EL Sojasoße dazugeben sowie 1 kleine Dose gelber Bohnen und noch einige Minuten auf dem Feuer lassen.

Ist die Soße fertig, wird der Fisch, den man inzwischen warmgestellt hat, in zwei Teilen auf einen großen Teller gelegt, mit der heißen Soße übergossen und mit einem Hack aus Petersilie und Schnittlauch bestreut.

Auf dem Tisch steht selbstverständlich schon der angemachte Nuoc-mam.

Ingwer-Fisch, ca kho gung

Das Originalrezept verlangt frischen Seefisch fremdländischer Art; ersatzweise kann man Wels oder Aal nehmen. Da dies zu teuer ist, nehmen wir pro Person eine Scheibe Kabeljau von 150 g. Der Fisch wird in Mehl gewälzt, halb gar gebraten und warmgestellt. Dann werden 3 Ingwerwurzeln geraspelt und in Öl gedünstet. 1 gestrichenen TL Zucker zufügen sowie 1 Glas Wasser. Fisch einlegen und 10 Minuten bei kleinem Feuer kochen. Mit 2 bis 3 EL Nuoc-mam würzen und noch kurz ziehen lassen.

Karamel-Makrele, ca kho

2 Makrelen von zusammen ca. 800 g vorbereiten, und die Fische in 4 Teile schneiden. Die Stücke in einen Topf legen, 2 Tassen Wasser aufschütten und 10 Minuten kochen. Mit 2 EL Nuoc-mam und viel Pfeffer würzen. Aus 4 TL Zucker in der heißen Pfanne braunen Karamel machen (Zucker in der Pfanne zergehen lassen, bis er braun geworden ist) und über die Fische gießen und noch 10 Minuten ziehen lassen. Die Kochzeit richtet sich danach, ob die Makrelen seefrisch sind und festes Fleisch haben (länger) oder ob sie durch längere Eisung schon weich geworden sind.

Karpfen, ca hap

1 Karpfen von ca. 1 kg vorbereiten und füllen: 100 g Wurstbrät (frischer Wurstteig); 10 g schwarze Pilze aufge- weicht, gesäubert und klein geschnitten; 50 g Champi- gnons blätterig geschnitten; 20 g Glasnudeln in Teile von 1 cm Länge geschnitten und eingeweicht; 1 feingehackte Zwiebel; 4 gehackte Knoblauchzehen; 1 geraspelte Ing- werwurzel; 1 zerquirltes Ei und schließlich weißer Pfeffer und Nuoc-mam zur Abrundung des Geschmacks. Gut durchmischen.
Den Karpfen füllen, zunähen und etwa 90 Minuten im Wasserbad garen.

Geflügel

Ente mit Ananas, vit nau thom

1 junge Ente aus den Knochen lösen und in Stücke schneiden. Diese in Butter mit 1 feingehackten Zwiebel und 2 Knoblauchzehen goldgelb anbraten, dann mit Mehl bestäuben, salzen und pfeffern und so 5 Minuten vorsichtig in der Pfanne hin und her wenden. Aus 1 Dose Ananas, die etwa 6 Scheiben faßt, die Hälfte des Saftes langsam zur Ente gießen und sanft rühren. Dann wird die Soße mit 2 pürierten Tomaten oder Tomatenmark gebunden, der eine Tasse Wasser (warm! wie immer) zugefügt wird sowie schwarze und parfümierte Pilze (soweit das Geld reicht). Nun 30 Minuten bei zugedecktem Topf leicht kochen

lassen, die Ananasscheiben in Stücke schneiden und mit dem Fleisch vermischen. Eine Handvoll kleingeschnittener grüner Bohnen (aber die müssen wirklich zart sein) zufügen und noch 10 Minuten leise kochen lassen.

Reicht für 6 Personen, falls diese nicht zu starke Esser sind.

Lackierte Ente, vit quay

1 Ente von ca. 2 kg vorbereiten. Zuerst mit Salz einreiben, dann mit 2 EL von dem Gewürz *huong-liu* (siehe Zutaten). Ente auf einen großen Teller legen und mit Butter umgeben, dann in die vorgeheizte Röhre schieben (250 Grad). Nach 15 Minuten Ente umdrehen und nochmals 15 Minuten braten.

Nun gießt man 3 EL Sojasoße in eine Schale, holt die Ente aus dem Ofen und bestreicht (oder lackiert) sie mittels des Küchenpinsels. Die Ente kommt wieder in den Ofen zurück, der auf gleicher Temperatur gehalten wird, und der Vorgang wird alle 5 Minuten wiederholt, bis die Sojasoße alle ist. Die Ente muß dabei gute 30 Minuten im Ofen sein.

Die fertige Ente abkühlen lassen, in kleine Stücke zerlegen und mit Schalotten und dem Weißen vom Lauch essen.

Huhn am Spieß, ga nuong

1 junges Brathuhn von ca. 1 kg in 4 Teile zerlegen, mit Salz, Pfeffer und *huong-liu* einreiben. 1 Ingwerwurzel in 4 EL Sojasoße raspeln und die Stücke darin 30 Minuten marinieren. Dann am Spieß langsam grillen (45 Minuten) oder ersatzweise auf dem Rost in der Röhre braten.

Beilagen: alles, was überhaupt an frischen Gewürzkräutern aufzutreiben ist, insonderheit Kerbel, Minze, Estragon. Dazu alle möglichen Salate, aber nicht angemacht, denn sie werden einfach mit den Stäbchen gepackt und in Sojasoße oder angemachten Nuoc-mam getaucht. Weiterhin Glasnudeln und Reis.

Huhn mit Mandeln, ga xao hanh nhan

1 junges Brathuhn von ca. 1 kg entbeinen und in schmale Streifen schneiden. In der Schwenkpfanne 1 feingehackte Zwiebel und 4 Knoblauchzehen blondieren und das Hühnerfleisch zufügen. Sobald die Stücke von allen Seiten

angebraten sind, wird 1 EL Mehl darübergestäubt und ebenso fleißig wie sanft gerührt (die Schwenkpfanne ist hier von Vorteil). Salzen und pfeffern, mit 1 Glas Wasser aufgießen und 10 Minuten auf mittlerem Feuer kochen lassen. Dann 250 g geröstete, nichtgesalzene Mandeln, 10 g schwarze Pilze und 2 EL Sojasoße zugeben und noch 10 Minuten leicht kochen. - Für 6 Fresser.

Fleisch

Schweineschwarte mit Gemüsen, bong bi

Das Originalrezept verlangt die nach einem speziellen Verfahren getrocknete Schwarte asiatischer Schweine, die 120 Minuten eingeweicht, dann mit Zitronensaft beträufelt und nochmals 5 Minuten geweicht wird. Wir aber behelfen uns so: Der Metzger schneidet ca. 400 g Schwarte völlig vom Fett. Die kochen wir fast weich, lassen sie abkühlen, schneiden sie in schmale Streifen von 2 cm Länge und braten sie knusprig.

Dann wird 1 Schweinekotelett von ca. 250 g in 1 l Wasser zusammen mit 1 ganzen Zwiebel, 4 Knoblauchzehen und 2 Stück Selleriekraut 60 Minuten lang gekocht. Fleisch abkühlen lassen, vom Knochen schneiden und in kleine Stücke aufteilen.

In der so entstandenen Brühe werden weichgekocht: 2 Karotten und 1 junge, kleine Selleriewurzel in Scheibchen, 1 Kohlrabi und 2 weiße Rübchen in Scheiben von ca. 2 cm Dicke. Dann Fleisch, Schwarte und 2 EL Sojasoße zufügen und noch 10 Minuten ganz leicht kochen lassen.

Schweinefleisch mit Karamel, thit kho tau

800 g mageren und ganz dünnen Schweinebauch in Karrees von 2 cm Seitenlänge schneiden und in Sojasoße mit 4 zerdrückten Knoblauchzehen 30 Minuten lang marinieren (das Fleisch braucht nicht in der Soße zu schwimmen, es muß nur gut von allen Seiten bedeckt sein). Dann wird das Fleisch mit der Marinade in einen Topf gegeben, mit 0,5 l Wasser aufgefüllt und auf kleinem Feuer 30 Minuten lang zugedeckt gekocht, bis nahezu das gesamte

Wasser entwichen ist. Nun wird aus 4 gehäuften TL Zucker tiefbraunes Karamel hergestellt (Zucker in der Pfanne schmelzen lassen) und über das Fleisch gegossen, das Fleisch gut durchgerührt, damit es gleichmäßig braun wird. Noch 15 Minuten auf kleiner Hitze bruzzeln lassen, eventuell wenig Wasser nachgießen.

Lackiertes Schweinefleisch, heo quay

800 g mageren und ganz dünnen Schweinebauch mit Salz und huong-liu einreiben. Auf einen Teller (oder in die Raine) mit der Schwarte nach oben legen, diese gut mit Olivenöl einpinseln und dann in die vorgeheizte Röhre (250 Grad) schieben. Nach 15 Minuten umdrehen und nach wiederum 15 Minuten zurückdrehen. Jetzt wird die Schwarte mit Sojasoße eingepinselt, das Fleisch wieder 5 Minuten in die Röhre geschoben, dann von der anderen Seite bepinselt, wieder in die Röhre geschoben usw., insgesamt sechsmal, und der Vorgang soll etwa 30 Minuten dauern. Das fertige Fleisch abkühlen lassen und in Stücke von 2 cm Seitenlänge schneiden: mit einem scharfen Messer das Fleisch in einem Zug durchhacken, damit die Schwarte am Fleisch, das Fette am Mageren bleibt. Auf einer Platte mit Schalotten und dem Weißen vom Lauch (alles roh) anrichten. Dazu Reis, und das Fleisch mit den Stäbchen in den angemachten Nuoc-mam tauchen.

Die bessere Variante: Das Fleisch nicht von einer alten Sau, sondern vom Spanferkel nehmen und den Gar- und Lackierungsprozeß auf dem Holzkohlengrill durchführen.

Schweinefleisch mit Bambus-Sprossen, heo xao mang

400 g Schweinefleisch – Schulter, Schnitzelfleisch, Filet – in Scheiben von 2 cm Seitenlänge schneiden. In der Pfanne mit gehackter Zwiebel und Knoblauch leicht anbraten. Salz, Pfeffer und 1 Glas Wasser (warm) zufügen und auf mittlerem Feuer 15 Minuten leicht kochen lassen. Dann eine mittlere Dose mit weichen Bambussprossen aufmachen und in ganz dünne Scheibchen schneiden (ist der Bambus nicht weich, muß vorgekocht werden!) und zum Fleisch geben, ebenso 10 g schwarze Pilze. ½ Glas

Wasser (oder Wasser aus der Bambusdose) mit 1 TL Mehl und 10 Tropfen Weinessig verrühren und dazu gießen. Auf starkem Feuer noch 5 Minuten lang rühren und schütteln (da wäre die Schwenkpfanne gut).
Falls Schulter verwendet wird, muß das Fleich etwas länger angebraten werden als Schnitzelfleisch oder gar Filet.

Schweinefleisch mit Sojabohnen-Keimlingen, heo xao gia

400 g Schweineschulter in Scheibchen schneiden und in (Oliven-)Öl mit 2 geteilten Zwiebeln anbraten und dabei gut umrühren. Salzen und pfeffern, 1 Prise Glutamat und 1 Glas Wasser zufügen und 10 Minuten leicht kochen lassen, dann 500 g frische Keimlinge untermischen, dazu 10 g schwarze Pilze und nochmals 10 Minuten auf kleinem Feuer kochen.
Sind keine frischen Keimlinge aufzutreiben, bedient man sich aus der Konserve. In diesem Fall wird das Dosenwasser zum Aufgießen benutzt.
Bessere Variante: statt Schulter Filet nehmen, dann aber erst die Zwiebeln anbräunen und danach das Fleisch anschmoren.

Schweinefleisch mit Bohnenkäse, mi xao heo

400 g Schweineschulter mit feingehackter Zwiebel und Knoblauch anbräunen, 1 EL Tomatenmark (oder 2 pürierte Tomaten), 1 gehäuften TL Zucker, Salz und Pfeffer dazugeben und gut mischen. 1 Glas Wasser aufschütten und 15 Minuten bei mittlerem Feuer dünsten.
Mittlerweile 200 g Bohnenkäse in Scheiben schneiden und mit Butter in der Pfanne knusprig braten.
Dem schmorenden Schweinefleisch fügt man nun noch 10 g schwarze Pilze zu, gießt ein halbes Glas Jerez (vulgo Sherry) oder chinesischen Wein dazu, rührt nochmals alles durcheinander und kippt das ganze auf den Bohnenkäse.

Bedenke: Bei den vietnamesischen wie allen anderen ostasiatischen Mahlzeiten steht immer eine große Schale Reis auf dem Tisch, aus der man sich bedient. Reis heißt: Reis ohne alle Zutaten, einfach gekocht. Er wird aus der

Reisschale neben der Schale für das Hauptgericht oder einem anderen Gang gegessen.

Der angemachte Nuoc-mam ist ebenfalls bei allen Mahlzeiten dabei. Er ist die Achse des vietnamesischen Essens. Entweder würzt man das jeweilige Gericht damit oder tunkt die Salatgemüse hinein. Salat auf diese Weise schmeckt unglaublich gut, da kann nur noch der italienische Salat mithalten. Und überhaupt — wenn du den Nuoc-mam, der auf der Basis von Hongkonger Fish's gravy fast genauso gut schmeckt, dreimal probiert hast, wird er fortan immer in deiner Küche sein.

Weiterhin: Wenn davon gesprochen wird, ein Glas Wasser zuzugießen, dann ist damit immer warmes Wasser gemeint. Aber so was weiß der Kollektivkoch inzwischen ohnehin schon.

DIE CHINESISCHE KÜCHE

Die *chinesische Küche* ist reichhaltiger, prächtiger, oft auch komplizierter und teurer als die vietnamesische, und ein Blick in die pompös aufgemachten Kochbücher chinesischer Spezialitäten genügt, den Mut sofort sinken zu lassen. Der Kollektivkoch läßt den Mut nicht sinken, sondern greift sich ein paar einfache Rezepte heraus, die er zum Vergnügen der Tischgenossen und seiner selbst bald mit erstaunlicher Fertigkeit auszuführen weiß. Was er bei der vietnamesischen Küche gelernt hat, kann er im vollen Umfang auch hier anwenden.

An Zutaten brauchen wir für die vereinfachte chinesische Küche die bereits erwähnte Hoisin-Soße zum Marinieren von Fleisch, die in der BRD gelegentlich zu haben ist (siehe Adressen am Schluß des Buches) und die Fünf-Gewürze-Mischung, Wu-chian-fen, die der vietnamesischen huongliu entspricht. Falls dieses Gewürz nirgendwo aufzutreiben ist, versuchen wir kalt entschlossen, die Mischung selber herzustellen. Das Original besteht aus: Anis-Samen, Fenchel, Nelken, Zimt und Szechuan-Pfeffer. Letzteren ersetzen wir durch eine Mischung aus Pfeffer- und Korianderkörnern, den Anis-Samen durch Aniskörnchen. Mit Nelken und Zimt sparsam sein, mit Anis etwas weniger, Fenchel in größeren Mengen, Pfeffer und Koriander 1:3. Die Gewürze in einen Mörser geben und so lange stoßen und mahlen, bis alles zu Pulver geworden und schön vermischt ist. Das ist wirklich ein sehr guter Ersatz.

Es wird sehr viel mit Frühjahrszwiebeln gearbeitet. Da ihr Vorhandensein jedoch von der Jahreszeit abhängt, behelfen wir uns mit dem inneren, weißen Teil des Lauchs oder mit Schnittlauch. Korianderkraut ersetzen wir durch Petersilie. Petersilie ist immer gekräuselte Petersilie und sollte kleine, zarte Blätter haben.

Pfeffer: ist immer frisch gemahlener oder gestoßener Pfeffer. Gelegentlich wird Sesam-Öl verlangt. Es ist teuer, reicht aber lange hin, und wird dann angeschafft, falls die Kollektivküche chinesisches Kochen für längere Zeit akzeptiert.

Eiernudeln sollten stets in größeren Mengen vorhanden sein. Man kann sie nicht nur für Suppen verwenden, sondern daraus auch billige Schnellgerichte herstellen.

Haifischflossen und Vogelnester werden ersatzlos gestrichen.

Suppen

Die chinesischen Suppen sind keine Magenwärmer wie die unsrigen, sondern Hauptgerichte. Wollen wir sie nicht als solche einsetzen, dann machen wir sie dünn und mit einer geringeren Menge der Zutaten.

Fast alle Suppen werden auf der Basis von Hühner- oder Knochenbrühe hergestellt. Es kann jedoch auch pures Wasser verwendet werden; dafür sind die vietnamesischen Suppen, wie wir gesehen haben, ein gutes Beispiel. In einer Küche mit langfristiger Planung ist jedoch immer eine Hühner- oder Knochenbrühe vorhanden (Suppenkapitel!). Hühnerbrühe kocht sich leicht nebenbei aus einer Packung von tiefgefrorenem Hühnerklein mit einer Zwiebel und etwas Ingwer. Die Knochenbrühe wird aus Schweineknochen hergestellt, ebenfalls mit Zwiebel und Ingwer — man kann aber auch Knoblauch rein tun, einige Koriander- oder

Aniskörner oder dergleichen: der Kollektivkoch hat bald heraus, welche Geschmacksvarianten zu zaubern sind.

Eierflockensuppe

1 l Wasser oder Brühe aufkochen, 3 Eier mit 1 EL Öl (Pflanzen-, Oliven-, Sesam-Öl) gut verquirlen und diese Mischung aus einem Gefäß mit Schnaube oder mit einem Trichter in das kochende Wasser einrühren, so daß Flöckchen entstehen. Topf vom Feuer nehmen, 1 frische gehackte Zwiebel oder das Weiße von Lauch gehackt oder Schnittlauch dazugeben, salzen und pfeffern, 2 EL Sojasoße, einen Schuß Weinessig und eine Prise Glutamat einrühren. Ganz kurz aufkochen und heiß essen.
Soll die Suppe als Hauptmahlzeit dienen, legt man in die (großen) Suppenschalen noch eine Portion abgekochter Eiernudeln.

Spinatsuppe

1 l Hühnerbrühe aufkochen, einige Portionen Eiernudeln und 500 g zerzupften und geputzten Spinat einlegen. Sobald die Nudeln weich sind (3 bis 5 Minuten), mit einem Schuß Weinessig, Salz und Glutamat würzen; sogleich essen.

Gurkensuppe

200 g Schweinefleisch in Scheibchen schneiden und 15 Minuten in Sojasoße mit Weißwein und Ingwer (Pulver) marinieren. Derweilen das Weiße von zwei Stangen Lauch zerteilen, eine Gärtnergurke in hauchdünne Scheiben schneiden und ca. 1 l Wasser oder Brühe aufkochen.
Fleisch mit Lauch anbraten, Wasser aufgießen, Gurken einlegen und 5 Minuten kochen lassen. Mit Pfeffer und Glutamat würzen.

Kohlsuppe

2 Zwiebeln teilen, 1 Chinakohl (ca. 500 g) in Streifen schneiden, in Schweineschmalz oder Öl halbweich dünsten, mit 1 l Brühe auffüllen und 5 Minuten leicht kochen. Mit Glutamat würzen, in die Schalen füllen und mit viel Schnittlauch bestreuen. Auf dieselbe Art lassen sich diverse

Gemüsesuppen herstellen; je nach Beschaffenheit des Gemüses wird dieses kürzer oder länger gedünstet und gekocht.

Pilzsuppe

1 l Salzwasser kochen. 10 g schwarze Pilze aufweichen, reinigen und teilen; 100 g Schweinefilet in Scheibchen schneiden; 2 Frühlingszwiebeln oder Lauch in kleine Stücke schneiden; Petersilie hacken.
Die Pilze und das Fleisch in das kochende Wasser einlegen und 10 Minuten kochen. Dann in der Brühe einige Portionen Eiernudeln, je nach Freßbedarf, weichkochen, die Zwiebeln (oder Lauch) zugeben, mit 1 EL Sojasoße und Pfeffer würzen. Mit Petersilie bestreuen.

Saure Suppe

200 g Schweinefleisch 20 Minuten in 4 EL Sojasoße mit Ingwer marinieren. 1 kleine Dose Bambus-Sprossen in dünne Scheibchen schneiden (eventuell vorkochen) und das Weiße von zwei Stangen Lauch in 1 cm lange Stücke teilen; 5 schwarze Pilze waschen, putzen und in Streifen schneiden.
Fleisch in Schweineschmalz oder Olivenöl anbraten, Lauch zugeben und kurz mitdünsten, 1 l Wasser aufgießen und 10 Minuten kochen. Mit Salz, Pfeffer, einem Schuß Weinessig und Zucker abschmecken. Endlich 2 zerquirlte Eier langsam einrühren.

Scharfe Suppe

5 schwarze Pilze aufweichen, säubern und in Streifen schneiden; 200 g Schweinefleisch ohne Fett in Scheibchen schneiden; 1 Frühlingszwiebel oder das Weiße von Lauch oder Schnittlauch fein schneiden; 10 weiße Pfefferkörner mahlen; 2 EL Mondamin mit 3 EL kaltem Wasser anrühren; 1 kleine Dose Bambus-Sprossen in dünne Scheibchen schneiden; 100 g Bohnenquark in dünne Karrees schneiden. Außerdem braucht man Sesam-Öl, Weinessig und 1 l Hühnerbrühe.
Erst die Brühe in einen Topf gießen, dann Pilze, Bambus und Fleisch einlegen und 4 EL Sojasoße zugießen. Schnell

aufkochen und sogleich auf kleinstes Feuer zurückschalten, 5 Minuten ziehen lassen. Bohnenquark, 2 EL Essig und Pfeffer zufügen, nochmals aufkochen und das gut verrührte Mondamin eingießen; so lange rühren, bis die Suppe abgebunden hat und schließlich das verquirlte Ei dazurühren. In eine große Suppenschale oder gewöhnliche Suppenschüssel oder weiß der Teufel wohin gießen, das Sesam-Öl unterziehen und mit Zwiebel (Lauch, Schnittlauch) bestreuen.

Wan-tan-Suppe

Das ist keine Suppe im europäischen Verstand, sondern eine kräftige Mahlzeit. Soll es dennoch eine Suppe werden, dann weniger Wan-tan machen oder die übriggebliebenen im schwimmenden Öl ausbacken; so wird's wohl auch kommen, denn die gebackenen schmecken säuisch gut.

Aus 250 g Mehl, 1 Ei, Salz und Wasser einen hauchdünnen Teig ausrollen wie bei der vietnamesischen *man-than-*Suppe, Quadrate von 10 cm Seitenlänge ausschneiden.

Füllung: 500 g Spinat einige Minuten lang halbweich kochen, abtropfen lassen, ausdrücken und mit dem Wiegemesser fein hacken. 400 g Schweinefleisch ohne Fett mit dem Wiegemesser fein hacken, 1 Ingwerwurzel dazuraspeln, 2 EL Sojasoße darübergießen und gut durcharbeiten; dann Spinat dazumischen. Man kann die Füllung aber auch mit Hühner- und Krabbenfleisch, mit Zwiebeln, Petersilie, Knoblauch in diversen Kombinationen machen.

1 TL Füllung in die Mitte des Teigquadrates setzen und ein Würstchen formen: Teig von unten über die Füllung schlagen und so weit aufrollen, daß oben ein Rand von ca 1 cm verbleibt. Nun Finger anfeuchten, die zwei Enden der kleinen Rolle zusammenbiegen, wobei das eine Ende über das andere kommt, und fest zusammendrücken: beim Zusammenbiegen der Enden kommen die nicht gewickelten Teigränder übereinander; sie werden besonders fest aufeinandergedrückt, da sie den Hauptverschluß des Wan-tan bilden. Das wär's.

Nun werden die Wan-tan wie Spaghetti in 2 l kochendes Wasser gepackt und weitergekocht, 5 bis 10 Minuten, je nach Größe, und auch sie müssen (siehe Spaghetti) al dente sein. Danach läßt man sie abtropfen, kocht 1,5 l Hühnerbrühe auf, legt einige Spinatblätter oder eine Handvoll Kresse ein und gibt die Wan-tan dazu. Nochmals kurz aufkochen lassen.

Vorspeisen

Schwarze Eier

8 frische Eier hart kochen und abkühlen lassen, dann mit einem Teelöffel von allen Seiten leicht beklopfen, bis die Schalen ganz mit kleinen Rissen durchzogen sind. Eier wieder in den Topf legen und mit kaltem Wasser bedecken, 2 EL Sojasoße, 1 EL Salz und zwei gehäufte TL schwarzen Tee zufügen sowie einen Stern-Anis oder acht Aniskörnchen. Das Ganze aufkochen und auf kleinstem Feuer 3 Stunden ziehen lassen; gelegentlich Wasser nachfüllen. Die Chose über Nacht in der Brühe liegen lassen.
Eier vorsichtig schälen, halbieren, auf einer Platte anrichten. Sie haben ein schönes Craquelée-Muster und schmecken.

Frühlingsrollen

Sind billig, aber höchst aufwendig in der Zubereitung. Der Kollektivkoch kann sie nur herstellen, wenn er der heitersten Laune ist: oder von einer so großen Depression befallen, daß er glaubt sie an den Frühlingsrollen abarbeiten zu müssen.
Füllung: 200 g frische Bohnenkeimlinge reinigen. Falls man sich aus der Dose bedienen muß, Keimlinge abtropfen lassen und 1 Stunde ins Kühlfach stellen. − 200 g Schweinefleisch ohne Fett, 1 Zwiebel und 2 Knoblauchzehen mit dem Wiegemesser ganz klein schneiden, mit 2 EL Sojasoße und etwas Pfeffer würzen und kurz anbraten; die Keimlinge zufügen und einige Minuten mitdünsten. Die so entstandene Farce beiseite stellen und entschlossen an die Hauptarbeit gehen.
Teighülle: aus 300 g gesiebtem Mehl und etwa ½ l warmem Wasser einen flüssigen, aber nicht zu dünnen Teig herstellen. In einer Pfanne von ca. 15 cm Durchmesser sehr wenig Öl heiß machen, mit einer kleinen Kelle den Teig eingießen

und sogleich nach allen Seiten laufen lassen, so daß das gesamte Rund der Pfanne ausgefüllt ist. Auf jeden Fall darf nur so viel (genauer: so wenig) Teig in die Pfanne, daß nur ein hauchdünner Fladen entsteht. Nur von einer Seite vorsichtig braten! Es geht eigentlich nur darum, den Teig auszutrocknen.

Nun wird eine Portion Farce, etwa 2 EL, auf den Fladen gesetzt und dieser zusammengerollt, wie es bei den vietnamesischen *cha-gio* und *goi-cuon* beschrieben worden ist. In einer Pfanne mit hohem Rand viel Öl stark erhitzen und die Rollen von allen Seiten hellbraun braten. Abtropfen lassen und heiß essen.

Du kannst auch ins nächste Chinarestaurant gehen und dem Koch ein Dutzend Teighüllen abschwatzen. In manchen China-Läden gibt es den Teig auch tiefgekühlt.

Nudelgerichte

Die chinesischen Eiernudeln sollten in keiner Kollektivküche fehlen. Damit lassen sich billige Schnellgerichte herstellen.

Nudeln mit Zwiebeln
Pro Maul eine Portion Nudeln abkochen. Derweilen 4 geteilte Zwiebeln und 4 halbierte Knoblauchzehen in (Oliven-)Öl bräunen und über die Nudeln schütten. Salz und Pfeffer dran.

Nudeln mit Hühnerleber
250 g Hühnerleber in Stücke schneiden und zehn Minuten in 2 EL Sojasoße legen. 2 Zwiebeln und 2 Knoblauchzehen teilen, 1 Bund Petersilie hacken.
Hühnerleber mit Zwiebeln und Knoblauch in Öl braten und dabei die Pfanne schwenken (4 Minuten) und über die abgekochten Nudeln geben. Mit Petersilien bestreuen.

Nudeln mit Schweinefleisch

200 g Schweinefleisch in dünne Scheibchen schneiden, 4 Zwiebeln und das Weiße einer Lauchstange teilen. Erst das Fleisch anbraten, dann Zwiebeln und Lauch zufügen und in der geschwenkten Pfanne 10 Minuten garen. Über die abgekochten Nudeln geben und mit gehacktem Schnittlauch bestreuen.

Merke: der Kollektivkoch denkt sich weitere Variationen aus.

Und: über alle Nudelgerichte kann man noch angemachten Nuoc-mam geben.

Fisch

Schellfisch mit Ingwer

4 Scheiben Schellfisch zu je 150 g; 1 Zwiebel in Scheiben; 1 Ingwerwurzel in dünnen Scheiben: in einen Topf geben und bis zur halben Höhe der Fischstücke mit Wasser anfüllen. 2 EL Sojasoße und 4 EL Weißwein (besser Sake oder Sherry) zufügen. Aufkochen und bei kleiner Flamme zugedeckt noch 20 Minuten ziehen lassen.

Gebratener Fisch

600 g Goldbarschfilet mit einem scharfen Messer auf beiden Seiten kreuzweise einschneiden. In Mehl wälzen und in reichlich heißem Öl von beiden Seiten 3 Minuten braten und warmstellen.

Vor dem Braten des Fisches werden die Zutaten für die Soße vorbereitet: 4 schwarze Pilze in Streifen und eine Karotte in Stifte schneiden. 1 Tasse grüne Erbsen aus der Dose zaubern. 1 Zwiebel in dicke Scheiben, 2 Knobläuche in Scheibchen schneiden. Außerdem brauchen wir: Salz, 3 TL Zucker, Sojasoße, Sake (oder Sherry, Weißwein), 1 Döschen Tomatenmark, 1 Tasse Hühnerbrühe (Würfel). Karotten für 10 Minuten in kochendes Wasser werfen und derweil 1 EL Mondamin mit 2 EL Wasser verrühren.

Während der Fisch im Ofen warm gehalten wird, rühren wir rasch und ruhig die Soße zusammen. Zuerst alles Gemüse in heißem Öl ca. 4 Minuten dünsten, dann Salz, Zucker, 1

EL Tomatenmark, 2 EL Sojasoße, ½ Glas Sake (Wein), einen guten Schuß Weinessig und schließlich die Brühe zufügen. Gut verrühren und aufkochen lassen. Mondamin unterrühren, die Pfanne leicht schwenken und sanft rühren, bis die Soße glasig abgebunden hat. Über den Fisch gießen, den man am besten auf einer Platte anrichtet.

Merke: Diese Soße kann natürlich auch für andere gebratene Fische verwendet werden.

Fleisch

Schweinefleisch

400 g Kamm oder Schulter in ganz dünne Scheibchen schneiden, 2 Zwiebeln und 1 Lauchstange teilen. Erst Fleisch anbraten, dann Gemüse dazu und 10 Minuten sautieren.

Varianten: mit Pilzen, Keimlingen, Bambussprossen, Chinakohl, Spinat oder sonstwas; mit Minzblättern, Kresse.

Rindfleisch

400 g Rouladenfleisch in ganz dünne Scheiben schneiden, 6 Zwiebeln teilen. Erst das Fleisch anbraten, dann Zwiebeln mitdünsten, bis sie gar sind. Herzhaft!

Varianten: selber ausdenken.

Schweinerippchen

Pro Esser mit gutem Magen rechne ca. 500 g Schweinerippchen, an denen noch genügend Fleisch hängt. Fett abschneiden, damit die folgende Marinade besser greifen kann: 2 EL Honig, 2 EL Weinessig, 5 EL Sojasoße, 2 EL Weißwein (Sake, Sherry), 4 zerquetschte Knoblauchzehen werden mit Hühnerbrühe (vom Würfel) zu einer glatten Mischung verrührt; es sollten noch 4 EL Hoisin-Soße dabei sein, die in Dosen zu haben ist. Rippchen mit der Marinade begießen und einige Stunden beiseite stellen, dabei das Fleisch alle 30 Minuten wenden.

Die marinierten Rippchen kann man auf zweierlei Art braten. Entweder in der Raine mit Folie bedeckt im vorgeheizten Ofen (225 Grad), oder: man schiebt den Rost in die

oberste Stufe des Backofens, biegt aus Draht Haken
zurecht und hängt die Stücke waagrecht daran am Rost auf
und stellt die Raine darunter, um das Fett aufzufangen. Sie
werden 1 Stunde im vorgeheizten Ofen gebraten, bis sie
knusprig geworden sind.

Die fertigen Rippchen werden mit Pflaumensoße (aus der
Dose) bestrichen und heiß zu Salaten verzehrt. Gibt es
keine Pflaumensoße, dann stellt der Kollektivkoch, so er
geduldig ist, einen guten Ersatz her:

250 g Pflaumenmus und 125 g Aprikosenmarmelade
werden zusammen mit 4 zerquetschten Knoblauchzehen,
1 Schuß Essig und 2 zerriebenen Chilis mit etwas Wasser
ganz langsam zu einem dünnem Brei verkocht. Gelegentlich Wasser nachgießen und öfters mal umrühren. –
Besser kocht man die Soße aus frischen Pflaumen und
Aprikosen mit Zucker. Die »echte« chinesische Soße
schmeckt natürlich etwas anders, aber die selbergemachte
ist auch erstaunlich gut. Das Essen wird dadurch keineswegs anti-chinesisch.

Schweinefleisch mariniert

Zubereitung wie das erste Schweinsrezept, vorher aber
das Fleisch 30 Minuten in 4 EL Sojasoße mit Ingwer
marinieren oder aber mit der Fünf-Gewürze-Mischung
einreiben.

Dann können natürlich auch noch die schönsten Soßen
zum Fleisch (wobei Fleisch eigentlich immer Schweinefleisch ist) gekocht werden, wie sie in allen Kochbüchern
stehen und wie wir sie etwa beim Rezept »Gebratener
Fisch« kennengelernt haben. Es gibt davon aberdutzende
Varianten, die sich der Kollektivkoch leicht selber erarbei-
ten kann, falls er will. Da ich aber die soßenlosen Gerichte
vorziehe, wird hier nicht davon gehandelt. Dafür aber zum
Schluß eine mongolische Sache, aus der die Japaner das
Sukiyaki gemacht haben:

Der mongolische Hammeltopf

In China benutzt man dazu ein spezielles Gerät. Wir stellen
einfach den Spirituskocher auf den Tisch und die Paella-
pfanne drauf oder sonst einen flachen breiten Topf. Dann

geht's an die Vorbereitung: 500 g Hammelfleisch wird in sehr dünne Scheibchen geschnitten. Außerdem werden klein geschnitten: Tomaten, Chinakohl, das Weiße vom Lauch, Zwiebeln, Spinat, Selleriewurzel, Petersilie, Schnittlauch, Minze und in Schalen auf dem Tisch verteilt. Dann gibt es noch Schalen mit Sake, Sojasoße (Austernsoße aus der Dose, falls erhältlich), Chilis, Salz und Pfeffer. Aus diesen Zutaten mischt sich jeder eine Soße, indem er sie in seiner Eßschale zusammenrührt, in die ein frisches Ei geschlagen wird.

Inzwischen kocht schon auf dem Spiritusbrenner leicht gesalzenes Wasser (oder FLeisch-/Hühnerbrühe). Die Hammelscheibchen werden mit den Stäbchen ins Wasser gehalten, bis sie gar sind (und daher müssen sie ganz dünn sein), in die Soße getaucht und gegessen. Geht das Fleisch zu Ende, legt man vorgeweichte Glasnudeln in die Brühe, die inzwischen einen wunderbaren Geschmack bekommen hat und ißt sie als Suppe in den Schalen auf.

Geflügel

Peking-Ente
Nach Peking fahren und Peking-Ente essen.

Mariniertes Huhn
Aus Sojasoße, gemahlenem Anis und Zucker eine Marinade herstellen, das Huhn damit einreiben und 1 Stunde ruhen lassen. Den Backofen auf 200 Grad vorheizen, Huhn auf den Rost setzen, die Raine drunter stellen und das Vieh unter fleißigem Begießen mit der Marinade braun braten. Sobald Soße in der Raine sich gesammelt hat, auch diese zum Begießen benutzen.

Das fertige Huhn zerteilen und mit Reis und Gemüse essen.

Gemüse: gedünstete Zwiebel oder Lauch. Auberginen 15 Minuten in Sojasoße marinieren und in Öl backen. Oder sonst welches Gemüse, das frisch zu haben ist, kleinschneiden und in Öl mit wenig Wasser durchdünsten. Als Würze dient einfach Sojasoße.

Gewürz-Huhn

Ein Brathuhn in 8 Stücke zerteilen und mit der Fünf-Gewürze-Mischung einreiben und 1 Stunde ruhen lassen.
Gewürzte Hühnerstücke in Öl anbraten, kleingehackten
Knoblauch, 4 schwarze Pilze, geteilten Lauch und Bohnenkeimlinge mitdünsten, Sake dranschütten und ca. 20 Minuten zugedeckt ziehen lassen, bis das Fleisch weich geworden ist.

INDONESISCHE KÜCHE

Die Wunderdinge der indonesischen Küche sind hierzulande wenig bekannt und obendrein ist viel von dem, was als
indonesisches Essen angeboten wird, mehr oder weniger
chinesisch. »Die Verwendung von Stäbchen und Porzellanschalen«, sagt der Märchenkoch Prihanto, »ist in Indone-
sien auch nur in chinesischen Restaurants zu finden. Früher
aßen wir mit den Fingern aus irdenen Tellern oder von
Bananblättern. Seitdem uns die Holländer mit der Zivilisation beglückten, essen wir mit Löffel und Gabel.«
Es gibt technische Schwierigkeiten, die mit einigen Kniffen
zu überwinden sind. Schalotten, die man nur saisonbedingt
kaufen kann, werden durch Zwiebeln ersetzt. Die Gewürze
sind nur in der getrockneten Form zu erhalten; man kann sie
mit etwas Wasser vermischen und somit »auffrischen«. Wo
Pfefferschoten und Terasi im Rezept verlangt werden,
nimmt man das fertige Sambal Ulek. Europäische Gemüter
fallen in Ohnmacht, wenn sie den Geruch von Terasi, das in
heißes Öl gegeben wird, in die Nase bekommen. Aber
gerade Terasi macht so manches Gericht erst vollendet.
Santen wird aus frischem Kokosfleisch gewonnen; es wird
ersetzt durch Kokospaste, die mit etwas Wasser zu einer Art
Kokosmilch aufgelöst wird. Und nun die Liste der Zutaten
und Gewürze, die man für eine indonesische Reistafel
braucht.
Ketumbar (Koriander); Jintan (Kümmel); Daun Salam, ein
sehr aromatisches Würzkraut, das bei fast allen Fleisch- und

Gemüsegerichten verwendet wird (kann durch Lorbeer ersetzt werden); Kemiri, die Frucht eines indonesischen Nußbaums (kann durch Walnuß ersetzt werden); Kencur, die Wurzel der Kamferia Galanga; Laos, die Galgantwurzel; Limonen, von denen auch die Blätter verwendet werden (ersatzweise Schalen ungespritzer Zitronen); Petis, eine dunkle Garnelenpaste; Santen, ein wesentlicher Bestandteil aller indonesischen Gerichte, wird aus frischer Kokosnuß hergestellt; Kecap Manis, die süße Sojasoße; Laksa, die chinesischen Glasnudeln; Sereh, das aromatische Blatt des Zitronella-Grases wird, da nicht frisch zu haben, in der getrockneten oder pulverisierten Form verwendet; Terasi, eine Garnelenpaste mit einem für die europäische Nase üblen Geruch, die dem Essen den besonderen Geschmack gibt (in Chinaläden auch als Belachan zu finden); Kunir (Gelbwurz oder Curcuma); Sambal Ulek.

Grundlage einer Reistafel ist Nasi Putih, der einfache gekochte Reis:

500 g Langkornreis waschen, bis das Wasser klar wird. Reis mit der doppelten Menge Wasser aufsetzen und schnell zum Kochen bringen, dabei den Deckel auf dem Topf lassen und den Reis niemals durchrühren. Sobald das Wasser kocht, auf kleinstes Feuer zurückschalten und den Reis quellen lassen, bis alles Wasser verbraucht und der Reis weich geworden ist. Dann den Deckel vom Topf nehmen und diesen noch ca. 5 Minuten auf dem Herd lassen. Dann wegnehmen und den Reis vollständig trocken werden lassen.

Zum Reis werden 2 bis 4 verschiedene Gerichte gereicht, eines mit Santen, ein anderes mit Kecap Manis, das eine gebraten, das andere mit Soße. Es gibt keine festgelegte Speisefolge. Man kann von allem gleichzeitig essen oder mit diesem oder jenem anfangen, die Suppe zwischendurch oder am Schluß essen.

Alle Gerichte kommen zusammen und warm auf den Tisch. Das stellt gewisse Anforderungen an das Organisationstalent des Koches. Andererseits beträgt die Zubereitungsdauer eines jeden Gerichtes kaum mehr als 20 Minuten. Die folgenden Speisen sind unter normaleuropäischen Bedingungen ohne Schwierigkeiten herzustellen — eine Art

Einführung für Europäer mit 4 Rezepten aus Prihantos Küche.

Ayam goreng — Gebratenes Huhn

Ein ganzes Brathuhn in Teile geschnitten, 8 Knoblauchzehen, 2 TL Salz, 2 EL Mehl, 0,5 l Pflanzenöl.
Knoblauch durch die Presse treiben und auf dem Hühnerfleisch verreiben, salzen, luftdicht in Alufolie verpacken und über Nacht in den Kühlschrank legen. Vor dem Essen Fleisch mit Mehl bestäuben und Öl in die Pfanne geben; sobald es zu rauchen anfängt, die Hühnerteile schwimmend braten.

Bergedel jagung — Maisfrikadellen

200 g Krabben, 2 Maiskolben (oder Dose), 1 Ei, 2 TL Mehl, 1 TL Koriander, 1 Bund fein gewiegter Petersilie, Salz und Pfeffer, Pflanzenöl.
Aus Ei und Mehl einen dickflüssigen Teig machen, die Körner von den Kolben lösen, mit den restlichen Zutaten zum Teig geben und gleichmäßig verrühren. In einer 30-cm-Pfanne das Öl erhitzen bis es raucht, dann die Masse in EL-Portionen in die Pfanne geben und beidseitig braun braten.

Oseng-Oseng

500 g grüne Bohnen diagonal in 3 mm breite Streifen geschnitten, 2 Pfefferschoten und ein Stückchen Terasi (oder Sambal Ulek; wer's mag, tut trotzdem noch Terasi dazu, des Aromas wegen), 1 TL Laos, 2 Blätter Daun Salam, 4 EL Kecap Manis, 6 Schalotten oder 1 mittelgroße Zwiebel klein geschnitten, 3 EL Pflanzenöl.
Im rauchenden Öl Pfefferschoten, Zwiebel, Terasi und Laos kurz dünsten, dann die Bohnen dazugeben. Unter ständigem Rühren 10 Minuten weiterdünsten, dann Daun Salam und Kecap Manis zufügen. Weiter dünsten, bis die Bohnen gar, aber doch noch knackig sind.

Orak-Arik

1 sehr kleinen Kopf Weißkohl halbieren, die harten Stiele herausschneiden und das Kraut in ganz dünne, feine

161

Streifen schneiden; 3 Zehen Knoblauch ganz fein wiegen; 3 Eier, Salz und Pfeffer, 3 EL Pflanzenöl.

Öl in 30-cm-Pfanne oder Wok erhitzen, den Knoblauch kurz andünsten, das Kraut dazugeben und unter ständigem Rühren ca. 5 Minuten weiterdünsten (bei Winterkraut 15 Minuten); salzen und kräftig pfeffern. Die Eier verrühren und über das Kraut geben und weiterrühren, bis der Eierüberzug fest ist, das Kraut gar, aber nicht zu weich.

Zur weiteren Würzung stellt man Sambal Ulek zwischen die Töpfe und Teller, süße und salzige Sojasoße für nicht angemachte Salate, die man noch nebenbei essen kann. Das Getränk zur Reistafel ist Tee.

Wer sich einmal Fertigkeiten in dieser Reistafel erworben hat, kann zu der folgenden, etwas komplizierteren Version übergehen.

Semur Jawa

Die Zutaten sind: 500 g zartes Rindfleisch in Scheiben; 1 TL schwarzer Pfeffer frisch gemahlen; 1 halbe Ingwerwurzel, geschält und geraspelt; ½ TL Muskat; Erdnußöl, Salz und Fleischbrühe.

2 rote Chilis zerdrückt; 1 große Zwiebel gehackt; 2 Knoblauchzehen zerdrückt; 2 EL Kecap; 1 EL Limonensaft; 2 Blätter Daun Salam.

Die Zubereitung: Zunächst werden in nicht zu heißem Öl die Chilis, die Zwiebel, Knoblauch, Ingwer mit schwarzem Pfeffer und etwas Salz in der Pfanne durchgedünstet. Sind die Zwiebeln weich, wird das Fleisch zugefügt und bei derselben Mittelhitze 5 Minuten geschmort. Dann Kecap zufügen und gleich danach die Fleischbrühe und Daun Salam. Auf kleinem Feuer ziehen lassen, bis das Fleisch weich geworden und die Flüssigkeit angedickt ist.

Sajur Keri

Die Zutaten sind: 3 grüne Pfefferschoten in Streifen; 200 g Kartoffeln gewürfelt; etwas Fleischbrühe; 125 g zartes Rindfleisch gewürfelt; 125 g Laksa; 2 Tassen Santen; 1 TL schwarzer Pfeffer frisch gemahlen; 2 EL Limonensaft; ½ TL

Terasi; 3 Kemiri-Nüsse zerdrückt; 2 Blätter Daun Salam; Erdnußöl.
200 g grüne Bohnen (franz. haricots) in Stücken; 1 Kopf Weißkohl oder 1 Chinakohl in Streifen; 1 Blumenkohl in Röschen zerteilt und klein geschnitten; 3 Knoblauchzehen in Scheibchen; 1 gehäufter EL Koriander gemahlen; 1 TL Kümmel zerstoßen; 1 EL Kuniri; ¼ TL Sereh; 1 frisch geraspelte Ingwerwurzel; ¼ TL Laos; Salz.
Die Zubereitung: Zunächst einmal Kartoffeln, grüne Bohnen und Blumenkohl in der Fleischbrühe halb gar kochen. Daneben werden in nicht zu heißem Öl folgende Zutaten durchgedünstet: Zwiebel, Knoblauch, Pfefferschoten, Ingwer mit Koriander, Kümmel, Kunir, Sereh, Pfeffer, Laos, Terasi, Kemir-Nüsse, Daun Salam und Salz. Sind die Zwiebeln weich geworden, wird das Fleisch dazugegeben und 10 Minuten mitgeschmort. Sind diese Sachen fertig, werden sie zusammen mit dem Kohl in die Brühe mit dem halbgaren Gemüse gegeben. Dann schalte man die Hitze herunter und lasse so lange ziehen, bis alle Gemüse gar, aber nicht weich geworden sind. Kurz bevor diese Gemüse durch sind, fügt man die Glasnudeln und den Limonensaft dazu und nimmt den Topf vom Feuer, sobald die ersteren weich geworden sind.

Sambal Goreng Telur

Die Zutaten: 6 rote Pfefferschoten klein geschnitten; 6 hartgekochte Eier geschält und halbiert; 1 gestrichener TL Laos; ½ TL Terasi; Erdnußöl und Salz.
2 Zwiebeln gehackt; 3 Knoblauchzehen zerdrückt; 1 EL Limonensaft; 1 gehäufter EL brauner Zucker; 1 große Tasse Santen; Daun Salam.
Die Zubereitung: Zwiebeln, Knoblauch, Pfefferschoten mit Laos, Terasi, Limonensaft, braunem Zucker und Salz werden in nicht zu heißem Öl weichgeschmort. Sind die Zwiebeln weich, wird Santen und Daun Salam dazugegeben. Auf kleinem Feuer eindicken lassen. In jede Schale kommt ein halbiertes Ei und die obige Soße wird darübergegossen.

Suppen und Soßen

Ein ganz wichtiges Kapitel für den Kollektivkoch, weiß er doch, daß gerade in Sachen Suppen und Soße die deutsche Kocherei, sei es die kleinfamiliäre Idiotie, sei es die phantasielose Geldgier von Restaurateuren, total magen- und menschenfeindliche Leistungen vollbracht hat. Das Kollektiv als relativ selbständige Gruppe hat die Chance, sich diesem Diktat zu widersetzen. Das technische Problem ist dabei gar nicht mal so groß.

Wir beschäftigen uns im folgenden mit den dünnen und dicken Suppen sowie mit den Grundrezepten für Soßen.

Fleischbrühe

a) 500 g Rinderknochen, darunter Markknochen, in kaltem Wasser schnell waschen, kurz in siedendes Wasser legen und wieder herausnehmen. Dann die Knochen mit einem geputzten und geteilten Suppengrün in 2 l kaltem Wasser ansetzen, etwas Salz zugeben und aufkochen, dann ca. 2 Stunden auf kleinem Feuer kochen lassen. – Um der Suppe die schöne Farbe zu verleihen, bräunt man 1 halbierte Zwiebel in einer heißen Pfanne ohne Fett und läßt sie mitkochen.

b) 500 g Suppenfleisch schnell abwaschen (liegt Fleisch länger im Wasser herum, dann verliert es Saft und Kraft), mit einem Suppengrün und der gebräunten Zwiebel – siehe a) – und Salz in 2 l kaltem Wasser ansetzen.

Aufkochen lassen, nicht abschöpfen (der Schaum verteilt sich allmählich in der Brühe und ist außerdem nahr- und schmackhaft) und 2 Stunden auf kleinem Feuer sieden lassen.

Soll die Suppe als Hauptmahlzeit dienen, wird das Fleisch erst eingelegt, wenn das Wasser bereits siedet.

Die Würzung der Suppe macht jeder nach seiner Vorliebe für diesen oder jenen Duft: ½ Lorbeerblatt, 2 Nelken, Koriander, Rosmarin, 1 Zehe Knoblauch; in der Brühe mitkochen.

Die Brühe a) oder **Knochenbrühe** ist für die Weiterverwendung geplant. Entweder wird Fleisch darin gekocht oder damit gedünstet oder sie dient zum Auffüllen bei anderen Gerichten oder ist Grundlage für Gemüsesuppen oder sie wird zur Verstärkung von Bratensaft verwendet, also zur **Soßenherstellung.** Dazu kann man auch die kräftigere, aber kostspieligere Fleischbrühe b) verwenden.

Die Brühe spielt eine wichtige Rolle bei aller Kocherei. Sie läßt sich mit wenig Zeitaufwand ganz nebenbei herstellen und sollte daher ihren festen Platz in der Kollektivküche haben.

Ist die Kollektivküche auf längere Zeit geplant, steht auf dem Herd immer ein Topf mit Fleischbrühe.

Ebenso selbstverständlich sollte es sein, daß in der Küche eines Langzeitkollektivs der **Küchenfond** gepflegt wird.

Die Sache ist ganz einfach: In einen großen Topf, der immer auf dem Herd steht, kommen Küchenabfälle wie der Strunk vom Blumenkohl, die grünen Blätter vom Lauch, aus dem Bratenstück geschnittene Knochen, Bratenreste, Schwarten von Speck oder Rauchfleisch (geräucherter Schweinebauch oder Wammerl), weiche Tomaten (die nicht mehr zum Salat taugen), Schalen von Kohlrabi, Stiele von Spinat etc.; auch einige Kartoffelschalen können nicht schaden.

Die Abfälle werden mit Salzwasser langsam gekocht und ergeben den Fond. Man kann ihn zum Dünsten von Gemüse benutzen, anstatt es mit einem schlabberigen deutschen Mehlpapp zu tun; oder Bratensaft damit verstärken, statt nach Mehl oder Hilfsmitteln aus der Tüte wie »Weiße Soße« etc. zu greifen.

Hühnerbrühe

Ein tiefgefrorenes Suppenklein auftauen (besser: 500 g frisches Hühnerklein nehmen), mit Suppengrün in 2 l kaltem Wasser mit Salz ansetzen, aufkochen und dann 2 Stunden sieden lassen, wobei der Topf natürlich immer fest verschlossen ist.

Diese Brühe wird als Grundlage für Suppen oder zum Auffüllen benutzt, besonders bei chinesischen Gerichten. Die Hühnerbrühe, ebenso wie die Fleischbrühe, kann aber auch als Suppe vor der Hauptmahlzeit gegessen werden. Einfach mit geschnittener Petersilie oder Schnittlauch bestreuen. Eine klare Suppe tut dem Magen immer gut. Sie kann auch als Zwischenmahlzeit genommen werden, etwa wenn es das Essen nur abends gibt. Außerdem wird durch das Schlürfen einer heißen Suppe (und die Suppe muß immer heiß gegessen werden) eine freundliche Atmosphäre geschaffen. Der *Fischfond* oder Fischsud wird nachher bei den dicken Suppen abgehandelt.

Wer eine ganz kräftige Suppe haben will, kann z. B. 500 g fettarmes Suppenfleisch mit 2 l Hühnerbrühe kochen.

Suppen aus der Tüte gibt es in der Kollektivküche nicht. Wer unbedingt eine wärmende Flüssigkeit im Bauch braucht, der kippe lieber einen Schnaps.

Ochsenschwanzsuppe

500 g Ochsenschwanz mit einem Suppengrün, einigen Pfefferkörnern, 1 Nelke und ½ Lorbeerblatt anbraten. Mit 1 gehäuften EL Mehl bestäuben, gut umrühren und anziehen lassen. Mit 2 l Wasser oder Knochenbrühe aufgießen und ca. 2 Stunden sieden lassen, vielleicht auch mehr, jedenfalls so lange, bis sich das Fleisch leicht vom Knochen lösen läßt. Während man das Fleisch klein schneidet und auf die Teller verteilt, kocht die Suppe noch mit einem Glas Rotwein weiter.

Zwischen den dünnen oder klaren Suppen (bouillons) und den dicken oder Gemüsesuppen (potages) stehen die leichten Suppen, also das, was in der französischen Küche *soupe* genannt wird. Zunächst aber etwas, das in keine der Kategorien passen will, die kalten spanischen Suppen, die besonders an heißen Tagen dem Magen willkommen sind.

Ajo blanco

Eine Handvoll frischer Puffbohnen (oder sonstwelcher gekochter Bohnen) mit 1 EL geriebener Mandeln und zwei Knoblauchzehen zerstampfen und dann mit Olivenöl verrühren. Den Brei in 1 l kaltes Wasser einrühren, mit Zitronensaft abschmecken und mit Salz und Pfeffer würzen. Dazu Weißbrot.

Gazpacho

4 Knoblauchzehen fein wiegen, 1 Paprikaschote und 3 Tomaten kleinschneiden und mit ½ Tasse Öl vermischen. 4 große Tassen kaltes Wasser darübergießen, mit etwas Essig abschmecken, wenig salzen und pfeffern. Über Nacht in den Kühlschrank stellen. Vor dem Essen 1 Tasse kleiner Gurkenwürfel einlegen. Dazu Weißbrot.
Man kann auch Wurst und Schinken in die Suppe schneiden; oder das Gemüse im Mixer pürieren, mit Weißbrot oder Semmelbröseln.

167

Und nun einige leichte Suppen, vor allem Knoblauchsuppen, die in der Kollektivküche nicht fehlen dürfen. Falls du Widerwillen gegen diese Suppen empfindest, suche bald einen Analytiker auf und studiere deine empfindsame Seele, damit du endlich den Kopf in Relation zum Bauch bringen kannst.

Sopa de ajo

4 Scheiben Weißbrot würfeln, 4 Knoblauchzehen kleinschneiden. 1 l Wasser zum Kochen bringen. Derweilen den Knoblauch in 4 EL Olivenöl blondieren, herausnehmen und die Brotwürfel rösten. Den Knoblauch wieder in den Topf geben, das heiße Wasser drübergießen und mit Salz (es muß viel sein, ca. 1 TL) abschmecken. Schneller und einfacher geht es nicht. Schmeckt sagenhaft.

Schnelle Zwiebelsuppe

Eine große Zwiebel sehr klein schneiden und in reichlich Olivenöl rasch dünsten. Mit heißem Wasser auffüllen, salzen und pfeffern. Aufkochen lassen und fertig.
Variationen: Kann nach derselben Methode mit Lauch und frischen Pilzen gemacht werden. Andere Spielarten selber aushecken.

Knoblauchsuppe mit Ei

1 l Wasser zum Kochen bringen und derweilen die Teller bereitstellen. Zuerst kommt 1 gute Prise Salz hinein, dann 1 Scheibe Weißbrot in Butter (oder Olivenöl) gedünstet, auf die Brotscheibe ein Eigelb; dazu viel feingeschnittener Schnittlauch und eine zerquetschte Knoblauchzehe. Heißes Wasser drauf und fertig ist die wunderbare Suppe.
Mit dem Löffel kräftig rühren, damit sich das Eigelb auflöst und eventuell nachsalzen, bis das richtige Geschmacksgleichgewicht da ist. Und: die Knoblauchzehe ungeschält in die Quetsche legen und ausdrücken.

Knoblauchsuppe mit Gewürzkräutern

Das solltest du mal riskieren: 30 Knoblauchzehen (in Worten: dreißig) halbieren und in 1,5 l Wasser 30 Minuten kochen. Dann einige Salbeiblätter, 1 Zweigchen Thymian

und 2 Nelken zugeben und noch 20 Minuten kochen. In jeden Teller kommen 4 Scheiben Weißbrot, die mit Olivenöl beträufelt und mit geriebenem Käse bestreut werden. Brühe abseihen und auf die Teller verteilen.
Eine gute Suppe, die aus einem Suppenkasper einen erwachsenen Menschen macht.

Zitronensuppe

1 l Hühnerbrühe erhitzen und einige Körner Reis einstreuen.
4 wirklich frische Eier verquirlen und den Saft von 2 Zitronen unterziehen, dann noch 2 Tassen heißer Brühe, die man zuvor dem Kochtopf entnommen hat, langsam dazurühren. Ist der Reis fast gar geworden, die Zitronensoße einrühren, aufkochen und noch einige Minuten ziehen lassen.

Ludwigs Muschelsuppe

2 kg Muscheln mit einer Drahtbürste reinigen und in einem Sud von 3 l Wasser, Salz, Zwiebelringen, Karotten, Muschelgewürz kochen, bis sich alle Schalen geöffnet haben. Muscheln herausnehmen, Muschelfleisch aus den Schalen lösen und Sud beiseite stellen.
In einem andern Topf werden 1 kleingeschnittene Zwiebel und 1 Bund Petersilie, gehackt, in Butter gedünstet. 0,5 l Weißwein dazugießen und soviel vom Sud, als man Suppenmenge haben will. Einkochen lassen, derweilen die Muscheln auslösen und in die Suppe geben. Ist genügend Weinsäure herausgekocht, wird der Topf vom Feuer genommen, die Suppe mit wenig Ingwer gewürzt und rasch mit ¼ l süßer Sahne und einem Eigelb gebunden.
Das Muschelfleisch dazugeben und kurz aufkochen lassen.

Schinkensuppe

1 l Knochenbrühe zum Kochen bringen. 6 Scheiben Weißbrot würfeln, in Olivenöl rösten und in die Brühe legen. 150 g rohen Schinken kurz anbraten und mit dem Bratöl in die Brühe geben. Nochmals aufkochen und heiß essen.

Brotsuppe weiß

1 l Bouillon zum Kochen bringen; 4 große Scheiben

Weißbrot von beiden Seiten braun braten (in Butter oder Öl). 1 kleinen Becher Sahne mit 4 Eigelb verrühren. Die Brotscheiben auf die Teller verteilen und die Bouillon aufschütten. Die Ei/Sahne-Mischung verteilen, geriebenen Käse streuen, gut durchrühren und los geht's.

Brotsuppe schwarz

250 g (oder mehr, wenn's für einige Tage reichen soll) altes Schwarzbrot einweichen. Derweilen 1 Suppengrün, 1 Zwiebel und 4 Knoblauchzehen kleinschneiden und in Öl oder Schweineschmalz weichdünsten. Das Brot fest ausdrücken, zerbröseln und in den Topf geben und mit dem Einweichwasser (1,5 l) aufgießen. 30 Minuten kochen und mit Salz abschmecken. – Man kann die Suppe auch durch ein Sieb streichen und 1 kleinen Becher sauren Rahm unterziehen. Auf jeden Fall mit viel kleingeschnittenem Schnittlauch bestreuen.

Zwiebelsuppe

500 g Zwiebeln in Ringe schneiden (oder in Streifen) und in Butter (oder Margarine) goldgelb dünsten, dann 1 gehäuften EL Mehl darüberstäuben und hellbraun schwitzen. Mit 1 l Knochenbrühe auffüllen und 20 Minuten leicht kochen lassen. Zum Schluß mit Salz und weißem Pfeffer abschmecken. Weißbrot auf die Teller verteilen und die Suppe darübergießen.
Man kann die Suppe im Topf auch dick mit Käse bestreuen und in der Röhre bei Oberhitze gratinieren.

Selleriesuppe

1 große Knolle Sellerie in Stifte schneiden und diese dünsten; dann mit 1 l Brühe auffüllen und aufkochen. Derweilen 4 Kartoffeln in Scheiben schneiden und in die kochende Brühe einlegen. Etwa 30 Minuten sieden lassen, bis Sellerie und Kartoffeln weich geworden sind.
Man kann diese Suppe auch durch ein Sieb passieren und mit 1 EL Butter legieren.

Kartoffelsuppe

500 g Kartoffeln und 1 Bund Suppengrün kleinschneiden

und in 1 l Brühe mit Pfeffer- und Gewürzkörnern und einem
Lorbeerblatt weichkochen, passieren und den Brei wieder
in die Brühe geben. Mit Majoran würzen, aufkochen und mit
gerösteten Speck- und Zwiebelwürfeln bestreuen.

Bohnensuppe

500 g grüne Bohnen in Salzwasser mit Bohnenkraut
weichkochen. 200 g Wammerl kleinschneiden, anbraten,
mit Mehl bestäuben. Rühren bis das Mehl braun geworden,
1 gehackte Zwiebel mitdünsten, mit kaltem Wasser ablöschen, glattrühren, mit dem Bohnenwasser auffüllen,
durchrühren. Die Bohnen einlegen und ziehen lassen.
Beilage: 2 Eier mit etwas Milch verquirlen und 4 Scheiben
Schwarzbrot so lange darinnen liegen lassen, bis sie
vollgesogen sind. Dann in Butter braten.

Diese Bohnensuppe ist bereits eine volle Mahlzeit, und so
sind wir auch von den leichten Suppen allmählich zu den
dicken gekommen. Die dicken Suppen sind so konstruiert,
daß sie entweder für viele Personen oder für mehrere Tage
reichen. Hier drei »klassische« Rezepte:

Pot-au-feu

1 kg Suppenfleisch in kaltem Wasser mit Salz, einigen
zerstoßenen Pfefferkörnern, 1 Lorbeerblatt und 2 Nelken
ansetzen, aufkochen und 1 Stunde sieden. Dann 1 aufgetautes Brathähnchen einlegen, sowie 500 g Karotten in
größeren Stücken und 1 Sellerieknolle, ebenfalls in
Stücken. Nach weiteren 30 Minuten Kochens 2 Zwiebeln
und 4 Knoblauchzehen geviertelt, 2 Stangen Lauch geteilt,
Thymian und Petersilie sowie 250 g Rauchfleisch mit
Schwarte und 4 kleingeschnittene Kartoffeln dazugeben.
Noch gute 30 Minuten weitersieden lassen, bis alles weich
geworden ist. – Zunächst wird die Brühe auf die Teller
verteilt und mit Weißbrot gegessen. Dann wird das Fleisch
herausgenommen und zerlegt, dann das Gemüse abge-
seiht und beides zusammen gegessen. Der Rest kommt
zum Aufwärmen in den Kühlschrank.
Nach Jahreszeit können noch andere Gemüse wie weiße
Rüben, Weißkraut, Wirsing etc. mitgekocht werden.

Puchero

500 g Karotten würfeln, 4 Zwiebeln halbieren, 4 Stangen Lauch teilen, 1 Sellerieknolle in Stücke schneiden (das Kraut wird mitverwendet) und 1 Gärtnergurke in große Stücke, Weißkraut in Streifen; außerdem: 1 Kopf Romania-Salat, 1 Tasse Kichererbsen (24 Stunden vorgeweicht), 1 aufgetautes Hühnerklein, 1 Schweinsohr, 500 g Rauchfleisch oder frischer Bauchspeck blanchiert und schließlich 2 spanische Paprikawürste (chorizo).

Die Zutaten werden in einem großen Topf mit 5 l kaltem Wasser angesetzt. Aufwallen lassen und 2 Stunden auf kleinem Feuer ganz leicht kochen lassen, bis alle Zutaten weich geworden sind. Fleisch und Gemüse werden auf einer Platte angerichtet. Die Brühe kommt in einen Suppentopf und wird mit Salz und Pfeffer abgeschmeckt und möglichst mit einer Handvoll gehackter Minzblätter bestreut. – Dazu Weißbrot.

Minestra

In diese Suppe kann man nahezu alles geben, was an Gemüse je nach Region vorhanden ist: aber das Gemüse muß unbedingt *frisch* sein, z.B. 1 kg aus Karotten, Kohlrabi, grünen Bohnen, Erbsen, Sellerie, Blumenkohl, Weißkraut, Wirsing, aber auch Zuccini, Auberginen, Romania-Salat etc. Das Gemüse wird in Stücke und Streifen geschnitten. Immer in der Suppe sind: 2 Zwiebeln in Streifen, 8 Knoblauchzehen halbiert und 500 g Kartoffeln in kleinen Würfeln, außerdem 200 g Rauchfleisch (oder mehr) kleingeschnitten. Würzkräuter: Petersilie, Thymian, Oregano und Basilikum; viel, viel Basilikum frisch, wenn's nur irgend möglich ist.

Zuerst werden Speck und Zwiebeln in 1 Tasse Olivenöl angebraten, dann die Gemüse zugefügt und angedünstet. Nun mit 5 l Knochenbrühe (oder Wasser) auffüllen, aufwallen lassen und 15 Minuten leicht kochen. Eine Handvoll Reis einstreuen und noch 15 Minuten kochen. Endlich die gehackten Kräuter einrühren, mit (viel) Salz abschmecken und noch etwas ziehen lassen. Auf die Teller verteilen und mit geriebenem Parmesan bestreuen. Dazu Weißbrot und trockener Landwein: ein Festessen.

Zum Schluß des Suppenkapitels noch eine besondere Art dicker Suppe:

Fischsuppe

Es ist unmöglich, auch nur eine Imitation der berühmten Bouillabaisse herzustellen, da hierzu eine bestimmte Auswahl von Mittelmeerfischen notwendig ist. Aber es ist durchaus möglich, hervorragende Fischsuppen zu bereiten.

Zunächst gibt es die Möglichkeit, sich aus der Tiefkühltruhe der italienischen oder spanischen Lebensmittelgeschäfte mit Fischen zu versorgen. Hier werden die Bestandteile der Fischsuppe abgepackt angeboten. Dann kann man sich aber auch im gewöhnlichen Fischgeschäft eine möglichst große Auswahl an Seefischen zusammensuchen: Seelachs, Seeaal, Kabeljau, Heilbutt, Schellfisch, Rotbarsch. Daraus kann man eine Vielzahl von Fischsuppen herstellen. Die richtige Kombination der Fischsorten wird man im Lauf der Zeit für sich herausfinden. Man wird auch gelegentlich versuchen, Miesmuscheln dazuzugeben und, wenn gerade der Reichtum ausgebrochen ist, Langusten und Krabben. Wichtig ist, die Fische nur kurz zu kochen, weil sonst der besondere Geschmack der Fischsuppe flöten geht!

Grundrezept 1: **Fischsuppe für Landratten**

Fische säubern, in gleichmäßige Stücke schneiden, stark salzen und pfeffern (am besten läßt man sich vom Fisch im Anschnitt geben, der ja auch billiger ist; gleichmäßige Portionen abschneiden). Der Topf wird folgendermaßen garniert: 2 gehackte Zwiebeln, 2 pürierte Tomaten, 2 Knoblauchzehen, Thymian, 1 Lorbeerblatt, 1 kleine in Scheiben geschnittene Fenchelknolle, 1 Bund gekräuselte Petersilie. Darauf die Fischstücke gelegt; die mit festem Fleisch nach unten, die mit weichem obenauf (Kabeljau, Seelachs). Falls es eine »echte« Fischsuppe werden soll, unbedingt Safran zugeben. Dann mit Olivenöl übergießen und mit 2 l Fischsud (oder Wasser bei einfacher Zubereitung) aufgießen, auf starkes Feuer bringen, aufkochen und maximal 15 Minuten ziehen lassen. Die Fischstücke werden auf einer Platte oder einem großen Teller aufgetragen, die Suppe wird in Teller gefüllt, in die man zuvor geröstetes Weißbrot gegeben hat. Pro Nase und je nach Stand der Haushaltskasse 200–300 g Fisch. Nicht an Olivenöl sparen, noch viel weniger an Knoblauch. Und möglichst frische Gewürzkräuter.

Grundrezept 2: **Fischsuppe für Stadtratten**
Fische in 1 cm dicke Scheiben schneiden, salzen und pfeffern. Mit grobgeschnittenen Knoblauchzehen (viel, viel!) und Thymian in reichlich Olivenöl kurz anbraten, mit viel Paprika (am besten spanischen Pimenton) bestäuben, 2 l heißes Wasser aufgießen, aufwallen und ca. 20 Minuten ziehen lassen. Vor dem Auftragen abschmecken (und nach Geschmack frische Kräuter zugeben). Dazu geröstetes Weißbrot, das in den Teller gelegt oder gewürfelt auf die Suppe gestreut wird.

Bemerkung: Das Herstellen einer guten Fischsuppe dürfte vermutlich erst nach mehreren Versuchen gelingen. Denn man muß herausfinden, wie die Fische zu kombinieren sind, die gerade angeboten werden; und die wenigsten Köche werden in einer Hafenstadt wohnen. Ebenso muß man herumexperimentieren, bis man herausgefunden hat, wie Fische aus der Tiefkühltruhe (ital., span. etc.) mit dem Angebot der Fischhandlung zu kombinieren sind. Tiefgekühlte Fische einige Minuten weniger kochen als frische. Überhaupt ist das richtige Kochen der Fische schwierig, da jede Sorte andere Eigenschaften hat. Der Fisch soll durch sein, darf aber nicht zerfallen.
Wer sich intensiver mit der Fischsuppe befassen will, wird sich Auskunft aus speziellen Fischkochbüchern holen. Jedoch besonders hier gilt, daß Rezepte nur ein genereller Hinweis sind, ein Tip — und daß Erfahrung durch nichts zu ersetzen ist. Man kann z.B. — entgegen allem, was in den Büchern steht oder was nicht drin steht — für die Fischsuppe durchaus Tintenfisch und Pulpo verwenden (aus der Tiefkühltruhe). Der gesäuberte Tintenfisch wird in dünne Ringe geschnitten, der Pulpo kurz gebrüht und dann in dünne Scheiben geschnitten Dann werden sie für Grundrezept 2 benutzt: und immer zuerst anbraten; oder besser

174

noch in einer extra Pfanne angebraten und 10 Minuten gedünstet und dann dem angebratenen Fisch zugeben. Diese Suppe wird sehr kräftig und reichhaltig, aber auch teuer.

Der Fischsud

1 kg frische Fischabfälle wie Köpfe, Gräten, Flossen, Bauchlappen, 1 Zwiebel in Ringe geschnitten, 1 Suppengrün, etwas trockener Weißwein, 2 l Wasser, Saft 1 Zitrone, Salz.

Zutaten in einen (hohen) Topf geben, auf starkes Feuer setzen, aufwallen lassen und abschäumen, dann 1 Stunde bei kleinem Feuer kochen lassen. Der Sud wird durch ein Haarsieb gegossen und zur weiteren Verwendung bereitgehalten: entweder für die Bereitung der Fischsuppe 1 oder zum Dünsten von Fischen überhaupt und zur darauffolgenden Verwendung für Fischsoßen.

Soßen

Noch einmal: Die deutsche Soße ist keine »Sauce«, sie ist ein Magentöter. Das Soßenkochen ist eine ziemlich große Handwerkskunst, die von speziellen Soßenköchen ausgeübt wird. Das ist aber keine Perspektive für den Kollektivkoch; er kann sich mit den velouté, coulis, estouffade, espagnole, roux, suprême etc. nicht befassen und macht sich statt dessen folgende Grundregeln zu eigen:

1. Fleischsoßen werden aus möglichst viel Bratensaft hergestellt, durch Brühe erweitert, nach Geschmack gewürzt und mit saurem Rahm und/oder Mehl, Mondamin etc. gebunden.

Je nach Lage der Dinge wird eine weiße oder braune Mehlschwitze zum Binden benutzt. Tomatenmark eignet sich ebenfalls dazu.

2. Gemüse wird grundsätzlich nicht in der Mehlpappsoße gegart, sondern in Butter (Margarine) oder Öl mit wenig Wasser und Gewürzen gedünstet.

Eine Ausnahme in Sachen Mehl bildet die (verkürzte) Béchamel-Soße, die bereits im Kartoffelkapitel unter »Béchamel-Kartoffeln« abgehandelt worden ist.

3. Sind frische Kräuter vorhanden, richtet sich der Kollektivkoch auf eine kleine Soßenbastelei ein. Ansonsten wird mit getrockneten Kräutern gewürzt, die bedenkenlos verwendet werden können, da inzwischen raffinierte Trocknungsprozesse entwickelt worden sind. Aber frische Kräuter sind halt doch nicht zu ersetzen. Wenn's geht, einen Gewürzgarten anlegen. Das ist bitte nicht als Aufruf zur Idylle zu verstehen.

Tomatensoßen sind im Mehlkapitel unter Spaghetti etc. behandelt. Bei den chinesischen und einigen anderen Gerichten ist die Zubereitung der Soßen bereits angegeben.

Helle Mehlschwitze

Alle Schwitzen beruhen auf dem Grundsatz, daß gleiche Mengen von Fett (Butter etc.) und Mehl vermischt werden, für unsere Bedürfnisse also je 150 g Fett heiß machen und das Mehl darin ganz glatt verrühren. Etwas ruhen lassen und dann zum Binden einer hellen Soße verwenden. Soll die Soße etwas dunkler werden, wird die Hitze erhöht und so lange gerührt, bis die Masse eine goldgelbe Farbe angenommen hat.

Dunkle Mehlschwitze

Gleiche Teile Fett und Mehl verrühren. Jetzt entweder so lange fleißig rühren, bis die Masse dunkelbraun geworden ist, oder besser: die Pfanne in den Backofen stellen und die Masse bei ca. 200 Grad dunkelbraun rösten und öfters mal umrühren.

Diese Mehlschwitzen, die man auch im Kühlschrank auf Vorrat halten kann, werden in Fleischbrühe eingerührt und auf kleinstem Feuer bei ständigem Rühren eingekocht. Je länger man das aushält, um so besser wird die Soße.

Erst jetzt wird der Bratensaft in die vorbereitete Masse gegeben und die Soße ist endgültig fertig.

Selbstverständlich kannst du das alles auch auf die Schnelle machen.

Hast du aber viel Zeit oder willst eine Aggression gemeinnützig abführen, dann mache es auf die Langsame:

a) Kalbfleisch, Kalbs- und Geflügelknochen mit Suppengrün 5 Stunden kochen und passieren. Das ist der weiße Fond für helle Schwitze.

b) Der braune Fond: diverses Fleisch mit Knochen und Suppengemüse braun anbraten, mit warmem Wasser auffüllen und vier Stunden kochen. Passieren und die dunkle Schwitze darin einkochen.

Es geht auch noch langsamer. Die *espagnole* braucht gut ihre 2 Tage. Aber dann doch lieber 2 Tage lang die Klassiker studieren. Noch einige Soßen-Rezepte:

Tomaten-(Grund-)Soße

1 kg Tomaten schälen (oder geschälte Tomaten aus der Dose nehmen: sind oft besser als die frischen EG-Tomaten), kleinschneiden und mit 4 zerdrückten Knoblauchzehen in ½ Tasse Olivenöl andünsten. Mit Salz und Pfeffer abschmecken, 1 Bund gehackter Petersilie zufügen, wenig Wasser oder Brühe aufgießen und mindestens 30 Minuten auf kleiner Flamme kochen. Öfters (oder immer) rühren. Du kannst die Soße passieren oder es bleiben lassen.

Zwiebelsoße

Eine braune Soße herstellen, mit Rotwein würzen und mit Salz und Pfeffer (oder Paprika) abschmecken. 2 Zwiebeln in Streifen schneiden, braun rösten, zur Soße geben und etwas ziehen lassen.

Rotweinsoße

2 junge Zwiebeln oder Schalotten (oder halt 1 gewöhnliche Zwiebel) und 1 Bund Petersilie kleinhacken und in 0,7 l Rotwein einkochen, bis nur noch die Hälfte der Flüssigkeit vorhanden ist. 1 EL Mehl mit 1 gehäuften TL Butter verkneten, das Ding in die Soße rühren, bis sie glatt geworden und somit gebunden ist. Wenige Minuten auf kleinstem Feuer kochen und endlich mit frischem gemahlenem Pfeffer abschmecken.

Einige frische Thymianblätter im Wein mitgekocht, verbessern diese Soße durchaus.

Einige kalte Soßen für Salate, kaltes Fleisch und Fisch folgen auf Seite 188.

Gemüse und Salate

Spinat

1 Zwiebel in Streifen und 1 Knoblauchzehe in Scheibchen
schneiden, in Butter oder Öl andünsten und 1 kg gewaschenen Spinat zufügen. ½ Tasse Wasser über den Spinat
schütten und auf großem Feuer wenige Minuten dünsten,
bis er zusammengefallen ist. In der Flüssigkeit, die sich
gebildet hat, den Spinat etwas ziehen lassen. Er darf nicht
zu weich werden.

Blumenkohl

1 Kopf Blumenkohl in Salzwasser nicht zu weich kochen. 1
Ei hart kochen und ganz kleinschneiden, 1 Bund Petersilie
fein wiegen. 6 EL Olivenöl erhitzen, Ei und Petersilie sowie
einen Schuß Weinessig zufügen. Durchrühren und fertig.
Diese Soße wird über den Blumenkohl gegossen, den man
zerteilt.

Grüne Bohnen

500 g grüne Bohnen in Salzwasser nicht zu weich kochen.
2 EL Butter heiß machen und die Bohnen darin weich
dünsten.

Rosenkohl

500 g Rosenkohl säubern und waschen. In Butter oder Öl
leicht anbraten, etwas Brühe dazugeben und zugedeckt
weich dünsten.

Rotkraut

1 Kopf Rot- oder Blaukraut hobeln, 1 Zwiebel und 2 Äpfel
in Stücke schneiden. Dann 1 EL Zucker in Öl leicht

bräunen, Zwiebel und Äpfel darin kurz dünsten, Kraut einfüllen und mit wenig Essig übergießen. 1 Tasse Wasser oder Brühe zufügen und das Kraut zugedeckt gar dünsten.

Sauerkraut
2 EL Schweineschmalz (oder Gänsefett) in der Kasserolle heiß machen, Sauerkraut mit 2 Lorbeerblättern und etwas Rauchfleisch dazwischen einlegen und mit Brühe auffüllen, daß das Kraut fast bedeckt ist und ganz langsam garen. Das Kraut soll knackig sein. Man kann daher den Topf auch 3 Stunden in die Röhre stellen (180 Grad). Und wann immer es zu haben ist, frisches Sauerkraut verwenden.

Karotten
500 g Karotten in Scheiben schneiden oder hobeln. Butter oder Öl heiß machen und die Karotten andünsten, wenig salzen und pfeffern. Mit wenig Brühe auffüllen und zu Ende garen. Dann mt viel gehackter Petersilie bestreuen.

Tomaten
500 g Tomaten in dicke Scheiben schneiden, 1 Bund Petersilie wiegen, 1 Knoblauchzehe kleinschneiden. Alles zusammen in heißes Olivenöl geben und auf großem Feuer kurz schmoren.

Zwiebeln
500 g Zwiebeln vierteln und in der Pfanne ohne Öl scharf anbräunen. Pfanne vom Feuer nehmen und etwas abkühlen lassen. 4 EL Olivenöl und etwas Brühe über die Zwiebeln geben und diese noch ein wenig weich dünsten.

Fenchel
Von 4 Knollen die äußeren harten Blätter abschneiden und sie dann in dünne Ringe schneiden. In Olivenöl mit 1 Glas Weißwein weich dünsten, salzen und pfeffern.

Erbsen
Frische Erbsen oder solche aus der Dose in Butter mit etwas Fleischbrühe weich dünsten.

Bohnen

500 g frische, ausgehülste Bohnen mit 1 Speckschwarte, 1 Zwiebel in Streifen und 4 halbierten Knoblauchzehen in die Kasserole geben. Salz und Pfeffer darüberstreuen, 6 EL Öl und etwas Wasser oder Brühe darübergießen. Zum Schluß mit Essig abschmecken. – Getrocknete Bohnen über Nacht einweichen.

Kohlrabi

4 junge, zarte Kohlrabi gut abschälen und in dünne Scheiben schneiden. Die feinen Blätter der Kohlrabi werden kleingeschnitten verwendet. Beides in Butter oder Öl andünsten, etwas Brühe auffüllen und weich dünsten. Mit Salz, Pfeffer und etwas Zucker abschmecken.

Lauch

Das Weiße von 1 kg Lauch in 4 cm lange Stücke schneiden und in 2 EL Butter langsam weich dünsten. Mit Salz und Muskat abschmecken.

Auberginen

500 g Auberginen in Scheiben schneiden, mit Zitronensaft beträufeln und in Olivenöl weich dünsten. Leicht salzen.

Zucchini

500 g Zucchini in große Würfel schneiden, 250 g Tomaten vierteln, 6 Knobläuche in Scheibchen schneiden, 1 Bund Petersilie wiegen. Erst Zucchini in den Topf, dann Tomaten, Salz und Pfeffer drüberstreuen, Knoblauch und Petersilie drauflegen. 1 Tasse Wasser und viel Olivenöl drübergießen. Zugedeckt ohne zu rühren (!) garen.

Artischocken

Artischocken mit den Fingern zu essen, ist eine kommunikationsfördernde, genüßliche Sache z.B. an heißen Sommerabenden, wenn sowieso keiner Hunger hat. Wichtig: laßt Euch keine bräunlichen Dinger andrehen! Von den Köpfen schneidet man den Stiel ab, eventuell noch ein paar braune Blattspitzen, bestreicht die Schnittfläche mit Zitronensaft und tut den restlichen Saft ins kochende Salzwasser (damit sie schön grün bleiben) und kocht die Artischocken, bis sich die Blätter leicht abzupfen lassen (ca. 45 Minuten). Wenn jeder seine abgetropfte Artischocke auf dem Teller liegen hat, tunkt man Blatt für Blatt in die »feine« Vinaigrette (s. S. 189) und lutscht das fleischige Blattende aus. Das beste ist das »Herz«, von dem man sorgfältigst die stacheligen Härchen entfernen sollte, sonst ist der Genuß hin. – Statt Weißwein kann man auch einen herben Cidre dazu trinken.

Ratatouille

Gehört beinahe zu den Eintöpfen: je 500 g Paprikaschoten, Zucchini, Auberginen, Tomaten und mindestens 1 große Kochzwiebel(wiegt auch etwa 500 g) nicht zu klein schneiden. Im erhitzten Öl zuerst reichlich Knoblauch und die Zwiebeln dünsten, dann die härteren Gemüse (Paprikaschoten), nach und nach die anderen, zum Schluß die Tomaten zugeben. Mit Salz, Pfeffer, Lorbeerblatt, Basilikum, Rosmarin würzen. Hin und wieder sanft umrühren, das Gemüse setzt leicht an, es darf aber kein Matsch werden; ca. 30 Minuten auf kleiner Flamme kochen. Dazu frisches Brot und kräftigen Rotwein. Eignet sich auch hervorragend als Fleischbeilage bei großen Essen.

Salate

Deutscher Salat wird gewürzt und ersäuft. Salat dagegen wird zärtlich und liebevoll behandelt.

Es fängt mit dem Waschen an: Die Salate – ebenso wie alle Gemüse – bleiben nur eine kurze Zeit im Wasser, gerade so lange, daß die Gartenerde etc. abgewaschen werden kann. Danach läßt man sie in einem Sieb gut abtropfen.

Merke: die Blattsalate werden erst geputzt, dann gewaschen, dann erst zerzupft oder geschnitten. Salatgemüse wie Tomaten und Paprika werden erst gewaschen, dann geteilt. Tomaten niemals in Scheiben schneiden, sondern vierteln oder achteln.

Die Salate – ebenso wie alle Gemüse – müssen ganz frisch sein. Der Kollektivkoch wird deshalb in seinem Stadtviertel

181

bald jene Läden ausfindig machen, die frisches Gemüse und Salate liefern, möglichst vom Gärtner. Er scheut keinesfalls längere Wege und Einkaufszeiten, um gutes Gemüse und frische Salate zu bekommen.

Salat wird erst kurz vor dem Essen zerzupft oder zerschnitten. Die Salatsoßen werden zuerst angemacht und dann über die Salate gegossen, damit die Salate nicht unnötig lange durcheinandergemischt und damit gewürgt werden. Der Salat braucht nur eben so viel Soße, daß jedes Blatt oder Stück angefeuchtet ist.

Das Mischungsverhältnis von Salz/Pfeffer, Essig und Öl ist eine Frage des »persönlichen« Geschmacks, der nichts anderes ist als eine nicht bewußt gemachte Gewohnheit. Der Kollektivkoch wendet sich von den häuslich-heimischen Gewohnheiten ab, um sich mit der italienischen und französischen Salatmethode vertraut zu machen.

Die italienische, genauer florentiner Grundregel heißt: Salz vom Künstler, Essig vom Geizhalz, Öl vom Verschwender. Die französische Grundregel ist, die Salatschüssel mit einer gepreßten Knoblauchzehe auszureiben; und statt Pfeffer frische Salatkräuter zu verwenden, als da sind Schnittlauch, Petersilie, Pimpernelle, Kerbel (dazu Schalotten oder Zwiebelspitzen). Ein Hauch Zucker kann nicht schaden.

Endlich: Blattsalate besser mit den Händen als mit dem Salatbesteck mischen.

Merke: Gemüse, ob sie nun zu Salat weiterverarbeitet werden oder nicht, setzt man zum Kochen oder Vorkochen in heißem Wasser auf und kocht so kurz als möglich.

Kopfsalat
Blätter in große Stücke teilen und mit Öl-Essig-Soße anmachen. Ebenso Romania-Salat. Oder Kräuter-Soße.

Endiviensalat
Blätter nicht in Streifen schneiden, wässern und ausdrücken! Sondern ebenfalls in Stücke, allerdings kleinere teilen. Öl-Essig-Soße mit Knoblauch und Senf.

Nissel oder Feldsalat
Nur putzen und waschen. Öl-Essig-Soße.

Chicoree

In die einzelnen Blätter zerlegen, waschen, dann die unbrauchbaren Teile abschneiden. Nur die äußeren großen Blätter halbieren. Öl-Essig-Soße.

Radicchio

In die einzelnen Blätter zerlegen, waschen, die unbrauchbaren Teile wegschneiden und nur die größeren Blätter in kleinere Stücke brechen. Öl-Essig-Soße (wer mag mit etwas Muskat), eventuell veredelt durch Walnußstücke oder geröstete, warme Magerspeckwürfel.

Die Mischung von Blattsalaten und Salatgemüse wird nach Jahreszeit vorgenommen. Es wird gemischt, was gerade auf dem Gemüsemarkt zu haben ist. Dazu kommen Oliven und Peperoni. Mit der Öl-Essig- oder Kräuter-Soße anmachen. Karotten werden geraffelt, Gurken gewürfelt, Sellerie wird in ganz dünne Scheibchen, Fenchel in dünne Ringe, Zwiebel in Ringe oder Streifen, Paprika in Streifen geschnitten, Auberginen kurz in Öl gedünstet, ebenso Zucchini bevor sie mit anderen Sachen angemacht werden.

Krautsalat

1 kleinen Kopf Weiß- oder Rotkraut fein hobeln, mit Öl-Essig- oder Senf-Soße anmachen und 2 Stunden ziehen lassen.

Kartoffelsalat

1 kg Speckkartoffeln abkochen, heiß schälen und in dicke Scheiben schneiden. 2 Essiggurken und 1 Zwiebel kleinschneiden, mit Öl-Essig-Soße vermischen und über die Kartoffeln geben. Mehrere Stunden ziehen lassen. Zusammen mit gebratener Wurst oder Kotelett eine Hauptmahlzeit.

Bohnensalat

250 g weiße oder bunte Bohnen weich kochen und auskühlen lassen. Mit einer gehackten Zwiebel und Öl-Essig-Soße anmachen.

Zwiebelsalat

250 g italienischer oder spanischer Salatzwiebeln in Streifen schneiden, mit 2 Knoblauchzehen in Öl-Essig-Soße anmachen.

Rettichsalat

1 großen und nicht holzigen Rettich raffeln, salzen und 15 Minuten ziehen lassen. Leicht ausdrücken und mit Öl, Essig und Pfeffer anmachen.

Salat von grünen Bohnen

500 g grüne Bohnen in Salzwasser nicht zu weich kochen. Mit einer gehackten Zwiebel und Öl-Essig-Soße anmachen.

Blumenkohlsalat

1 großen Blumenkohl halbweich kochen. Den Strunk wegschneiden und den Kopf in Zweigchen zerlegen. Mit Schnittlauchsoße begießen.

Gurkensalat

1 Gurke raffeln, 1 Knoblauchzehe ausquetschen, dazugeben und leicht salzen. 1 Joghurt mit 1 EL Olivenöl und 1 EL (Wein-) Essig verrühren. Mit der Gurke vermischen, gut ziehen lassen und kühl servieren.
Variante (eine von vielen) Joghurt mit 1 Bund frischem, gewiegtem Dill und etwas Salz glatt rühren und mit einer geraffelten Gurke vermischen.

Tomatensalat

siehe Seite 204.

KLASSIKER-
ZWIEBELN

Sommersalate

Dies sind einige Vorschläge, sich an heißen Sommertagen zu ernähren. Man kann einige leichte Salate zusammenstellen oder sich einen kräftigen heraussuchen. Dazu Brot und Wein.

Hühnersalat

1 Brathähnchen auftauen, in Salzwasser 15 Minuten kochen und dann 1 Stunde im heißen Wasser ruhen lassen. Danach läßt sich das Fleisch leicht ablösen und zerlegen. Derweilen 250 g Makkaroni kleinbrechen und kochen; 4 Tomaten, 2 Paprikaschoten (grün und rot) und 1 Zwiebel zurechtschneiden. 1 gepreßte Knoblauchzehe mit Öl-Essig-Soße verrühren; alle Zutaten vorsichtig mischen, Soße darüber und 1 Stunde im Kühlschrank ziehen lassen.

Reissalat

1 große Tasse Reis kochen und auskühlen lassen. 200 g Schinken oder irgendeine Wurst in Würfel, 2 rote und 2 grüne Paprikaschoten und 1 Zwiebel in Streifen schneiden. Mischen, mit Öl-Essig-Soße begießen und 1 Stunde ziehen lassen.

Riz espagnol

1 Tasse Reis kochen, auskühlen lassen und mit Safran würzen. 150 g grüne und schwarze Oliven entkernen und kleinschneiden. 100 g Sardellenfilets kleinschneiden, 100 g Schinken würfeln. Dazu 1 Dose Krabbenfleisch oder Fleisch anderer Schalentiere, auf jeden Fall Muschelfleisch. Salzen/pfeffern, mischen und mit viel Olivenöl und wenig Essig begießen. Ziehen lassen.

Salat mit Schafskäse

250 g Schafskäse in die Mitte einer großen Palette setzen, mit geschnittenen Tomaten, Gurken, Zwiebeln, Paprikaschoten, Oliven und Peperoni garnieren und mit griechischen Knoblauchwürsten schmücken.

Thunfisch-Salat

Er wird nicht in der Schüssel, sondern auf den Tellern angerichtet. – 1 Kopfsalat waschen, abtropfen lassen und die Blätter in kleine Stücke zupfen, die zuerst auf den Teller gelegt werden. Darauf kommen frische Tomaten in Scheiben und Paprikaschoten in Streifen, (Spargel, frisch oder Dose), (Artischockenböden), Maiskölbchen, Oliven, das kleingehackte Eiweiß von hartgekochten Eiern und 1 Dose Thunfisch zerkleinert.

Dazu wird folgende Soße gerührt: eine Art Mayonnaise aus Öl, Saft 1 Zitrone, 1 Bund fein gewiegter Petersilie und 4 gepreßten oder gemörserten Knoblauchzehen sowie etwas Salz. Dies gibt man auf den Salat und passiert zum Schluß noch das Eigelb durch ein Sieb obenauf.

Salat Nizza

Ein klassisches Sommeressen der Provence, wird ebenfalls auf den Tellern oder auf einer Platte angerichtet. Als Grundlage dienen schnittfeste Tomaten. Man schneidet sie in Scheiben, entfernt die Kerne, salzt sie leicht und legt sie in ein Sieb, damit das Wasser ablaufen kann (man kann das auch lassen).

Die Tomatenscheiben werden auf den Grund des Tellers gelegt, obenauf folgen (gewässerte) Sardellenfilets, die schachbrettförmig angeordnet werden. Darüber streut man nun schwarze Oliven und grüne Pfefferschoten (empfindsame Zungen ziehen die Streifen von Paprikaschoten vor), gießt Öl und Essig darüber (beides hat man vorher mit Senf vermischt), pfeffert leicht, streut gehackte Petersilie (oder Basilikum) darüber und dekoriert mit Scheiben von hartgekochten Eiern.

Variante: man kann eigentlich alle frischen Gemüse dazutun, welche die Saison anbietet, außerdem noch Kapern, Zwiebelringe und Cornichons (Essiggürkchen).

Balkanesischer Reissalat

250 g Reis kochen, unter kaltem Wasser abspülen, abtropfen lassen, mit dem Saft 1 Zitrone und 4 EL (Oliven-) Öl begießen, pfeffern und ziehen lassen. Unterdessen werden zwei Paprikaschoten in Streifen und 4 (oder mehr) Tomaten

in Scheiben geschnitten und zusammen mit Kapern und 100 g Sardellenfilets zum Reis gegeben. Vorsichtig mischen und eine Weile im Kühlen ziehen lassen. – Der Salat kann durch eine Mischung von Knoblauchmayonnaise und saurem Rahm verschönert werden.

Balkanesischer Hühnersalat

Huhn wie oben kochen und Fleisch in Streifen schneiden. 1 kleine Sellerieknolle putzen, in Scheiben schneiden und solange in kochendes Salzwasser legen, bis das Gemüse halbgar ist (auf keinen Fall darf es weich werden). 2 Äpfel in kleine Würfel schneiden und 100 g gefüllte Oliven in Streifchen schneiden. Das Ganze vorsichtig mischen und auf Blätter von Kopfsalat verbringen, die sich auf den Tellern befinden.

Die Soße dazu wird folgendermaßen hergestellt: 6 Eier hart kochen, das Eigelb aus dem Eiweiß lösen und letzteres ganz klein hacken. Den Dotter durch ein Sieb streichen und mit Öl verrühren, das tropfenweise dazugegeben wird. Mit Salz, Pfeffer und Essig abschmecken und zuletzt das Eiweiß unterrühren. Man kann überdies noch mit Fleischbrühe und Madeira anreichern.

Obstsalat mit Fisch

400 g Fischfilet (Seelachs, Kabeljau, Rotbarsch etc.) vorsichtig in etwas Salzwasser (oder Fischbrühe, Fischsud) gardünsten und erkalten lassen. 2 Äpfel, Bananen und Orangen kleinschneiden, desgleichen einige Mandeln; 1 EL Mayonnaise nach Wahl dazugeben, vermischen und das behutsam zerkleinerte Fischfilet vorsichtig dazugeben. Gut durchziehen lassen und kühl servieren.

Fischsalat

400 g Fischfilet wie oben behandeln (oder Hummer nehmen). 4 Eier (oder mehr) hartkochen und, wenn ausgekühlt, kleinschneiden, 1 Bund Petersilie hacken, 2 Zwiebeln ganz fein schneiden und einige Cornichons in Scheibchen teilen. Das Ganze mit Kapern, Senf, wenig Salz und Pfeffer gut vermischen, die Stücke vom Fischfilet darauflegen und mit einer Mayonnaise nach Wahl begießen.

Sommerbrot

1 Kopfsalat waschen und in kleine Stücke zupfen, 1 Paprikaschote in Streifen schneiden, einige Tomaten in Scheiben; 1 Dose Thunfisch öffnen.

1 großes Stück von einer Baguette halbieren, beide Hälften mit Olivenöl beträufeln, (etwas Harissa – siehe Couscous – daraufstreichen), dann auf die untere Hälfte lagenweise Salat, Tomaten, Paprika (Gemüse eventuell leicht salzen) und Thunfischschichten, die obere Hälfte darauflegen und kräftig zubeißen.

Salatsoßen

Es ist besser, die Salate roh und unangemacht zu essen, als sie mit schlechtem Essig und Öl zu verhunzen.

Wer geschickt einkauft, besorgt sich italienischen (spanischen, französischen) Weinessig.

Gutes Öl ist z. B. Olivenöl, und das ist nicht billig. Es gibt hier allerdings Preisunterschiede von mehreren Mark für dieselbe Qualität. Der Kollektivkoch kauft jedoch mit großer Geduld ein und findet bald den Laden heraus, der Olivenöl zum Niedrigpreis verkauft.

Olivenöl mit der Qualitätsbezeichnung »geschmacklos« wird verworfen. Olivenöl muß nach Oliven schmecken!

Öl-Essig-Soße

4 EL Öl auf 1 EL Essig (oder Zitronensaft), eine Prise Salz. Gut verrühren.

Kräuter-Soße

Mischung wie oben, feingewiegte Salatkräuter dazu.

Joghurt-Soße

1 Becher Joghurt, 2 EL Öl, Prise Salz, 1 TL Essig, Kräuter.

Senf-Soße

1 TL scharfer Senf, 3 EL Öl, 1 TL Zitronensaft. Gut verrühren.

Vinaigrette

Petersilie und Schnittlauch (plus Estragon und Kerbel, falls aufzutreiben) fein wiegen und mit 3 EL Weinessig und 8 EL Olivenöl verrühren. Weißen Pfeffer zufügen, glattrühren.

Bei der verfeinerten Form (z.B. für Artischocken) wird auf jeden Fall die Schüssel mit Knoblauch ausgerieben und mit Essig und Öl auch ein TL Senf vermischt. Die Kräuter sollte man durch Dill und Kresse anreichern, aber das wichtigste ist ein ganz klein geschnittenes, hartgekochtes Ei!

Mayonnaise

Mayonnaisen sind die Soßen für schwere Salate (Sommersalate). Folgendes Rezept ist der Grundstock für weitere Kombinationen:

4 Eigelb mit Salz, Pfeffer und 1 TL Senf verrühren. Darauf unter ständigem Rühren ca. 1½ Tassen Öl in einem dünnen Strahl dazugießen, bis die Soße fest geworden ist.

Dazu einige Varianten:

4 Eigelb von frischen Eiern mit Salz und feingemahlenem weißen Pfeffer verrühren, dann in einem dünnen Strahl während des Rührens Olivenöl so lange einlaufen lassen, bis die Soße dickgeworden ist. Mit scharfem Senf und Zitronensaft abschmecken.

Aioli: eine kräftige südfranzösische Mayonnaise. Pro Person 2 Knoblauchzehen in einem Mörser zerstampfen, dann weiter im Mörser mit 1 Eigelb verrühren, Öl eintropfen lassen und weiterrühren, viel Zitronensaft und 1 EL lauwarmes Wasser zufügen und gemächlich weiterrühren, bis das Amalgam fertig ist.

Ali-oli: noch kräftigere spanische Soße. Im Mörser mindestens 1 Dutzend Knoblauchzehen zerstampfen, salzen und pfeffern, mit Olivenöl verrühren, schließlich 3 Eigelb und Zitronensaft dazurühren.

Remoulade

Eine Mayonnaise wie oben hergestellt: aber mit mehr Senf und eher dünnflüssig, 1 gehackte Essiggurke (oder Cornichons) und 1 EL Kapern zufügen sowie 2 hartgekochte Eier und ½ Zwiebel ebenfalls gehackt und einige Sardellenfilets kleingeschnitten.

Vorspeisen

Ein weites Feld und recht teuer — all die entrées und
entremets. In der Kollektivküche können sie nur als Einleitung bei großen Essen in Erscheinung treten. Hier einige
Anregungen.

Die beste Eröffnung zu einem großen Essen ist zweifels-
ohne ein Glas Schnaps. Darauf kann man Vorspeisen,
Suppen, Zwischengerichte, Hauptgerichte, Nach- und Süßspeisen folgen lassen und mit schwarzem Kaffee, Cognac
und Zigarre abschließen. Bitte. Aber ich wollte von kleinen
Vorspeisen reden.

Gesunde Vorspeisen (Rohkost) finden sich im Kapitel
„Kochen mit Kindern (s. S. 197). Leichte Salate eignen sich
auch als Vorspeisen und sind magenfreundlich. Außerdem
kann man noch einige kleinere Spielregeln probieren:

Zum Beispiel grüne und schwarze Oliven sowie einige
Peperoni zum Knabbern auf einem Teller anrichten. —
Ölsardinen halbieren und mit einer Vinaigrette (siehe
Soßen) beträufeln; geht auch mit Thunfisch. — Eine
Baguette, das lange französische Weißbrot, aufschneiden,
Schnitten von beiden Seiten mit Knoblauch bereiben und
mit Wurst, Schinken, Sardellen, Lachs etc. belegen. — Eine
Baguette alle 2 cm tief einschneiden, Schnittflächen mit
Knoblauch bereiben, je 1 Scheibe Salami in die Spalten und
das Brot in der Röhre bei 250 Grad 10 Minuten backen: ist
zusammen mit Salat auch eine Hauptmahlzeit. — Und wenn
es höher hinausgehen soll: 1 Scheibe zarten, rohen Schinken
auf ein Stück Zuckermelone legen. Eine Platte mit hauchdünn geschnittenem Schwarzwälder oder Parma-Schinken
oder mit Jamon anrichten. Oder gleich einen Topf Straß-
burger Gänseleberpastete aufmachen. — Es geht auch
einfacher: hartgekochte und halbierte Eier mit Mayonnaise
anrichten, Heringsfilets mit Remouladen-Soße. — Von
großen Tomaten einen Deckel abschneiden, Innereien
herausholen und füllen mit einer Mischung aus viel zerquetschtem Knoblauch, Reibekäse, Semmelbröseln und
Olivenöl; Deckel wieder drauf und bei 250 Grad 10
Minuten in der Röhre backen.

Nachspeisen

Frisches Obst und eine Käseplatte aus französischen, italienischen und spanischen Käsen. Dabei sollte man auch den »echten« Obstsalat nicht vergessen — ohne Fisch — dessen Grundlage vor allem Orangen, Bananen, Äpfel, Trauben sind, den man aber mit fast allen frischen Obstsorten ergänzen kann. Zucker nach Belieben und der kräftige Schuß Schnaps (am besten Rum, wenn keine Kinder dabei sind) dürfen nicht vergessen werden. Geriebene Mandeln oder zerkleinerte Nüsse sind obligatorisch, Liebhaber mischen eine Handvoll gewaschener Rosinen darunter.

Größere Essen

Von Desserts und Süßspeisen, Gebäck, Kuchen, Torten etc. verstehe ich noch zu wenig, als daß ich davon genaue Mitteilungen machen könnte. Doch der Kollektivkoch, der inzwischen schon sehr viel gelernt hat, wird sich durch Sammeln von Erfahrungen und durch das Studium der einschlägigen Literatur auch mit diesen Sachen über kurz oder lang vertraut machen. Ältere und vor allem süd-deutsch-österreichische Kochbücher weisen dabei den Weg in phantastische Schleckparadiese (und machen die Kinder-seele beben). In der Richtung Balkan-Türkei wird's dann ganz toll. Gemäßigte und raffinierte Rezepturen finden sich in den französischen Küchen; auf die Süßigkeit der spani-schen und italienischen Küche kann ebensowenig verzichtet werden.

Als Entschuldigung für das Fehlen des süßen Kapitels bringe ich, meiner Neigung entsprechend, zum Abschluß noch drei Anweisungen zu größerem Fressen. Ich würde dazu allerdings niemand einladen, der mir dreimal in verschiedenen Worten dieselbe Dummheit oder Gemein-heit gesagt hat. Die Sturen kriegen nichts zu essen, jeden-falls nicht von den folgenden Sachen.

Leberkäse

Zunächst leiht man sich einen Fleischwolf aus, dann werden 5 kg nicht zu fettes Schweinefleisch gekauft, 500 g roher Speck, 500 g Tatar. Außerdem brauchen wir 500 g Zwiebeln geschnitten, 20 Knoblauchzehen, 1 Tasse Majo-ran, ½ Tasse feingemahlenen Koriander, 2 EL Pfeffer und 'ne Menge Salz; und Weißwein.

Das Schweinefleisch wird in Stücke geschnitten und zu-sammen mit den Zwiebeln und dem Knoblauch durch die kleinste Scheibe des Fleischwolfes getrieben, gut mit dem Tatar vermischt und einige Stunden kaltgestellt.

Der Speck wird in ganz kleine Würfel geschnitten, gesalzen und ebenfalls kaltgestellt.

Dann wird die Fleischmasse auf den Küchentisch geschüt-tet, mit Salz, Pfeffer, Koriander, Majoran, 2 abgeriebenen

Zitronenschalen und etwas Glutamat gewürzt und kräftig durchgearbeitet. Während des Durchknetens wird so viel Wein zugegeben, wie der Teig annimmt. Er muß wirklich kräftig durchgearbeitet werden, so lange nämlich, bis er eine innige Bindung erreicht hat. Die Speckwürfel werden zum Schluß untergemischt.

Der fertige Teig wird in eine mit Alufolie ausgelegte Raine gegeben und im vorgeheizten Backofen bei 250 Grad angebacken, bis sich eine helle Kruste gebildet hat. Dann auf 200 herunterschalten und 30 Minuten lang durchbacken. Dann die Raine wieder füllen und backen, bis der Teig aufgebraucht ist, am besten in mehreren Brätern oder Formen für Sandkuchen gleichzeitig in der Röhre backen. Sollte nicht alles auf einmal in den Ofen gehen, die fertigen Stücke zugedeckt mit Tüchern auf der Elektroplatte oder auf der Gasflamme mit Asbestplatte warm halten.

Warm oder kalt mit einem guten Senf essen, dazu ein Faß Bier, einen Korb voll ofenwarmer Brezeln und einige Laibe kräftiges Bauernbrot sowie Rettichsalat. Reicht gut für etwa dreißig liebenswürdige Menschen und eine lange Nacht.

Olla podrida

Zutaten: 4 kg Suppenfleisch (Brustkern), 500 g Rauchfleisch, 500 g Schinken, 1 Hammelschwanz (oder vier Hammelkoteletts), 5 spanische Würste (Chorizo), ein Rebhuhn, 1 Ente, 1 Brathuhn, 1 Kopf Weißkraut geschnitten, 6 Köpfe Romania-Salat in Blättern, 500 g Kichererbsen 24 Stunden eingeweicht, mindestens 6 l Fleischbrühe und viel frische Suppenkräuter.

Die Zutaten werden vorbereitet und − außer dem Gemüse − in einen großen Topf gegeben. Da wirklich alles im gleichen Topf kochen muß, besorge man sich einen auf listige Art; z. B. taugt ein gescheuerter und mit Essig gereinigter Wäschekochtopf: und sollte der häusliche Herd zu klein sein, wird im Freien gekocht. Nun gibt man die Fleischbrühe in den Topf und setzt ihn auf großes Feuer. Aufwallen lassen und salzen, dann auf kleinem Feuer 3 bis 5 Stunden sieden lassen, bis alle Zutaten gar sind.

Rind- und Hammelfleisch liegen unten im Topf, dann kommen Rauchfleisch und Schinken, gefolgt von Geflügel und Kichererbsen; die Würste liegen obenauf. Nicht durch-einanderrühren.

Die Geflügel- und Fleischstücke werden nacheinander herausgenommen, sobald sie gar geworden sind und warm gestellt, bis der ganze Eintopf fertig ist. Die Kichererbsen werden mitgekocht, das Gemüse kommt in der Reihenfolge a) Kraut, b) Salat erst 60 bzw. 15 Minuten vor Ende der Garzeit in den Topf.

Fleisch und Gemüse werden auf vorgewärmten Platten angerichtet, die Suppe in der Schüssel aufgetragen.

Dazu gibt es Reis, Weißbrot und kalte Tomatensoße (siehe unter Soßen) mit viel Knoblauch; und Rotwein, etwa Valdepeñas, Rioja oder Cebreros.

Potage von einem Spanferkel

Dieses Rezept, leicht umgearbeitet, stammt aus dem »Frau-enzimmer-Lexicon« von Amaranthes, Leipzig 1715. Neben vielen nützlichen Hinweisen auf das Leben in Haus und Küche findet sich dort unter dem Buchstaben »G« auch folgende Definition: »Geilheit. Denen Medicis *Salacitas* genannt, ist bey den Weibes-Bildern eine *continuierliche* Begierde steter *appetit* nach dem Liebes-Werck, so von einer hitzigen, safftreichen, zärtlichen und wollüstigen *Structur* derer Theile des Leibes herrühret, und sie dahero immer mehr und mehr zur Wollust anreitzet.«

Der Appetit zum Liebeswerk und der zum Eßwerk stehen, bei guter Konstitution, in schönster Harmonie, und so dürfen wir uns zum Schluß mit der folgenden Rezeptur zu einem größeren Essen befassen.

Man nehme ein ganzes, ausgenommenes und geputzes Spanferkel, schneide die Füße ab und binde die Hinter- und Vorderbeine zusammen. Dann setze man einen großen Topf (siehe oben) mit Wasser auf großes Feuer und blanchiere das Spanferkel im heißen Wasser. Man gieße das Wasser weg und fülle den Topf mit Brühe, so daß das Ferkel gut bedeckt ist und mache starkes Feuer. In die Brühe kommen: Muskatblüte, die abgeschälten Schalen von 2 Zitronen, 1 Ingwerwurzel, 5 halbierte Zwiebeln, 10 halbierte Knoblauchzehen sowie Thymian, Rosmarin, Salbei und Lorbeer. Nun lasse man die Spansau auf kleinem Feuer sieden.

Derweilen wird ein schönes Stück Kalbsbraten in kleine Stücke geschnitten und in einem Mörser (da wohl kaum jemand noch einen großen Küchenmörser hat, nehme man eine große Teigschüssel und einen Kartoffelstampfer aus Holz) zusammen mit Muskatblüte, Zitronenschale und Butter zerstampft, bis eine gleichmäßige Masse entstanden ist. Diese wird in einen Topf gegeben und mit 1 l saurem Rahm sowie mit einem Teil der Brühe, in der das Spanferkel siedet, auf kleinem Feuer langsam zu einer flüssigen Suppe verkocht. Diese streicht man durch ein Haarsieb und gibt sie zu der Brühe, in der das Spanferkel siedet. In dieser angereicherten Brühe wird die Spansau allmählich (4—5 Stunden) gar gekocht.

Nun machen wir uns an die Zubereitung der Würste. Dazu brauchen wir einige Meter Wurstdarm, den wir beim befreundeten Metzger bekommen, der auch die Wurstspritze ausleicht. Beides kann man auch in Geschäften für Metzgereizubehör kaufen. Außerdem brauchen wir noch eine gegrillte oder gebratene Kalbskeule, die wie der oben erwähnte Kalbsbraten am Vortag zubereitet wird.

Man schneide von der Kalbskeule die Kruste ab, löse das Fleisch von der Keule, schneide es klein, und zerstampfe es zusammen mit Semmeln, die in Milch eingeweicht und wieder ausgedrückt wurden, sowie mit etwas Rindertalg oder Nierenfett, Muskatblüte, Ingwer, Zitronenschale und wenig Kardamon. Man gebe sauren Rahm dazu, salze gut durch und arbeite die Farce gut zusammen. Diese Farce wird nun mittels der Wurstspritze in die Därme gefüllt. Der Wursteig wird in den Darm gedrückt, der in regelmäßigen Abständen hinter dem Ausgangsrohr der Wurstspritze abgedreht und abgebunden wird, so daß allmählich eine Kette von Würsten entsteht. Die fertigen Würste werden in lauwarmes Wasser gelegt und ausgeformt, d. h. die Unebenheiten werden ausgestrichen und dann in kochender Milch blanchiert. Der eine Teil der Würste wird nun vorsichtig in Butter gebraten, der andere in einen Topf zusammen mit Spanferkelbrühe gegeben und darin langsam gesotten. Inzwischen dürfte die Spansau gar geworden sein. Sie wird auf einer großen Platte oder einem Brett auf den Tisch gebracht, zuvor aber mit den Wurstketten wie mit Girlanden verziert. In der Schnauze des Ferkels wird ein kleiner roter Apfel gesteckt, in die Ohren kommen Petersiliensträußchen, Weißkirschen in die Augen. Dazu gibt es Weißbrot, Salate und einen kräftigen Rotwein. Vor Beginn der Mahlzeit kreist eine Flasche Obstler in der Runde.

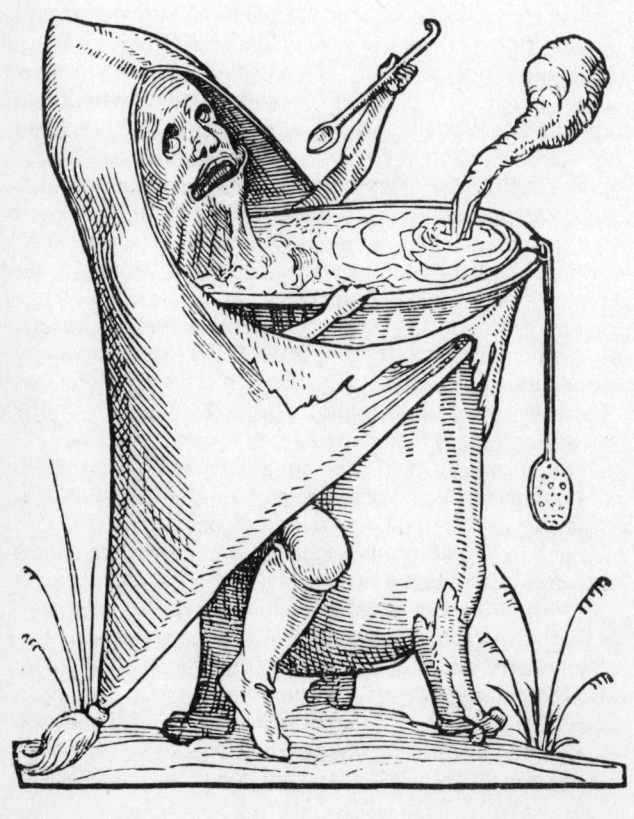

KOCHEN MIT KINDERN

Warum vergeht niemandem der Appetit, wenn er sieht, was in Supermärkten angeboten wird?

Die meisten Leute, die heute einkaufen und kochen, sind in einer Zeit groß gefüttert worden, in der die Menschheit mit einem Fertignahrungsboom beglückt wurde. Auf die große Verführung der schnellen Küche sind diejenigen reingefallen, denen man zu guter Letzt noch die Arbeitsplätze wegrationalisiert. Nichts gegen den rationalen Umgang mit Küchengeräten und eine rationale Arbeitsweise, aber alles gegen die Rationalisierung des Geschmacks, der Qualität der Nahrungsmittel und der Phantasie zugunsten der Industrie, die durch eine unverschämte Werbung für ungesunde und gesundheitsfeindliche Produkte ungeheure Profite erzielt. Da wird noch nicht einmal vor den Toren der Entbindungsstationen halt gemacht, da werden der Mutter beim Abschied nebst dem frischen Kind auch gleich ein paar Proben Fertignahrung für den Säugling in den Arm gelegt. Obwohl Ärzte und Schwestern immer wieder betonen, daß die Muttermilch das beste und wichtigste Nahrungsmittel ist, werben sie kostenlos für teure und fragwürdige Produkte. Neu ist das für die Mütter nicht, denn schon während der Schwangerschaft kriegen sie von ihren Gynäkologen, Mütterschulen und anderen Geburtshelfern Broschüren wie »Ärztlicher Ratgeber — für werdende und junge Mütter« in die Hand gedrückt, in der sie zwar über Wickeltechnik, Kinderkrankheiten, auch übers Stillen belehrt werden, aber viel schöner, größer und bunter, über die heile Babywelt aus Dose, Glas und Tüte. Sehr ausführlich wird über das zahnende Kind berichtet, auf die vielen Ärzte hingewiesen und auf Mittelchen, die das Zahnen erleichtern. Keineswegs aber ist gedruckt, daß ein hartes Stück Vollkornbrot oder eine Möhre besser sind, als Industriebrötchen und Gummibären. Man kann in diesem Heft keine Rezepte über Babybeikost finden, dafür aber ein Lob für Baby-Fertigkost: »Die sorgsam ausgewählten Zutaten und die Verträglichkeit der Baby-Fertigkost bieten viele Vorzüge gegenüber der Selbstzubereitung.«

Nun gilt aber für die Beikostkonserve genau dasselbe wie für jede andere Konserve! Durch die hitzesterilisierte Konservierung unter Zugabe von Industriezucker wird beim Einkauf von Konserven viel Geld für Vitaminverluste, weniger Nährstoffe, Proteine und Mineralien ausgegeben. Hier ein Beispiel:

Vitamin-C-Verluste . . . . bis 90 %
Vitamin-B_1-Verluste . . . . bis 50 %
Vitamin-B_2-Verluste . . . . bis 30 %

Je nach Gemüse- und Obstsorte gemessen 9 Monate nach der Konservierung.

Ernährungswissenschaftler warnen (zuwenig über die Medien, zuviel in Fachblättern der Ärzte, die der Allgemeinheit meist nicht zugänglich sind) vor falscher Ernährung und den Folgeschäden, aber beeinflussen können sie weder Produktion noch Handel und deshalb wird munter drauflos gekauft, was die Werbung einhämmert. Die Folgen sind nicht nur Mangelschäden, sondern auch der Abbau von einem Stück Kultur und der weiteren Verarmung unserer Phantasie.

Gewiß, es ist nicht einfach, frisches Obst und Gemüse einzukaufen. Auch hier sind die Qualitäten so unterschiedlich, daß eine sorgfältige Auswahl getroffen werden muß. Nicht der Obst- und Gemüseerzeuger oder der Konsument entscheiden über den Wert und Gehalt der Waren, sondern die Großverteiler-Firmen. Und so ist z. B. seit Jahren die Apfelsorte »Golden Delicious« marktbeherrschend. Die Sorten »Berlepsch« und »Ontario« sind fast völlig verschwunden, obwohl diese weit mehr als die zehnfache Menge an Vitamin-C enthalten als die Apfelsorte »Golden Delicious«. Ein Kind müßte, um seinen täglichen Vitamin-C-Bedarf zu decken, statt einem »Berlepsch« oder einem »Ontario« sechs Äpfel der Sorte »Golden Delicious« essen. Das gleiche läßt sich auch auf Kartoffelsorten, Tomaten, Gurken usw. ausdehnen. Nicht alles ist gut, was sauber und ebenmäßig ist.

Das beste Obst und Gemüse und die frischesten Eier gibt es beim Bauern, vorausgesetzt, seine bestellten Felder sind nicht mitten in einer Industriezone. Besteht keine Möglichkeit, auf dem Land einzukaufen, so sollte doch der Wochenmarkt und der kleine Metzgerladen den großen Ladenketten vorgezogen werden. Denn in den Supermärkten und Kaufhäusern weiß man nie, wie alt die angebotenen Waren sind, weil das nichtverkaufte Abend für Abend zurück in die Kühlhäuser wandert.

Wer sich entschlossen hat, sorgfältig einzukaufen und zu kochen und zudem noch bereit ist, Kindern die Tür zu einem einigermaßen sinnvollen Koch- und Schlemmerleben zu öffnen, der sollte noch etwas über den ZUCKER erfahren.

Alle Rezepte in der Abteilung Kochen mit Kindern sind nach Menüs zusammengestellt und, sofern sie gesüßt werden müssen, nicht mit ZUCKER sondern mit gutem Naturhonig bereitet.

Warum ZUCKER möglichst vermeiden?

Weil ZUCKER nicht allein für die Zähne schädlich ist, sondern für die Gesundheit insgesamt. ZUCKER ist ein industriell hergestelltes Kohlehydrat ohne jeglichen Nährwert. Wird also viel ZUCKER gegessen, ist meist kein Platz mehr für hochwertige Nahrungsmittel, die wichtige Nährstoffe, Proteine, Vitamine und Mineralien enthalten. Das Ergebnis: schwere Mangelschäden. Wird aber zusätzlich zum hohen ZUCKER-Verzehr noch »normal« gegessen, dann wird der Mensch nicht nur krank, sondern obendrein noch fett. Vorsicht, nicht nur der ZUCKER in der Tüte ist bösartig, auch das, was die Werbung in Fernsehen, Funk und Zeitung — all die Bonbons, Kekse, Kuchen, Eis, Limonade, Schokolade, Kaugummi, Ketchup, süß-saure Gemüse — als das Erstrebenswerteste für Kinder- und Erwachsenenleben suggeriert. Alles diese scheinbar verlockenden Produkte sind unter Zugabe von INDUSTRIEZUCKER hergestellt. Es ist absoluter Blödsinn zu glauben, daß der INDUSTRIEZUCKER lebensnotwendig ist. Süße Sachen gibt es in der Natur genügend, und das erfährt ein neuer Mensch schon bei der ersten Nahrungsaufnahme, der Muttermilch.

Wird der Säugling künstlich ernährt, fängt die ZUCKER-SUCHTSCHULUNG gleich nach der Geburt an, denn alle Fertigprodukte enthalben INDUSTRIEZUCKER. Es bedeutet keinen wesentlich größeren Zeitaufwand, einen Apfel zu reiben oder eine Banane zu zerdrücken und das als Beikost zu füttern, zumal frisches Obst billiger ist als Babykonserven.

Das gilt auch für das erste Mittagessen des Kleinkindes. Frische Gemüse vorsichtig gedünstet, dazu eine Kartoffel zerdrückt, eventuell etwas Fisch oder Fleisch dazu, schmeckt einem kleinen Menschen mit Sicherheit besser, als die merkwürdig riechenden und schmeckenden Inhalte von diversen Gläsern.

Natürlich ist niemand dagegen gefeit, mal schnell was Süßes in den Mund zu stecken, schon deshalb nicht, weil allen die schlechten Gewohnheiten des Zwangskonsums anerzogen wurden. Als Zwischenmahlzeit kann ebensogut statt Schokolade, Kuchen, Bonbons und sonstigem Zeug lieber Dörrobst, Nüsse, Obst und Joghurt gegessen werden und statt Limonade trinkt man Milch, gutes Mineralwasser oder frische Obstsäfte.

Und nun zum Kochen mit Kindern.

Kochen mit Kindern heißt nicht, daß sie für die niederen Küchenarbeiten benutzt werden, wie Mülleimer leeren, Geschirr trocknen, Tisch decken und sonstige Handlangerarbeiten. In der Küche sind Kinder vollwertige Partner; sind sie's nicht, verlieren sie sehr schnell die Lust. Dann geht es eben so weiter wie bisher: alles was mit Küche und Essen zu tun hat, ist blöde, langweilig und Weibersache.

Im Vorwort dieses Buches wird beschrieben, wie im Kollektiv geplant, eingekauft und gekocht wird. Das gilt auch für den Kinderkochtag. Als Beispiel für die Zubereitung eines vollständigen Menüs — gekocht mit Kindern — die Arbeitsfolge von Vorspeise, Hauptgericht und Nachspeise.

Es kochen zwei Kinder und ein Mann oder eine Frau.

Vorspeise: Frisch geraspelte Möhren und Äpfel
Hauptgericht: Kräuterfrikadellen, Kartoffeln, Butterbohnen
Nachspeise: Quarkspeise mit Orangen und Nüssen.

Zuerst werden Töpfe und Werkzeuge zurechtgestellt:

1 Topf für die Bohnen, 1 kleines Messer zum Putzen, Topfhandschuhe.

1 Topf für die Kartoffeln, 1 Kartoffelschälmesser, Topfhandschuhe.

1 Pfanne für die Frikadellen, 1 Plastikschüssel, 1 kleines

Messer, 1 Arbeitsbrett, 1 Gabel, 1 Wendezange und Topfhandschuhe.

1 Schüssel für die Möhren und Äpfel, 1 Reibe, 1 kleines Messer, 1 Zitronenpresse, 1 Löffel.

1 Schüssel für die Quarkspeise, 1 kleines Messer, 1 Rührlöffel.

Jeder hat seinen Arbeitsplatz. Die Zutaten werden aufgeteilt.

Für die Vorspeise Möhren, Äpfel, 1−2 Zitronen, 1 TL Honig.

Für das Hauptgericht Hackfleisch (halb Rind, halb Schwein), Petersilie, Schnittlauch, Dill, Zwiebel, 2 Knoblauchzehen, 1 Ei, Pfeffer, Salz, Pflanzenmargarine zum Braten, Kartoffeln, Salz, Bohnen, Pfeffer, Bohnenkraut, Butter.

Für die Nachspeise Quark, etwas Milch, gehackte Nüsse, Orangen, 1 TL Honig.

Zuerst wird der Teig für die Frikadellen zubereitet. Das Hackfleisch wird in eine Schüssel gegeben und auseinandergepflückt. Auf einem Brett werden die Kräuter feingewiegt oder gehackt und die Zwiebel und der Knoblauch fein geschnitten. Alles zusammen mit dem Fleisch, dem Ei und den Gewürzen gut durcharbeiten, am besten mit den Händen. Dann die Hände unter kaltes Wasser halten, kleine Portionen von dem Teig abstechen, Kugeln formen, platt drücken und bis zum Braten auf einen Teller legen.

Während der erste Koch das Fleisch vorbereitet, wäscht und putzt der zweite die Bohnen und der dritte schält die Kartoffeln, füllt einen Topf mit Wasser, tut Salz dazu und stellt ihn auf den Herd. Wenn das Wasser kocht, werden die Kartoffeln hineingelegt. Jetzt kann der zweite Koch seinen Bohnentopf mit Wasser füllen, Salz und Bohnenkraut dazutun und, wenn das Wasser kocht, die Bohnen. Der erste Koch hat mit der Zubereitung der Quarkmasse angefangen und der zweite hilft ihm dabei. Einer rührt den Quark mit etwas Milch, in der vorher der Honig aufgelöst wurde, mit dem Rührlöffel gleichmäßig glatt. Der andere schält die Orangen, zerteilt sie und schneidet kleine Stücke. Dann werden sie zusammen mit den gehackten Nüssen mit dem Quark vermischt. Der erste Koch fängt nun an, die Frikadellen zu braten, dabei kann er auf die Kartoffeln und die Bohnen achten und die Backröhre auf die niedrigste Hitzestufe einstellen. Der zweite Koch stellt zwei Schüsseln und eine Platte zum Vorwärmen hinein. Der dritte Koch putzt und raspelt die Möhren, preßt die Zitronen aus, vermischt den Saft mit dem Honig. Der zweite Koch schält die Äpfel, schneidet das Gehäuse raus und raspelt sie. Der dritte Koch vermischt alles miteinander und verteilt die Vorspeise auf Tellern. Der zweite Koch füllt die Nachspeise in kleine Schälchen und stellt sie auf den Tisch. Die Kartoffeln sind fertig und werden vom zweiten Koch durch ein Sieb abgegossen, in die Schüssel geschüttet und in der Backröhre warmgestellt. Der dritte Koch gießt die Bohnen durch das Sieb ab, läßt etwas Butter im Topf zerschmelzen, gibt die Bohnen in eine Schüssel und gießt die flüssige Butter darüber. Die Frikadellen sind alle gebraten und im Ofen warmgestellt. Alle drei Köche decken den Tisch und rufen die anderen zum Essen.

Alle nachstehenden Rezepte sind ohne exakte Mengenangaben aufgeschrieben, aber für vier Personen berechnet, die sehr gute Esser sind. Es ist angebracht, nach eigenen Eßgewohnheiten einzukaufen.

I

Vorspeise: Gurkensalat in Sahnejoghurt
2 Gurken, 1 Zwiebel, 2 Knoblauchzehen, 2 Bund Schnittlauch, 1 Becher Sahnejoghurt, Salz nach Geschmack.
Die Gurken werden unter fließendem, kaltem Wasser gründlich abgespült und in Würfel geschnitten (nicht schälen). Schnittlauch und Zwiebel sehr fein schneiden, Knoblauchzehen auspressen, mit dem Joghurt mischen, die Gurkenwürfel dazugeben und umrühren, nach Geschmack salzen.

Hauptgericht: Fischstäbchen mit Kartoffelsalat
12 mittelgroße Kartoffeln, 1 TL Kümmel, 1 Zwiebel, 1 − 2 Äpfel, ½ Tasse Mayonnaise (S. 189), 1 Becher Joghurt, 1 Bund Petersilie, 750 − 1000 g Kabeljaufilet, 2 Eier, Semmelbrösel, 3 Zitronen, Öl.
Kartoffeln mit 1 TL Kümmel ungeschält kochen und kalt werden lassen. Mayonnaise anrühren und mit dem Joghurt

mischen. Zwiebel und Äpfel schneiden (Zwiebel fein, Äpfel etwas grober), Petersilie hacken und alles mit der Mayonnaise vermischen. Dann Kartoffeln pellen, in Würfel oder dünne Scheiben schneiden, ½ Tasse lauwarmes Wasser darübergießen, etwas ziehen lassen und anschließend die Mayonnaise unterheben.

Der Fisch, der vorher im Saft von 1½ Zitronen gezogen hat, wird nun in 6 cm lange und 2 cm breite Stäbchen geschnitten, in Ei und Semmelbrösel gewendet und in heißem Öl gebacken. Mit Zitronenscheiben servieren.

Nachspeise: Obstsalat nach Jahreszeit

2 Äpfel, 2 Orangen, 2 Bananen, 2 Birnen, 2 Zitronen, 1 TL Honig. Äpfel und Birnen gut waschen und in Würfel schneiden (nicht schälen), Orangen und Bananen schälen und ebenfalls kleinschneiden. Im Zitronensaft Honig auflösen und mit dem Obst mischen.

II

Vorspeise: Kopfsalat

2 Köpfe Salat, 1 Zwiebel, Essig Öl, Salz, Pfeffer. Die Salatblätter unter fließendem Wasser abspülen und abtropfen lassen. In einer Schüssel Essig, Öl, Salz, Pfeffer und die fein geschnittenen Zwiebeln vermischen und kurz vor dem Servieren den Salat darin wenden.

Hauptgericht: Matjesfilet in Sahne mit Pellkartoffeln

4 Matjesfilet, 4 mittelgroße Zwiebeln, 4 Essiggurken, 2 Äpfel, 3 Lorbeerblätter, ½ Tasse Mayonnaise, 0,25 l süße Sahne, 1–2 Becher Kefir, Kartoffeln.

Die Mayonnaise (S. 189), die Sahne und den Kefir miteinander verquirlen, Lorbeerblätter und die Matjesfilets hineinlegen. Zwiebeln in feine Ringe schneiden, Gurken in Rädchen und Äpfel in Würfel schneiden, alles in die Soße geben, umrühren und ca. 2 Stunden ziehen lassen, mit heißen Pellkartoffeln servieren.

Nachspeise: Quark mit Früchten

500 g Speisequark, 3 Orangen, 1 TL Honig, etwas Milch. Den Quark mit der Milch und dem Honig glattrühren, Orangen schälen, in kleinen Stücke schneiden und mit dem Quark vermischen.

III

Vorspeise: Tomatensalat mit Schnittlauch

1 kg Tomaten, 1–2 Zwiebeln, 3 Bund Schnittlauch, Öl, Pfeffer, Salz. Tomaten waschen und in mitteldicke Scheiben schneiden, Zwiebeln fein schneiden und den Schnittlauch auch, alles mit Öl, Pfeffer und Salz in einer Schale mischen.

Hauptgericht: Gebratene Leber mit Zwiebeln und Kartoffelbrei

4 Scheiben Leber, 2 Zwiebeln und Butter zum Braten, 12–14 mittelgroße Kartoffeln, 1 Eigelb, 0,25 l süße Sahne, Salz, Muskatnuß.

Kartoffeln schälen, halbieren und in kochendes Salzwasser legen. Dann die Zwiebeln vorbereiten (in Ringe schneiden). Kurz bevor die Kartoffeln gar sind, die Zwiebeln in Butter langsam anbraten, wenn sie glasig sind, die ungewürzte Leber in die Pfanne legen. Dann die Kartoffeln abgießen, mit einem Messer oder einer Gabel etwas zerkleinern, die Sahne (lauwarm) darübergießen, mit dem Rührstab oder Schneebesen schaumig rühren und zum Schluß die Butter und das Eigelb einrühren, mit Muskatnuß abschmecken.

Nachspeise: Rhabarberkompott

8–10 Stangen Rhabarber, 1 EL Honig, etwas Wasser Rhabarber waschen, abziehen und in Stücke schneiden. Wasser mit dem Honig aufkochen lassen, den Rhabarber dazutun und auf kleinster Flamme dünsten. Sofort von der Platte nehmen, wenn er anfängt zu zerfallen. Vorsicht, geht ganz schnell!

IV

Vorspeise: Salat aus Sojakeimlingen

2 Beutel Sojakeimlinge, 1 Joghurt, 1 Zwiebel, Pfeffer, Salz, Sojakeime in ein Sieb geben und mit kochendem Wasser abbrühen. Joghurt, die fein geschnittene Zwiebel, Pfeffer und Salz zusammen mit den Sojakeimlingen zu einem Salat verrühren.

Hauptgericht: Lebergulasch mit Reis

1 kg Leber, 2 Zwiebeln, 1 Paprikaschote, 4 Tomaten, 250 g Speck, Butter oder Margarine, Pfeffer, Salz, 0,5 l Wasser oder Brühe, 1 EL Kartoffelmehl, 2 Tassen Reis, 4 Tassen Wasser.

Zwiebeln und Speck in Würfel schneiden und anbraten, mit Wasser oder Brühe auffüllen. Paprika entkernen, in feine Streifen schneiden und die Tomaten vierteln, Leber in Stücke schneiden. Paprika zu den Zwiebeln und dem Speck geben, Leber in einer Pfanne langsam in Butter oder Margarine anbraten. Wenn die Paprikastreifen noch knackig sind, die Leber und die Tomaten dazutun und zwei Minuten ziehen lassen. Kartoffelmehl in kaltem Wasser anrühren, in das Gulasch gießen, kurz aufkochen lassen, würzen, und warmstellen. Den Reis aufkochen und dann auf kleinster Flamme, bei geschlossenem Topf, quellen lassen bis alles Wasser aufgesogen ist.
Nachspeise: frisches Obst, ganz viel.

V

Vorspeise: Sauerkrautsalat, roh
750 g Sauerkraut (keine Konserve), 1 Zwiebel, Pfeffer, Salz, 2 Joghurt. Sauerkraut auseinanderpflücken und in eine Schale geben, den Joghurt, die klein geschnittene Zwiebel und die Gewürze verrühren und mit dem Sauerkraut vermischen.
Hauptgericht: Reibekuchen mit Apfelmus
2 kg Äpfel, Kartoffeln nach Hunger, 1 Zwiebel, 1–2 Eigelb. Äpfel in etwas Wasser gar dünsten, durch ein Sieb passieren und kaltstellen. Kartoffeln und die Zwiebel reiben – wenn eine Küchenmaschine vorhanden ist, geht's schneller – Eigelb und Salz unter den Teig rühren und schöpflöffelweise kleine Reibekuchen in gutem Pflanzenöl ausbacken. Das Apfelmus kann dazugegessen werden oder als **Nachspeise.**

VI

Vorspeise: Chicorée-Möhrensalat
3 Chicorée, 500 g Möhren, 2 Zitronen, 1 TL Honig. Chicorée putzen und den bitteren Kegel herausschneiden. Möhren gut waschen, raspeln und mit dem in Streifen geschnittenen Chicorée vermischen. Darüber wird der Saft von 2 Zitronen, in dem der Honig aufgelöst wurde, gegossen.
Hauptgericht: Pellkartoffeln mit Kräuterquark
Kartoffeln nach Hunger, 1 TL Kümmel, 1 kg Quark, etwas

Milch, 1 ½ Zwiebel, 2 Bund Petersilie, 2 Bund Schnittlauch, 2 Bund Dill, 2 Eigelb, Salz.
Kartoffeln mit dem Kümmel gar kochen. Den Quark mit etwas Milch glatt rühren, Zwiebel und Kräuter fein schneiden, mit dem Eigelb und etwas Salz gut unter den Quark mischen.

Nachspeise: Apfelmus mit Sahne
1 kg Äpfel, 0,25 l Sahne, Apfelmus zubereiten (S. 205) und kalt werden lassen. Sahne steif schlagen und mit dem Apfelmus verrühren.

VII

Vorspeise: Endiviensalat
2 Köpfe Endiviensalat, 2 Knoblauchzehen, 2 TL Senf, 1 Zwiebel, Essig, Öl, etwas Wasser, Pfeffer, Salz. Salat putzen, waschen und abtropfen lassen. Aus Essig, Öl, klein geschnittener Zwiebel, ausgepreßten Knoblauchzehen, Senf, Pfeffer und Salz Salatsoße anrühren. Den Salat klein zupfen oder in Streifen schneiden und die Soße untermischen.

Hauptgericht: Curry-Kotelett mit Bananen und Butterreis
Pro Esser 1 mageres Kotelett und ½ Banane, Butter Curry, 2 Tassen Reis, 4 Tassen Wasser.
Den Reis kochen (S. 27) und, wenn er fertig ist, mit Butter verrühren. Die Koteletts nach Geschmack mit Curry einreiben (Vorsicht, ist scharf) und in Butter langsam braten. Die Bananen schälen, längs halbieren und am Schluß mit den Koteletts kurz mitbraten; wenn gewünscht, Curry darüberstreuen.

Nachspeise: Obstsalat aus Beeren
Je 250 g Erdbeeren, Johannisbeeren, Stachelbeeren, Blaubeeren, Himbeeren, 1 Joghurt. Die Beeren in kaltem Wasser waschen. Erdbeeren und Stachelbeeren halbieren und mit den anderen in einer Schale mischen, Joghurt unterziehen.

VIII

Vorspeise: Weißkrautsalat roh
1 mittleren Kopf Weißkraut, 1 große Zwiebel, Essig, Öl, ½ TL Kümmel, etwas Wasser, Pfeffer, Salz. Den Weißkohl

putzen, vierteln, in ganz feine Streifen schneiden und kurz in kaltem Wasser waschen, abtropfen lassen. Zwiebeln fein schneiden und mit Essig, Öl, Kümmel, Pfeffer, Salz und etwas Wasser zu einer Salatsoße verrühren und unter den Kohl mischen, ziehen lassen.

Hauptgericht: Bratkartoffeln, Roastbeef und Remouladensoße
8–10 Kartoffeln, 1 EL Paprika edelsüß, Salz, Butter, 12 dünne Scheiben kaltes Roastbeef (vom Metzger), Mayonnaise (S. 189), 1 Joghurt, 1 Zwiebel, 1 Apfel, je 1 Bund Petersilie, Schnittlauch, Dill, 1 Gewürzgurke, 4 Tomaten. Kartoffeln schälen, in kleine Würfel schneiden und 2 bis 3 Minuten kochen, abgießen und dann langsam in Butter knusprig braten, mit Paprika und Salz würzen. Mit dem Grundstock der Mayonnaise werden verrührt: Gewürzgurke, Zwiebel, Apfel, Petersilie, Schnittlauch, Dill – alles feingehackt – Joghurt. Das Roastbeef auf einer Platte anrichten, die Remoulade darüber gießen und mit gevierteilten Tomaten verzieren.

Nachspeise: Bananen-Quark
3 Bananen, 500 g Quark, ½ Tasse Milch, 1 TL Honig. Quark mit der Milch und dem Honig glatt rühren, Bananen mit einer Gabel gut zerdrücken und mit dem Quark vermischen.

IX

Vorspeise: Rote Beete-Selleriesalat
1 rote Beete (Rübe), 1 Sellerieknolle, Essig, 1 EL Honig, 1 TL Kümmel, 0,25 l Wasser. Die Rote Beete in 0,25 l Wasser mit 2 EL Essig, Honig und Kümmel ungeschält kochen, Sellerie in einem anderen Topf ohne Gewürze garen, beide auskühlen lassen, schälen und in feine Stäbchen schneiden, mit dem Sud der Roten Beete Salat anmachen, ziehen lassen.

Hauptgericht: Spaghetti, Tomatensoße mit Hackfleisch und Sojakeimen
1 kg Tomaten, 1 Beutel Sojakeimlinge, 1 Zwiebel, 1 Knoblauchzehe, etwas Olivenöl, Pfeffer, Salz, 250 g Rindermett, 250 g Schweinemett, 500 g Spaghetti.
Zwiebel und Knoblauch kleinschneiden, Tomaten vierteln

und Sojakeimlinge abbrühen. Zwiebel und Knoblauch in Olivenöl kurz anbraten, dann die Tomaten dazugeben und auf kleiner Flamme einkochen lassen. Das Hackfleisch mischen, in einer Pfanne locker anbraten und in die Tomatensoße geben. Kurz vor dem Servieren die Sojakeimlinge reintun und würzen. In das Spaghettiwasser Salz und einige Tropfen Öl geben und kochen lassen, dann die Spaghettis reinlegen und auf kleinster Flamme 7−8 Minuten garziehen lassen und durch ein Sieb abgießen.
Nachspeise: ganz viele Weintrauben

X

Vorspeise: Kohlrabirohkost
4 Kohlrabi, 1 Zwiebel, 2 Bund Schnittlauch, Pfeffer, Salz, 2 Joghurt. Kohlrabi schälen und in dünne Scheiben schneiden, Schnittlauch und Zwiebeln fein schneiden und alles mit Joghurt und Kohlrabi verrühren, würzen nach Geschmack.
Hauptgericht: Graupensuppe mit Würstchen
500 g Suppenknochen, 1 Scheibe Beinfleisch, 4 Würstchen, 250 g mittelfeine Graupen, 2 große Suppengrün, 4 Kartoffeln, 1 Zwiebel, Salz, Pfeffer, Muskatnuß, 1 Bund Petersilie.
Die Knochen, das Beinfleisch, 1 Suppengrün und die Zwiebel 3 Stunden auf kleiner Flamme auskochen lassen (nur soviel Wasser in den Topf gießen, bis der Inhalt gerade bedeckt ist). Dann die Graupen abschleimen, das heißt: 2−3 Minuten in reichlich Wasser kochen, durch ein Sieb abgießen und kaltes Wasser drüberlaufen lassen. Das zweite Suppengrün putzen, klein schneiden, die Kartoffeln schälen, in Würfel schneiden, die fertige Knochenbrühe durch ein Sieb in einen anderen Topf gießen und die Graupen und die Kartoffeln dazugeben und weiter kochen lassen. Nach ungefähr 10 Minuten das Suppengrün dazutun. Das Mark aus dem Beinknochen lösen, mit einer Gabel zerdrücken und ebenfalls in den Topf tun. Nach weiteren 30 Minuten abstellen, Würstchen reinlegen und würzen, Petersilie hacken und in die Teller streuen.
Nachspeise: viel frisches Obst

XI

Vorspeise: Paprikasalat

2−3 rote Paprikaschoten, 1 Zwiebel, Essig, Öl, Pfeffer, Salz. Paprika waschen, putzen und in feine Streifen schneiden, Zwiebeln fein schneiden und aus dem Essig, Öl, Pfeffer, Salz eine Salatsoße anmachen. Mit den Paprikastreifen vermischen.

Hauptgericht: Grobe Bratwurst mit Butterkohlrabi und Kartoffeln

4 grobe Bratwürste, 4 Kohlrabi, Kartoffeln nach Hunger, Petersilie, Butter, Pfeffer, Salz, Muskatnuß.

Kohlrabi schälen, halbieren und in mitteldicke Scheiben schneiden, die zarten Blätter direkt am Kohlrabi können mitgegessen werden. Kartoffeln schälen, halbieren und in kochendes Salzwasser geben, garen. Kohlrabi in ganz wenig Salzwasser gar dünsten (nicht weich), abgießen, in Butter schwenken, würzen und mit fein gewiegter Petersilie bestreuen. Die Bratwürste werden mit kochendem Wasser abgebrüht und ganz langsam in Butter gebraten.

Nachspeise: Joghurt mit Apfelsinen

4 Joghurt, 4 Apfelsinen, Apfelsinen schälen, zerteilen, in Stücke schneiden und mit dem Joghurt vermischen.

XII

Vorspeise: Geraspelte Möhren und Äpfel

4 Möhren, 4 Äpfel, 1 Zitrone, 1 TL Honig, Möhren putzen, Äpfel schälen und raspeln, Zitrone auspressen mit dem Honig verrühren und alles zusammen vermischen.

Hauptgericht: Kräuterfrikadellen, Butterbohnen und Kartoffeln

500 g Hackfleisch (halb Rind, halb Schwein), 1 Ei, 1 große Zwiebel, 2 Bund Schnittlauch, 2 Bund Petersilie, 2 Bund Dill, 2 Knoblauchzehen, Pfeffer, Salz, Margarine, 750 g grüne Bohnen, 1 Bund Bohnenkraut, Salz, Pfeffer, Butter, Kartoffeln.

Das Hackfleisch in eine Schüssel geben, auseinanderdrücken, 1 Ei hineinschlagen, die feingewiegten Kräuter und die geschnittene Zwiebel, die ausgepreßten Knoblauchzehen, Pfeffer und Salz mit dem Fleisch kräftig durchkneten, dann mit einem Suppenlöffel Portionen abstechen, zu Kugeln formen und platt drücken. Langsam in Margarine knusprig braten. Bohnen in kaltem Wasser waschen, putzen und mit dem Bohnenkraut in kochendes Salzwasser legen. Wenn die Bohnen noch etwas knackig sind, abgießen, in Butter schwenken und mit Pfeffer nachwürzen. Kartoffeln schälen, halbieren, in kochendes Salzwasser legen und gar kochen lassen, abgießen.

Nachspeise: für jeden ein großes Stück Melone

XIII

Vorspeise: Kressesalat mit Ei
4 Eier, 4 Portionen frische Kresse, Salz, Pfeffer, Essig, Öl. Eier hart kochen, kalt werden lassen, schälen und in Scheiben schneiden. Kresse mit Essig, Öl, Salz, Pfeffer und den Eiern vorsichtig mischen.

Hauptgericht: Armer Ritter mit Blaubeeren
8−10 harte Brötchen, Milch, 2 Eier, Semmelbrösel, Butter, 1 kg Blaubeeren, 1 Zitrone, 1 TL Honig.
Brötchen durchschneiden, in lauwarmer Milch einweichen, vorsichtig ausdrücken, in den geschlagenen und gesalzenen Eiern wenden, dann in Semmelbrösel einpacken und in Butter knusprig braten. Honig im Zitronensaft auflösen, mit den Blaubeeren vermischen und zusammen mit den Armen Rittern aufessen.

Nachspeise: für jeden eine dicke Scheibe Ananas.

XIV

Vorspeise: Rotkrautsalat
1 kleinen Kopf Rotkraut, 1 Zwiebel, Essig, Öl, Pfeffer, Salz. Rotkraut putzen, vierteln, in dünne Streifen schneiden und kurz in kaltem Wasser waschen. Mit Pfeffer, Salz, Essig, Öl und der feingeschnittenen Zwiebel eine Salatsoße anmachen und mit dem Rotkraut vermischen.

Hauptgericht: Gegrillte Hähnchenkeule, Butterreis und Rosenkohl
Hähnchenkeule salzen, auf einen Rost in der Backröhre bei guter Hitze ca. 30 Minuten grillen, zwischendurch mit Salzwasser bepinseln. Rosenkohl putzen, am Strunkende kreuzweise einschneiden, in kochendes Salzwasser legen und gar kochen (nicht zu weich), in Butter schwenken und

mit Pfeffer und Muskatnuß würzen. Reis, wie vorher beschrieben, gar quellen lassen und Butter reinrühren.

Nachspeise: Quarkspeise mit Erdbeeren

500 g Erdbeeren, 500 Quark, etwas Milch, 1 Eigelb, 1 Zitrone,1 TL Honig. Quark mit Milch, Eigelb, Zitronensaft und Honig glatt rühren, Erdbeeren in kaltem Wasser waschen, entstielen, halbieren und mit dem Quark vermischen.

XV

Vorspeise: Gurkensalat

2 Gurken, 1 Zwiebel, 2 Bund Dill, Essig, Öl, Pfeffer, Salz. Gurken gründlich unter kaltem Wasser waschen, ungeschält in Scheiben raspeln, Zwiebel fein schneiden, Dill wiegen, aus Essig, Öl, Pfeffer, Salz eine Salatsoße bereiten und mit den Gurkenscheiben, der Zwiebel und dem Dill mischen.

Hauptgericht: Bratkartoffeln, Schinkenrührei mit Kräutern

8–10 mittelgroße Kartoffeln, 1 Zwiebel, Butter oder Margarine, Salz, 8 Eier, ½ Tasse Milch, je 2 Bund Petersilie, Schnittlauch, Dill, 250 g Schinkenspeck.

Kartoffeln schälen, halbieren, halb gar kochen, abgießen und wenn sie ausgekühlt sind in Scheiben schneiden, die Zwiebel in feine Würfel schneiden, in der Butter oder Margarine kurz anbraten, die Kartoffeln dazutun, etwas Salz und knusprig braten. Schinken in Würfel schneiden, die Kräuter fein wiegen, Eier mit Milch verquirlen, Pfeffer, und Kräuter dazu, den Schinken in der Pfanne anbraten, das Rührei darübergießen und solange rühren, bis das Ei gestockt ist.

Nachspeise: frisches Obst.

XVI

Vorspeise: Selleriesalat in Sahne

2 Sellerieknollen, 1 Zwiebel, 2 Bund Petersilie, 0,25 l süße Sahne, Essig, Öl, Pfeffer, Salz. Sellerieknollen kochen, kalt werden lassen, schälen und in feine Streifen oder Würfel schneiden. Zwiebel würfeln, aus der Sahne, Essig, Öl, Pfeffer, Salz, den gewiegten Kräutern und der Zwiebel eine Soße anrühren (schnell rühren, sonst gerinnt die Sahne)

und zusammen mit dem Sellerie vermischen – ziehen lassen.

Hauptgericht: gefüllte Paprikaschoten mit Reis
4 grüne Paprikaschoten, 750 g Schweinemett, 1 Zwiebel, 1 Knoblauchzehe, Pfeffer, Salz, 2 Tassen Reis, 4 Tassen Wasser.
Paprikaschoten gut unter kaltem Wasser abwaschen, am Stielansatz köpfen und sauber aushöhlen. Das Schweinemett mit der feingeschnittenen Zwiebel, der ausgepreßten Knoblauchzehe und den Gewürzen gut durchkneten, in die Paprikaschoten füllen, den Deckel drauftun und in etwas Butter und ganz wenig Brühe gar dünsten. Der Reis wird wie beschrieben gekocht.

Nachspeise: pro Esser 250 g Pflaumen mindestens.

XVII

Vorspeise: Tomaten-Gurkensalat
1 Gurke, 500 g Tomaten, 1 Zwiebel, Pfeffer, Salz, Öl. Gurke und Tomaten waschen und in Würfel schneiden, Zwiebel fein schneiden. Aus Öl, Pfeffer und Salz eine Soße anrühren und mit den Gurken, den Tomaten und der Zwiebel mischen.

Hauptgericht: einmal im Jahr ein Zuckerfest!

Zwetschgenknödel

Diese Angaben für die Zutaten sind genau berechnet für vier Menschen.
150 g Butter, 250 g Quark, 1 Msp. Salz, 2 Eier, 120 g Mehl, 750 g Zwetschgen, Würfelzuckerstücke nach Knödelanzahl, 1 Beutel Semmelbrösel, 1 EL Zucker, 2 EL Puderzucker, 150 g Butter.
Butter, Quark, Salz, Eier gut verrühren, dann das Mehl dazusieben und gut durchkneten, 30 Minuten im Kühlschrank ziehen lassen. Die Zwetschgen werden auf einer Seite längs aufgeschnitten und entsteint. Wo der Stein war, kommt jetzt ein Stück Würfelzucker rein. Nach 30 Minuten den Teig aus dem Kühlschrank nehmen. Etwa Suppenlöffel große Knödel formen und auf dem Handteller gleichmäßig platt drücken, 1 Zwetschge in die Mitte legen und die

Zwetschge gut in den Teig einpacken. Wenn alle Knödel fertig sind, in kochendes Salzwasser legen und 10 Minuten gar ziehen lassen (nicht kochen!!!). Während die Knödel ziehen, in einer großen Pfanne Butter schmelzen und mit dem EL Zucker und den Semmelbrösel verrühren. Die fertigen Zwetschgenknödel gut abtropfen lassen und in der Pfanne rumrollen. Kurz vor dem Essen in einem kleinen Topf Butter bräunen und mit dem Puderzucker auf den Tisch stellen. Und so werden sie gegessen: 1 – 2 Knödel auf den Teller legen mit der Gabel öffnen, etwas Puderzucker darüber streuen und 1 TL heiße Butter drauftropfen. Wer davon 4 Stück schafft, der ist Weltmeister.

Nachspeise: 1 Stunde im Garten liegen.

Falls das Geschrei nach Ketchup nicht verklingen sollte, so wird es nicht gekauft, sondern selbst gemacht. Dazu braucht man: 6 kg sehr reife Tomaten, 1 kg Zwiebeln, 1 – 2 Knoblauchzehen, 1 geriebene Muskatnuß, 1 EL gemahlenen Ingwer, 6 EL Salz, 1 TL Pfeffer, 0,25 l Essig und 3 EL Honig.

Tomaten und Zwiebeln klein schneiden. Knoblauch, Muskatnuß, Ingwer, Salz, Pfeffer dazugeben und auf kleiner Flamme mindestens 2 Stunden lang kochen lassen. Danach alles durch ein Sieb passieren und abkühlen lassen. Essig und Honig unterrühren, wieder aufkochen lassen bis die Soße eindickt, erkalten lassen und in Flaschen füllen.

Schlußwort

Ich höre schon die klugen Reden der Kritiker, die uns so überzeugend vorkauen, was nach dem Geschmack der herrschenden Klasse ist. Ich höre auch die schneidenden Sätze der Ultra-Linken, die niemand außer sich selber wehtun. Den einen antworte ich nicht, da ihnen nur in Worten zu antworten nicht die richtige Antwort ist. Den andern aber, die aus Ungeduld ganz furchtbar streng und sehr radikal sind, gebe ich folgenden Text aus Brechts »Me-ti« zu bedenken: »Tu kam zu Me-ti und sagte: Ich will am Kampf der Klassen teilnehmen. Lehre mich. Me-ti sagte: Setz dich. Tu setzte sich und fragte: Wie soll ich kämpfen? Me-ti lachte und sagte: Sitzt du gut? Ich weiß nicht, sagte Tu erstaunt, wie soll ich anders sitzen? Me-ti erklärte es ihm. Aber, sagte Tu ungeduldig, ich bin nicht gekommen, sitzen zu lernen. Ich weiß, du willst kämpfen lernen, sagte Me-ti geduldig, aber dazu mußt du gut sitzen, da wir jetzt eben sitzen und sitzend lernen wollen. Tu sagte: Wenn man immer danach strebt, die bequemste Lage einzunehmen und aus dem Bestehenden das Beste herauszuholen, kurz, wenn man nach Genuß strebt, wie soll man da kämpfen? Me-ti sagte: Wenn man nicht nach Genuß strebt, nicht das Beste aus dem Bestehenden herausholen will und nicht die beste Lage einnehmen will, warum sollte man da kämpfen?«

219

220

Zutaten für die asiatische Küche z.B. bei:

Java, 8 München 40, Heßstraße 83, Telefon 526197.
(Es gibt PREISLISTEN. Sämtliche Sendungen unfrei)

Toko Tan, 1 Berlin 30, Bayreuther Straße 44, Telefon 2132658.
(Versand erst bei Einkäufen ab 50 Mark und ZWAR: das erstemal per Nachnahme, dann mit Rechnung. Umsonst erst beim 786. mal)

WAGENBACHS TASCHENBÜCHEREI

Wagenbach Quarthefte: